权威·前沿·原创

皮书系列为
"十二五""十三五"国家重点图书出版规划项目

巴西黄皮书

巴西发展报告
（2019）

ANNUAL REPORT ON DEVELOPMENT OF BRAZIL
(2019)

主　编／程　晶
副主编／缴　洁　刘　明

社会科学文献出版社
SOCIAL SCIENCES ACADEMIC PRESS (CHINA)

图书在版编目(CIP)数据

巴西发展报告.2019/程晶主编.--北京：社会科学文献出版社，2020.1
（巴西黄皮书）
ISBN 978-7-5201-6234-0

Ⅰ.①巴… Ⅱ.①程… Ⅲ.①经济发展-研究报告-巴西-2019 Ⅳ.①F177.74

中国版本图书馆CIP数据核字（2020）第028864号

巴西黄皮书
巴西发展报告（2019）

主　　编／程　晶
副 主 编／缴　洁　刘　明

出 版 人／谢寿光
责任编辑／仇　扬
文稿编辑／高　媛

出　　版／社会科学文献出版社·当代世界出版分社（010）59367004
　　　　　地址：北京市北三环中路甲29号院华龙大厦　邮编：100029
　　　　　网址：www.ssap.com.cn

发　　行／市场营销中心（010）59367081　59367083
印　　装／三河市东方印刷有限公司

规　　格／开　本：787mm×1092mm　1/16
　　　　　印　张：21.5　字　数：323千字

版　　次／2020年1月第1版　2020年1月第1次印刷

书　　号／ISBN 978-7-5201-6234-0
定　　价／168.00元

本书如有印装质量问题，请与读者服务中心（010-59367028）联系

▲ 版权所有 翻印必究

巴西黄皮书编辑委员会

主　任　陈笃庆　〔巴西〕Luís Antonio Paulino

副主任　周志伟　邹爱华

编　委　（按姓氏拼音为序）

　　　　　陈笃庆　程　晶　韩　琦　缴　洁　刘　明
　　　　　王晓德　吴洪英　吴志华　杨首国　叶桂平
　　　　　张宝宇　张森根　周志伟
　　　　　〔巴西〕Luís Antonio Paulino　　〔巴西〕Marcos Costa Lima
　　　　　〔巴西〕Marcos Cordeiro Pires　　〔巴西〕Tullo Vigevani

主要编撰者简介

程　晶　历史学博士,湖北大学巴西研究中心、历史文化学院副教授,中华文化发展湖北省协同创新中心、国家领土主权与海洋权益协同创新中心、国务院侨务办公室侨务理论研究武汉基地副研究员。主要研究方向为中国与巴西关系、巴西历史等。主持国家社科基金、教育部、国务院侨办、中国侨联、广东省等科研项目10余项,在《世界历史》《史学理论研究》《世界民族》《拉丁美洲研究》等学术期刊及论文集上发表学术论文30余篇,主编《巴西发展报告（2017~2018）》（社会科学文献出版社,2018）、《巴西及拉美历史与发展研究》（武汉大学出版社,2017）,作为副主编合作编撰《巴西发展报告（2016）》（社会科学文献出版社,2017）、《巴西发展与拉美现代化研究》（长江出版社,2016）等。

缴　洁　法学博士,湖北大学巴西研究中心、政法与公共管理学院讲师。主要研究方向为中国与拉美法律制度比较、巴西等葡语国家法律制度、巴西土地制度。发表学术论文多篇,作为副主编合作编撰《巴西发展报告（2017~2018）》（社会科学文献出版社,2018）、《巴西及拉美历史与发展研究》（武汉大学出版社,2017）,参与撰写《我国农村集体经济有效实现的法律制度研究（2卷）：村庄经验与域外视野》（法律出版社,2016）等。

刘　明　历史学博士,湖北大学巴西研究中心、历史文化学院讲师。主要研究方向为巴西农业、社会、外交政策等。主持湖北省教育厅人文社科等项目，并参与教育部重大项目、中国科技部项目等。在《国际贸易》《人民日报》《拉丁美洲研究》《对外经贸实务》《外国问题研究》等学术期刊上发表学术论文 10 余篇。作为副主编合作编撰《巴西发展报告（2017~2018）》（社会科学文献出版社，2018）、《巴西及拉美历史与发展研究》（武汉大学出版社，2017）等。

摘　要

巴西作为金砖国家的重要成员和正在崛起的新兴国家代表，其发展状况备受国际社会的关注。2017年，是巴西看到希望与转机的一年。政治趋向稳定，特梅尔总统艰难地从弹劾泥潭中脱身。经济摆脱衰退，重回增长轨道。外交持续调整，注重南、北"平衡外交"，强调务实与灵活性。中国与巴西"全面战略伙伴关系"不断深化，战略融合与产业对接加速。

进入2018年，巴西内政外交均出现了重大变化。2018年是巴西大选年，亦是决定其发展方向的关键年。来自传统大党的特梅尔以极低的民意支持率结束任期，依靠反传统、反精英理念在大选中异军突起的博索纳罗引领巴西政坛大幅"右转"，巴西进入右翼执政新时代。新政府展现出的政治民粹主义、经济自由主义、社会保守主义、外交亲美右倾的政策倾向对巴西传统政治格局形成了强烈的冲击，亦对巴西内外发展产生了重要影响。那么，在新旧政府交替之际，巴西政局能否保持稳定？经济复苏是否会受到影响？经济改革能否继续向前推进？国内腐败、贫困、暴力犯罪等"顽疾"是否有所改善？极右翼政党人士博索纳罗为何能够在大选中异军突起、登上总统宝座？右翼势力上台后对巴西内政外交产生了何种影响，带来了哪些变化？中美贸易争端及巴西右翼势力上台对中巴关系的发展产生了哪些影响？未来中巴关系的发展前景如何？围绕上述核心问题，基于服务国家对外战略的需求和满足中国社会认知巴西的需要，湖北大学巴西研究中心在成功编撰《巴西发展报告（2017~2018）》之后，再接再厉，组织中巴两国23位学者共同编写了《巴西发展报告（2019）》。

本书聚焦2018~2019年巴西内政外交的发展、变化以及中巴关系的发展现状与前景。主体由三部分、共17篇研究报告组成：第一部分为总报告，

对2018~2019年巴西的政治、经济、社会和外交形势进行了综合评估,对中巴关系进行了现状分析和未来展望;第二部分为巴西发展专题报告,包括政治外交篇、经济社会篇和人文科技篇三个单元,分别对2018~2019年巴西的总统大选、内政外交变化与走势、地区一体化、巴美关系、民主制度的演变与发展、经济改革、社会形势、医疗改革、环境保护、科技创新等多个问题进行了深入解读;第三部分为中巴关系发展特别报告,中巴两国学者从中美贸易争端对中巴关系的影响、博索纳罗新政府上台后中巴关系的发展前景、中巴基础设施合作、巴西主流媒体涉华报道等方面出发,对2018~2019年中巴关系的发展现状与未来走向进行了剖析。

关键词: 巴西大选　博索纳罗　中巴关系

目 录

Ⅰ 总报告

Y.1 2018年巴西内外发展形势评估
　　——变化中的巴西 …………………… 杨首国　刘婉儿 / 001

Ⅱ 政治外交篇

Y.2 巴西大选透视及内政外交走势分析 …………………… 孙　怡 / 026

Y.3 从2018年巴西总统大选透视拉美政治生态变迁及一体化发展
　　…………………………………………………………… 刘　明 / 043

Y.4 2018年巴美关系发展现状与未来走向
　　………………………〔巴西〕Neusa Maria P. Bojikian
　　　　　　　〔巴西〕Tullo Vigevani　孙　怡译 / 057

Y.5 巴西民主制度的演变与发展
　　——纪念1988年宪法颁布30周年 ………………… 缴　洁 / 073

Ⅲ 经济社会篇

Y.6 2018年巴西经济展现稳步复苏态势 ………………… 吴洪英 / 087

001

Y.7 特梅尔政府经济改革举措与成效评估 …………………… 钟　点 / 101
Y.8 巴西新政府经济与社会政策走向分析 …………………… 熊芳华 / 122
Y.9 2018年巴西社会形势评析及面临的主要挑战
　　　　………………………………………… 叶桂平　许创颖 / 138
Y.10 巴西劳工法改革与劳动关系评析：历史与现状
　　　　………………………………〔巴西〕Marcos Costa Lima
　　〔巴西〕Everaldo Gaspar Andrade　孙　怡　程　晶　缴　洁译 / 150

Ⅳ 人文科技篇

Y.11 优化医疗资源配置　创建惠民医疗体系
　　　——记巴西统一医疗体系建立30周年 ………………… 吴志华 / 170
Y.12 环境与军事目的兼顾：2018年巴西大型海洋保护区的创建
　　〔巴西〕Alexandre Pereira da Silva　程　晶　沈伊蓝　程　晶译 / 192
Y.13 巴西国家科技创新体系发展现状分析 ………… 郭　栋　林娴岚 / 208

Ⅴ 中巴关系篇

Y.14 中国对巴西基础设施的投资现状、挑战及机遇 ………… 王　飞 / 221
Y.15 2018年巴西主流媒体涉华报道分析 …………………… 唐　筱 / 234
Y.16 博索纳罗新政府对外政策走势分析与中巴关系发展展望
　　　………………〔巴西〕Marcos Cordeiro Pires　唐　筱　程　晶译 / 251
Y.17 2018中美贸易争端及其对中巴贸易合作的潜在影响
　　　………………〔巴西〕Luís Antonio Paulino　李诗悦　钟　点译 / 266

Ⅵ 附录

Y.18 2018年巴西大事记 ……………………… 缴　洁　程　晶　刘　明 / 286

目 录

Y.19 统计资料 ……………………………………………………… / 302

Abstract ……………………………………………………………… / 312
Contents ……………………………………………………………… / 314

皮书数据库阅读**使用指南**

总 报 告
General Report

Y.1
2018年巴西内外发展形势评估
——变化中的巴西

杨首国 刘婉儿[*]

摘 要： 2018年，巴西政局基本稳定，经济实现有限复苏，但特梅尔作为"过渡政治人物"，其力推的结构性改革受阻，国内腐败、贫困、暴力犯罪等"顽疾"无明显改善，导致特梅尔政府以极低的民意支持率结束任期。在决定巴西下一步发展方向的关键大选中，号称"热带特朗普"的博索纳罗凭借反传统、反精英口号异军突起，一举登上总统宝座，其政治民粹主义、经济自由主义、社会保守主义、外交亲美右倾的政策倾向对巴西传统政治格局形成冲击，亦对巴西内外发展产生

---

[*] 杨首国，中国现代国际关系研究院拉美研究所所长、研究员；刘婉儿，中国现代国际关系研究院拉美研究所实习研究员，主要研究方向为巴西及拉美综合研究。

重要影响。2019年博索纳罗上任以来，着手实施一系列改革新政，但其部分激进理念与国内现实脱节，遭到传统建制派及利益集团牵制，在一定程度上不得不回归理性、务实，未来其改革能走多远有待观察。2018年，中巴经贸关系继续保持发展势头，双边贸易额创新高，投资领域不断拓宽，凸显两国经济具有高度互补性与强劲合作动力，中巴合作不断深化的大方向不会因右翼政府上台而发生根本改变。

关键词： 巴西　博索纳罗　政策走向　中巴关系

2018年是巴西发生重大变化的一年，来自传统大党的特梅尔以极低的民意支持率结束任期，依靠反传统、反精英理念在大选中异军突起的博索纳罗引领巴西政坛大幅"右转"，传统政治格局受到强烈冲击，巴西进入右翼执政新时代。新政府展现出政治保守、外交亲美、经济力主新自由主义的基本政策倾向，但求新求变须建立在巴西基本国情基础上。面对一系列挑战，博索纳罗的新政能走多远有待观察。实际上，执政之初，博索纳罗的激进政策主张遭遇现实的强烈挑战，个人支持率大幅下跌，施政在一定程度上不得不回归理性、务实。在巴西政治不确定性增加的2018年，中巴关系不降反升，双边贸易额创新高，战略融合与产业对接加速，凸显两国的巨大互补性与强劲合作动力。即便博索纳罗竞选期间有质疑与中国关系的言论，但合作仍是主流声音，中巴全面战略伙伴关系不断深化的大方向不会改变。

一　政治格局巨变

2018年，特梅尔政府在争议声中结束任期，政局未出现大的动荡。随着大选尘埃落定，号称"热带特朗普"的右翼人士博索纳罗登上总统宝座，对巴西传统政治格局形成冲击。执政以来，其激进施政主张遭遇不小的反弹，在一定程度上不得不回归理性、务实。

特梅尔于2016年8月31日接替被弹劾下台的罗塞夫正式就任总统，因涉嫌贪腐两度遭遇国会"起诉投票"，不过国内主流政治力量均认为政局不能再乱，且特梅尔所属的巴西民主运动党（MDB）根基深厚，使其避免了中途下台的命运。但是，其个人形象严重受损，民意支持率长期只有个位数，2017年创下巴西1989年恢复民选以来的总统支持率新低。进入2018年，其支持率未见改善。尽管特梅尔政府通过劳工法改革、限制政府支出等措施使巴西经济于2017年重回增长轨道，获市场肯定，但改革触及广泛利益，未获民意认可。2018年5月末发生卡车司机罢工事件，正常生产生活受到严重冲击，政府与民众关系降至冰点。

在民意支持率极低的同时，执政联盟出现分化，经济结构性改革遇阻。特梅尔的政治资本在两次"起诉投票"后损耗严重，执政联盟明显松动。联盟内部分政党担心与涉嫌腐败的政府过于亲密会影响2018年大选，开始与政府划清界限。部分执政联盟高层又利用职务之便谋取私利，引发内部强烈不满。到2017年底，支持特梅尔的众议员已由367人减至260人，导致政府力推的改革受阻，对平衡公共账户极为关键的养老金改革法案经多次修订，条件不断放宽，仍无法在国会获得足够支持。2018年2月16日，面对里约热内卢州治安形势每况愈下，特梅尔下令联邦军队干预该州公共安全事务。巴西宪法规定，联邦政府实施干预期间不得修宪，众议院原定于2018年2月19日进行的养老金改革法案投票因此被取消，困扰巴西财政多年的"顽疾"继续得不到改善。其后，政府推出15项补救性改革提案，包括巴西国家电力公司（Eletrobras）私有化、赋予中央银行（Banco Central do Brasil）完全自主权等，但多数未获国会批准。

腐败丑闻令执政形势雪上加霜。检方调查显示，2017年5月特梅尔签署一项港口运营行政令时，涉嫌受贿3260万雷亚尔。2018年3月29日，特梅尔的四名密友因涉案被临时逮捕。12月19日，特梅尔本人因此案于任内第三次遭检方起诉。① 2018年12月巴西民意和统计研究所（IBOPE）发布的民调显示，特梅尔政府的支持率仅为5%，反对率高达74%，是巴西1989年以来在行将离任时遭民众反对最强烈的一届政府。②

多重困境下，决定下一步发展方向的2018年大选拉开帷幕。一方面，民众期待大选能为国家发展带来转机；另一方面，面对经济低迷、失业率高企、犯罪猖獗、腐败案频发的现状，悲观和不信任情绪蔓延。巴西民意和统计研究所2018年6月的民调显示，45%的选民对大选表示悲观，远超持乐观态度的选民（23%）；高达75%的选民表示不相信候选人所做的任何竞选承诺；54%的选民认为"候选人均腐败，选谁都一样"。③

2018年大选堪称"30年来最扑朔迷离的选举"。此次共有13名候选人，参选人数为1989年以来第二高。左翼劳工党（PT）领袖、曾带领巴西创造经济奇迹的前总统卢拉一度以较大优势领跑民调，但他因涉嫌收受巴西奥亚斯建筑公司的一栋海滨三层别墅，2018年1月二审获刑12年零1个月，并于4月7日入狱服刑。卢拉始终否认腐败指控，身陷囹圄仍坚持参选。此举主要有两重考量：一是从法律上看确有参选希望，巴西《清白档案法》规定，二审被定罪的公民不得参选公职，但《选举法》规定，负案、未结案的公民仍可登记成为候选人；二是最大限度地发挥自身影响力，即便最终不能参选，也可将选票转移给其竞选副手费尔南多·阿达。事实证明，该战略取得了一定成功。2018年9月1日，卢拉正式被高等选举法院剥夺候选人资格，劳工党随即展开"卢拉即是阿达，阿达即是卢拉"的宣传攻势，使选前知名度不高的阿达迅速跃升至民调榜第二位，显示劳工党在底层

---

① 《巴西总统特梅尔再遭检方起诉涉嫌贪腐》，新华网，2018年12月20日，http：//www.xinhuanet.com/world/2018 – 12/20/c_ 1123880553.htm。
② IBOPE，"Pesquisa CNI - Ipobe，AVALIAÇÃO DO GOVERNO，" Dezembro 13，2018，pp.5 – 7，http：//www.ibopeinteligencia.com/arquivos/AvalGoverno_ dez2018.pdf.
③ IBOPE，"PESQUISA DE OPINIÃO PÚBLICA SOBRE ASSUNTOS POLÍTICOS/ADMINISTRATIVOS，" Junho de 2018，pp.64 – 87，http：//www.ibopeinteligencia.com/arquivos/JOB_ 1149_ BRASIL%20 – %20Relat%C3%B3rio%20de%20tabelas%20（imprensa_ p1%20a%20p16）.pdf.

民众中仍有一定号召力。然而，该党执政后期，巴西经济陷入严重衰退，卢拉、罗塞夫两位总统均涉腐，民间"反劳工党"情绪高涨，加之阿达缺乏个人号召力，难以在大选中翻盘。

由于卢拉无法参选，右翼社会自由党（PSL）候选人雅伊尔·博索纳罗得以脱颖而出。此人出身行伍，秉持激进右翼理念，退役后当过近30年联邦众议员，但政绩平平，不受重视，自诩"政治局外人"。选战中，博索纳罗推崇新自由主义经济理念，主张回归天主教保守传统，重视发展农矿业，提出"巴西高于一切"这一颇具民族主义色彩的口号，获得金融市场、教会、农牧业集团、军方四大力量背书。博索纳罗"家底清白"，未受席卷主流政党的反腐风暴牵连，并提出惩治腐败、犯罪的铁腕主张，获得大批对现状极度不满的民众支持。博索纳罗的激进政策及"道德瑕疵"也使其成为极具争议的政治人物。他曾多次对女性、黑人、同性恋发表歧视性言论，并公开表露对军政府独裁时期的怀念，被部分国际媒体称为"民主的威胁"，其支持率最高，但反对率也最高，巴西社会围绕大选陷入"近30年来最严重分裂"。博索纳罗本人在2018年9月6日参加竞选活动时遭反对人士刺伤，使选情更加紧张复杂。

2018年10月7日，大选第一轮投票中，博索纳罗获得46.03%的选票，阿达以29.28%位居第二，两人进入第二轮角逐。10月28日，左右翼候选人展开"终极对决"。计票结果显示，博索纳罗在16州中得票占优（巴西有26个州及1个联邦区），以55.13%的得票率战胜阿达（44.87%），当选第38届巴西总统，打破了巴西延续20年的劳工党、社会民主党（PSDB）"两党争霸"格局。博索纳罗所属社会自由党的众议院席位由8席升至52席，从名不见经传的小党一跃成众议院第二大党，并拿下圣卡塔琳娜州、朗多尼亚州、罗赖马州3州州长席位，另获9州州长明确支持（包括圣保罗州、里约热内卢州、马托格罗索州等重要大州）。传统政党则在国会选举中受挫。社会民主党及民主运动党的众议院席位数几近腰斩；民主运动党的参议院席位锐减，该党党魁及原参议长甚至未能保住参议员职位。此外，跻身众议院的政党数目达到30个，创1989年以来新高，显示巴西政治力量进一步分散。

大选结果反映了反传统、反建制的民粹主义思潮在巴西兴起。巴西民调机构 Datafolha 第二轮投票前发布的报告显示：在支持博索纳罗的选民中，有 25% 非因赞同其主张，实因厌弃劳工党，凸显选民对该党施政不力、贪污腐化的不满已远超对博索纳罗激进主张的担忧；另有 30% 是出于求变心理，认为传统政党"老朽陈腐"，期待"非寻常之人走非寻常之路"，扭转国家发展乱象。① 博索纳罗利用民意转向大打民粹牌，扬言要"把巴西从社会主义中解放出来"，成功利用民众的不满"上位"。巴西政治走向极端化的一个重要原因是该国政治体制存在明显缺陷。巴西现行政体直接从欧美"移植"而来，存在诸多"水土不服"之处，并衍生出腐败文化、魅力型领袖崇拜文化，加之大部分政党长期忽视自身建设，国家治理能力欠缺，面对经济、社会危机无法提出根本解决之道，为民粹主义思潮提供了可乘之机。然而，民粹主义亦无法解决巴西发展进程中的种种问题，绝不是对症良药。巴西只有以"壮士断腕"般的勇气推动政治制度根本性变革，方能终结乱象，实现国家长治久安。

新政府的政治安排展现出新气象。第一，注重塑造"公正"形象。内阁人事任用偏重官员技术背景、履历，淡化政治、党派色彩②，超半数部级官员无政党归属。第二，趋于"右倾""保守化"。22 名部级官员中，1 人为福音派牧师，2 人（外交部部长及教育部部长，但教育部部长于 2019 年 4 月被撤换）为巴西知名保守派作家奥拉沃·德卡瓦略（Olavo de Carvalho）所荐，无中左或左翼党派成员；新政府还同意引渡受左翼政府庇护多年的意大利罪犯塞萨里·巴蒂斯蒂（Cesari Batistti）。第三，带有民粹色彩。博索纳罗效仿特朗普的"推特治国"，人事任命、政令签署等重要决定均以推文

---

① Datafolha, "Desejo de mudança e rejeição ao PT alavancam candidatura de Bolsonaro," Outubro 22, 2018, http://datafolha.folha.uol.com.br/eleicoes/2018/10/1983550 - desejo - de - mudanca - e - rejeicao - ao - pt - alavancam - candidatura - de - bolsonaro. shtml.

② 中国社会科学院拉丁美洲研究所巴西研究中心：《巴西季评（第 10 期）》，2019 年 4 月，第 1 页。

形式发布，直接利用新媒体这一成本低、速度快的平台与民众沟通。第四，展示反腐决心。任命"洗车行动"主审法官塞尔吉奥·莫罗（Sérgio Moro）为司法与公共安全部部长；向国会递交反犯罪法案（Lei Anticrime），旨在以更严厉的措施打击腐败；成立"跨部门反腐委员会"（ComitêInterministerial de Combate à Corrupção），协调进行反腐政策的制定、实施、评估。

然而，博索纳罗执政之初就面临诸多挑战，迫使其回调激进政治主张。从执政团队看，其内阁成员多为无行政背景的技术型官僚，缺乏与国会沟通经验，经济团队、军方等不同派别间亦有意见分歧。博索纳罗竞选期间高举的反腐大旗也开始"引火烧身"，前总统府秘书长古斯塔沃·贝比亚诺（Gustavo Bebianno）上任一个多月即被曝出贪腐丑闻，政府形象受损。从执政联盟筹组看，博索纳罗最初注重争取国会行业议员团支持，相对忽视与政党联系，未延续"以政府职位换党派"支持的传统，导致缺乏传统大党背书，执政根基不牢。博索纳罗与劳工党、社会主义和自由党（PSOL）等左翼党派的尖锐矛盾又导致其自由市场改革、保守的社会文化举措招致左翼激烈反对。从身边人看，"家人干政"带来非议。博索纳罗的三个儿子被戏称为总统的"非正式顾问"，爱德华多负责外交，卡洛斯和弗拉维奥负责内政。爱德华多曾参加博索纳罗与特朗普的会晤，巴西外长却未出席；卡洛斯则屡次在社交媒体上批评政府官员、国会议员，引发副总统莫朗、众议长马亚等人强烈不满。2019年4月，博索纳罗政府支持率跌至32%，为29年来在首届任期满3个月后支持率最低的巴西政府。① 面对开局不利，博索纳罗似已意识到争取最大政治支持的重要性，开始与巴西民主运动党、巴西社会民主党、民主党（DEM）等党派领导人展开沟通，决心重新审视政府架构，表示政府不应受困于激进意识形态、社交网络，展示出更加务实、平衡的政治姿态。

---

① Datafolha, "Avaliação do Presidente Jair Bolsonaro," Abril 8, 2019, p. 19, http://media.folha.uol.com.br/datafolha/2019/04/08/574c277a171a64f166dee28d083f08cfab2.pdf.

二 经济有限复苏

2018年,巴西经济受国内外多重因素影响,在保持复苏态势的同时,并未完全达到预期。新政府力推的经济改革面临不少困难,短期内巴西经济难以恢复较快增长。

在经历2015年、2016年大幅衰退后(增长率分别为-3.5%和-3.3%),巴西经济于2017年触底反弹,重回增长轨道。2018年延续缓慢复苏势头,经济增长1.1%,增幅与2017年持平,部分宏观经济数据有所改善。对外贸易同比增长13.7%,达4207亿美元,为近5年来最高。出口同比增长9.3%(对华出口增长32.2%,对欧盟出口增长20.1%,对美出口增长6.6%),进口同比增长19.7%。因进口增多,贸易顺差同比下降13%,但仍达582.98亿美元,为1989年以来第二高。工业部门在连续4年衰退后实现0.6%的小幅增长,投资额在连续3年下滑后增长4.1%,家庭消费增长1.9%,通胀控制在3.75%的合理区间,基准利率较长时间维持在6.5%的历史最低水平。①

受内外因素冲击,经济复苏势头受到压制。巴西中央银行于2018年数度下调经济增长预期,从3月的2.87%降至12月的1.3%,实际增幅未及年初预期。从国内层面看,罢工事件及大选带来的政治不确定性对经济增长形成制约。2018年5月末,巴西卡车司机因不满燃油价格上涨,组织大规模罢工,全国公路停运11天(该国公路运输占比高达60%),食品、药品、燃油等基本民生物资供应紧张,生产生活遭受重大打击,直接经济损失高达159亿雷亚尔(约合42.5亿美元),达到国内生产总值的0.26%。② 下半年,大选选情及未来政策走向不明朗致使市场避险情绪升温,投资者担心若

---

① 本段数据来源于巴西国家地理统计局(IBGE)及巴西经济部。
② Ministério da Fazenda, "Greve dos caminhoneiros impacta a economia em cerca de R $15, 9 bilhões," Junho 14, 2018, http://www.fazenda.gov.br/noticias/2018/junho/greve-dos-caminhoneiros-impacta-a-economia-em-cerca-de-r-15-9-bilhoes.

劳工党重新掌权将恢复高福利政策并终止经济结构性改革，因此多持谨慎观望态度。从国际层面看，单边主义、保护主义抬头，外界不稳定因素增加，给巴西经济复苏前景蒙上阴影。2018年，美国收紧货币政策，美联储四次加息，新兴经济体资本外流加剧，金融市场持续震荡，重要贸易伙伴阿根廷因之触发"汇兑风暴"，引发市场恐慌情绪。3月，美国高举钢铝关税"大棒"威胁盟友，并于5月单方面停止与巴西的相关谈判，对巴输美钢铝制定配额、课征关税。6月，特朗普政府正式挑起中美"贸易战"，国际贸易紧张局势加剧，市场环境日趋复杂。受上述因素影响，2018年6月，巴西消费者信心指数跌至两年来新低[1]；企业家信心指数跌至一年半以来新低，并出现2010年以来的最高月度跌幅。[2] 外国直接投资（FDI）从2017年的680亿美元降至590亿美元，下滑12%，巴西在外国直接投资目的地全球排行榜中从第4位降至第9位。[3] 汇市、股市出现震荡。2018年，巴币雷亚尔贬值12.7%，美元兑雷亚尔汇率从1月的3.26升至12月的3.909，全年平均汇率3.65，并于9月13日触及4.195的历史最高点。巴西主要股指Ibovespa一度出现大幅波动，于6月18日跌至10个月以来最低点。[4]

巴西经济复苏还受到其他一系列"痼疾"困扰。一是赤字、债务问题。2018年，巴西初级财政赤字达1203亿雷亚尔，虽较2017年（1243亿雷亚尔）回落3.2%，但已连续5年出现赤字，财政亏空状态预计延续至

---

[1] CNI, "Confiança do Consumidor Recua em Junho," Junho de 2018, p. 1, https：//bucket－gw－cni－static－cms－si. s3. amazonaws. com/media/filer_ public/24/80/2480f01e－d20b－4dcc－9b9a－61410b10f569/inec_ indicenacionaldeexpectativadoconsumidor_ junho2018_ v2. pdf.

[2] CNI, "Confiança do empresário teve maior queda desde 2010, apnta CNI," Junho 20, 2018, https：//noticias. portaldaindustria. com. br/noticias/economia/confianca－do－empresario－teve－maior－queda－desde－2010－aponta－cni/.

[3] Globo, "Investimento estrangeiro no Brasil caiu 12% em 2018," Janeiro 22, 2019, https：//g1. globo. com/economia/noticia/2019/01/22/investimento－estrangeiro－no－brasil－caiu－12－em－2018. ghtml.

[4] Globo, "Retrospectiva 2018：a economia brasileira em 6 gráficos," Dezembro 21, 2018, https：//g1. globo. com/retrospectiva/2018/noticia/2018/12/21/retrospectiva－2018－a－economia－brasileira－em－6－graficos. ghtml.

2022年。① 公共部门债务总额高达5.27万亿雷亚尔，约合国内生产总值的76.7%。② 国际货币基金组织（IMF）预计，该国公债将于2020年达到国内生产总值的92.7%，远高于拉美（66.1%）、欧洲（76.7%）、金砖国家（58.5%）、新兴市场国家（53.8%）的平均水平。③ 尤其值得注意的是，该国2018年养老金赤字高达1952亿雷亚尔，同比增长7%④，且在行政部门递交的2019年度预算中，养老金支出约合联邦预算的53.4%，超出医疗、教育及公共安全总预算的3倍，造成沉重财政负担。⑤ 为平衡公共账户，国会于2016年12月通过《开支上限法》，规定政府公共开支增幅不得超出上一年通货膨胀率。但巴西计划、预算和管理部前部长迪奥戈·奥利韦拉（Dyogo Oliveira）表示，若养老金改革久拖不决，到2020年政府公共开支增幅将不得不全部用于弥补养老金亏空。⑥ 可见，该法案治标不治本，须辅以养老金改革等其他措施。

二是巴西公共投资长期存在诸多欠缺。国际货币基金组织2018年发布报告称，1995~2015年，该国公共投资额仅占国内生产总值的2%，远低于

---

① Tesouro Nacional, "Sumário Executivo, Resultado do Tesouro Nacional," Janeiro 29, 2019, pp. 1 – 3, http: //sisweb. tesouro. gov. br/apex/cosis/thot/transparencia/anexo/5024：159803：inline.

② Estadão, "Dívida pública termina 2018 em 76, 7% do PIB," Janeiro 31, 2019, https: // economia. estadao. com. br/noticias/geral, deficit – primario – do – setor – publico – tem – rombo – de – r – 108 – 2 – bi – em – 2018, 70002701943. amp.

③ Globo, "Dívida pública deve ultrapassar 80% do PIB em 2020, prevê governo," Setembro 7, 2018, https: //g1. globo. com/economia/noticia/2018/09/07/divida – publica – deve – ultrapassar – 80 – do – pib – em – 2020 – preve – governo. ghtml.

④ Secretria de Previdência, "Previdência Social teve déficit de R $195, 2 bilhões em 2018," Janeiro 29, 2019, http: //www. previdencia. gov. br/2019/01/previdencia – social – teve – deficit – de – r – 1952 – bilhoes – em – 2018/.

⑤ Globo, "Previdência consumirá em 2019 três vezes mais recursos que saúde, educação e segurança juntos, prevê governo," Setembro 16, 2018, https: //g1. globo. com/economia/noticia/2018/09/16/previdencia – consumira – em – 2019 – tres – vezes – mais – recursos – que – saude – educacao – e – seguranca – juntos – preve – governo. ghtml.

⑥ Globo, "Sem reforma da Previdência, teto de gstos fica 'incompatível' em 2020, diz ministro," Julho 19, 2017, https：//g1. globo. com/economia/noticia/sem – reforma – da – previdencia – teto – de – gastos – fica – incompativel – em – 2020 – diz – ministro. ghtml.

新兴经济体（6.4%）、拉美国家（5.5%）的平均水平。① 由于近年来经济不景气、公共财政收支状况严峻，为保证工资、养老金等必要支出，政府不得不放弃大部分可支配性开支，公共投资继续下降。2017 年，该国公共投资（769 亿雷亚尔）仅占国内生产总值的 1.17%，创 50 年来新低②；2018 年，政府基础设施投资（278.75 亿雷亚尔）仅占国内生产总值的 0.4%，创 2009 年以来新低③，严重阻碍经济发展。

三是产业结构单一问题。20 世纪 80 年代末，巴西在尚未完成现代化时，便过早实施"去工业化"，导致如今的工业集中在资源密集型领域，多出口初级产品和中低端制成品。2018 年，大豆、石油、铁矿石等七种大宗商品出口额占总出口总额的 50.2%，出口量较十年前猛增 76.4%，但制成品出口量在十年内下降 10%。产业结构单一导致巴西经济依赖外部推动，内生动力不足，极易受外部环境冲击，一旦大宗商品价格处于低谷，经济便出现大幅衰退。巴西应用经济研究所（IPEA）经济学家费尔南多·里贝罗（Fernando Ribeiro）认为，工业竞争力短期内无法提升，强行减少大宗商品出口亦行不通，目前的最佳办法是将工业和服务业更好地整合到商品生产链中，使大宗商品出口的利好外溢至其他经济部门。④

此外，基建落后、税制复杂、官僚主义严重、劳动力素质不高等积弊亦亟待破除。

博索纳罗于 2019 年上台后，出台了一系列经济改革举措：将部级机构

---

① IMF, "Making Public Investment in Brazil More Efficient," December 20, 2018, p. 2, https://www.imf.org/external/np/blog/dialogo/122018.pdf.
② UOL, "Investimento público cai para 1,17% do PIB e atinge o menor nível em 50 anos," Abril 27, 2018, https://economia.uol.com.br/noticias/estadao-conteudo/2018/04/27/investimento-publico-cai-para-117-do-pib-e-atinge-o-menor-nivel-em-50-anos.htm.
③ Globo, "Investimento de governo em infraestrutura no ano passado é o menor em dez anos," Fevereiro 10, 2019, https://g1.globo.com/economia/noticia/2019/02/10/investimento-do-governo-em-infraestrutura-no-ano-passado-e-o-menor-em-dez-anos.ghtml.
④ Valor Econômico, "Sete commodities concentram 50% das exportações," Fevereiro 11, 2019, https://www.valor.com.br/brasil/6112155/sete-commodities-concentram-50-das-exportacoes.

由29个减至22个,裁撤冗员以削减支出,释放更多经济资源;加快私有化进程,但对战略资源行业的私有化较为谨慎;实施贸易自由化,推动制造业更紧密地融入全球价值链;提高银行业效率,改善定向贷款高企和公共银行占主导等问题;在劳动力市场改革方面继续削弱僵化程度①;简化税制,降低赋税,并简化企业申办程序,以优化营商环境。在关键的养老金改革方面,2019年2月20日,政府向国会递交改革提案,拟提升最低退休年龄、延长养老保险缴费年限,希望未来十年内节省超1万亿雷亚尔(约合2500亿美元)开支,以改善财政状况、增加资本流入,被视为提振国家经济的关键一步,市场初步反应积极。

新政府经济改革面临不少挑战,经济发展成效有待观察。博索纳罗尚属"政治新人",执政根基不牢,与国会关系一波三折。多数投资者担心政府缺乏足够的政治实力推进改革,仍持币观望。加之2019年中国、欧盟等主要出口目的地经济增速可能放缓、中美贸易摩擦存在不确定因素,经济增长预期略有下调。总体来看,巴西经济复苏之路绝不会一帆风顺,许多深层结构性问题尚待解决,未来几年该国谋求经济适度增长的目标较为现实。

三 社会和治安形势依然严峻

2018年,巴西社会和治安形势未见明显好转,发展不平衡及治理缺位等问题依然困扰该国发展。

就业形势面临较大压力。2018年12月,该国失业人数达1220万,全年平均失业率为12.3%,远超国际劳工组织(ILO)7%的预警红线,就业问题突出。首先是非正式就业问题。该国失业率虽较2017年回落0.4%,但新增岗位多为非正式岗位(临时工或自由职业者,无工作证,无法享受相应福利),就业质量不高。数据显示,2018年第四季度,临时工数量同比

---

① 中国社会科学院拉丁美洲研究所巴西研究中心:《巴西季评(第10期)》,2019年4月,第3页。

增长3.8%;自由职业者数量同比增长2.8%,达到创纪录的2384.8万人;正式岗位就业人数却同比下降1%,且非正式岗位就业人数自2017年起已超过正式岗位就业人数。其次是就业不平衡问题。从行业看,2018年,90%的新增正式岗位集中在商业、服务业,农牧业和工业吸纳能力不足。从地区看,新增岗位集中在东南部、南部等经济发达地区。失业率最高的15个省会城市中,东北部、北部城市占13个。从性别看,女性占劳动适龄人口的52.4%,但仅占就业人口的43.8%,平均收入较男性低20.5%。从人种看,2012年第一季度,混血种人、黑人分别占失业人口的48.9%、10.2%;2018年第四季度,相关占比分别升至51.7%、12.9%。同时段内,白人占失业人口的比重从40.2%降至34.6%。2018年白人失业率(9.2%)低于全国平均水平,黑人(14.5%)、混血种人(13.3%)则高于全国平均水平,显示社会不平等状况未有改善。① 专家表示,随着经济复苏势头延续,2019年预计新增59万~87万个正式就业岗位,但仍不及劳动者需求,失业率预计维持在10%~11%,就业市场至少到2021年才能恢复至危机前水平。② 值得注意的是,经济与就业通常互为因果,若失业率高企,"三驾马车"中的消费之马便失去动力,进而限制经济反弹力度。因此,"失业式复苏"不可持续,就业问题是巴西政府需下大力气解决的难题。

贫困状况依旧严峻。巴西国家地理统计局(IBGE)2018年12月发布报告称,根据世界银行设定的新标准(巴西的贫困线被提升至每人每日收入不足5.5美元),2017年巴西贫困人口达5480万,较2016年增加200万;贫困率达26.5%,同比增长0.8个百分点;极端贫困人口(每日收入不足1.9美元)达1520万,增加170万;极端贫困率为7.4%,同比增长0.8个百分点。其中,东北部聚集了全国46.5%的贫困人口(2550万),贫困率

---

① 以上数据来源于巴西国家地理统计局(IBGE)。
② Globo, "Criação de vagas formais vai avançar em 2019, mas taxa de desemprego ainda deve ficar acima de 10%, projetam economistas," Janeiro 25, 2019, https://g1.globo.com/economia/noticia/2019/01/25/criacao-de-vagas-formais-vai-avancar-em-2019-mas-taxa-de-desemprego-ainda-deve-ficar-acima-de-10-projetam-economistas.ghtml.

高达44.8%，马拉尼昂州贫困率甚至高达54.1%，而南部、东南部贫困率仅分别为12.8%、17.4%。最富裕的10%人口占据了全国总收入的43.1%，最贫困的40%人口仅占总收入的12.3%，贫富依旧悬殊。据IBGE计算，若想根除贫困，政府每月至少需投入102亿雷亚尔。①但受到财政收支状况不佳及《开支上限法》的限制，公共部门恐有心无力。拉丁美洲和加勒比经济委员会（CEPAL）预计，巴西至少到2028年才能将极端贫困率降至3%，至少到2030年才能将贫困率降低一半。②世界银行前执行董事奥塔维亚诺·卡努托（Otaviano Canuto）认为，该国贫困问题不应单纯归咎于某一届政府，它是长期积累的结构性矛盾（生产率低、教育质量低、基建落后等）的产物，能否有效改善取决于未来政府推动结构性改革的能力。③

公共安全形势有所好转，但仍十分严峻。因经济低迷加剧暴力犯罪，巴西凶杀率及凶杀案死亡人数于2016年、2017年连创新高。2018年，为改善治安，特梅尔政府先后成立公共安全部、公共安全统一系统、国家公共安全和社会防卫委员会，以确保市、州、联邦相关部门协同行动，并获得了国家经济和社会发展银行（BNDES）的资金支持。各州亦加大治安投入，如增加警力、改善军警执法体系、加大全日制教学投入等，使公共安全形势有所好转。据巴西新闻机构G1统计，2018年全国凶杀案死亡人数同比下降12.8%，东北部、北部治安状况改善明显，伯南布哥州、阿拉戈斯州、阿克里州的凶杀案死亡人数均减少20%以上。然而，暴力犯罪仍十分猖獗。2018年以来，里约热内卢州治安状况持续恶化，抢劫案件不断，黑帮仇杀及贩毒活动泛滥。罗赖马州安全形势亦急转直下，狱警、民警因被拖欠薪资

---

① IBGE, "Síntese de Indicadores Sociais: indicadores apontam aumento da pobreza entre 2016 e 2017," Dezembro 5, 2018, https://agenciadenoticias.ibge.gov.br/agencia-sala-de-imprensa/2013-agencia-de-noticias/releases/23298-sintese-de-indicadores-sociais-indicadores-apontam-aumento-da-pobreza-entre-2016-e-2017.

② CEPAL, "Panorama Social de América Latina," Febrero 2019, p. 22, https://repositorio.cepal.org/bitstream/handle/11362/44395/11/S1900051_es.pdf.

③ BBC, "Mias que erros de governo, alta de pobreza reflete problemas antigos do Brasil, diz ex-diretor do Banco Mundial," Dezembro 8, 2018, https://www.bbc.com/portuguese/amp/brasil-46472332.

举行罢工；监狱秩序混乱，帮派斗殴、越狱事件频发，"红色司令部""首都第一司令部"等黑帮头目即便身在狱中仍可为组织行动下达指令；加之该州毗邻委内瑞拉，委居民大量涌入加大治安压力。2018年，该州凶杀案死亡人数同比上涨54%，每10万人中有59.8人死于谋杀。[①] 严峻的形势面前，特梅尔政府分别于2月、12月签署法令，对里约热内卢州、罗赖马州公共安全事务实施干预，由联邦军队全权接管州公共安全部门及监狱系统指挥权。因民众对治安乱象深感担忧，博索纳罗竞选期间便以打击犯罪的铁腕主张赢得大批支持。他主张扩大警察执法权、放宽正当防卫标准、调低刑事责任年龄、取消罪犯假释制度。上任后，他于2019年1月15日签署临时政令，放宽持枪限制，以"赋予人民自我保护的权利"：申请人无须陈述持枪理由；枪支登记有效期由五年延长至十年；每人可拥枪数量由两支增至四支。然而，其"以暴制暴"的理念颇受争议，成效如何有待观察。此外，新任司法与公共安全部部长莫罗于2019年2月向国会递交反犯罪法案（Lei Anticrime），旨在以更严厉刑罚遏止有组织犯罪、暴力犯罪。目前看，新政府面临的治安形势不容乐观。2019年以来，严重暴力事件持续发生。塞阿拉州有组织犯罪团伙因不满政府强化监狱管控，实施多起枪击、纵火案，殃及车辆、银行、商铺等。为避免形势失控，联邦政府于1月4日派出公共安全部队，协助管控塞州治安。3月，公共安全部队又应帕拉州州长请求进驻帕州。巴西政府在改善治安方面任重道远。

四 外交大调整

巴西长期立足发展中国家定位，秉持成熟稳健、平衡务实的外交传统。随着右翼博索纳罗政权上台，这一传统受到挑战，代之以反建制、亲西方的

[①] Globo, "Queda no n° de assassinatos em 2018 é a maior dos últimos 11 anos da série histórica do FBSP," Fevereiro 27, 2019, https://g1.globo.com/monitor-da-violencia/noticia/2019/02/27/queda-no-no-de-assassinatos-em-2018-e-a-maior-dos-ultimos-11-anos-da-serie-historica-do-fbsp.ghtml.

外交理念。但国内主张理性务实外交的声音对新政府形成有力牵制,巴西外交在激荡变化之余应不会完全脱离传统轨道。

左翼劳工党执政时期(2003~2016年),巴西经济一度实现高速增长,在外交事务上雄心勃勃、底气十足:一方面注重发展与拉美左翼政府的关系,积极推动地区一体化进程,坐稳地区"领头羊"位置;另一方面高度重视南南合作、金砖合作,努力在全球范围内拓展"朋友圈",谋求与世界大国"平起平坐"。

中右翼的特梅尔掌权后,巴西对外政策开始进行调整。其一,特梅尔政府一改劳工党偏重拓展与左翼国家及发展中国家关系的路线,转而加强与地区右翼政府及美国、日本、以色列等国关系,施展平衡外交。上任后,特梅尔率先访问的南美国家是阿根廷、巴拉圭等右翼国家,随后造访日本,成为11年来首位访日的巴西总统。2016~2017年,特梅尔数次与美国总统、副总统通电话,并于2018年6月接待到访的副总统彭斯,欲在商贸、航天领域及处理委内瑞拉问题上加强与美合作,建立"成熟的伙伴关系"。2018年2月末,时任巴西外长访问中东,在保证与其他中东国家传统关系的基础上,重点修复罗塞夫政府与以色列结下的紧张关系,承诺在科技、创新、国家安全方面加强与以合作,并签署相关协议。与此同时,巴西与左翼执政的委内瑞拉关系逐渐恶化。特梅尔公开批评马杜罗政府"打破民主秩序""制造难民",将巴委关系定性为"外交对抗"。巴西继2017年推动南方共同市场(Mercosur,以下简称"南共市")无限期暂停委内瑞拉成员国资格、加入利马集团向委左翼政权施压后,2018年2月在美洲国家组织(OAS)会议上投票支持反对委内瑞拉的动议,4月在第八届美洲峰会上与美国及利马集团其他成员国共同发表反委声明,5月拒绝承认委大选结果,主张对委加大外交压力,促其重返"民主自由"。

其二,面对贸易保护主义及单边主义甚嚣尘上、大国战略博弈日趋激烈的局面,推动区域一体化及多边合作仍是特梅尔政府的政策选项。特梅尔政府主张加强与南共市成员国的关系,在2018年两次南共市首脑会议上呼吁成员国团结一致,并在打击有组织犯罪上协调行动。特梅尔政府致力于提升南共市自由贸易水平，2018年继续大力推动南共市与欧盟的自贸协定谈判，并推动该组织启动与加拿大、韩国、新加坡的自贸谈判。特梅尔政府还致力于拉近南共市与太平洋联盟的关系。在2018年7月24日举行的首届南共市和太平洋联盟领导人会晤上，特梅尔及其他与会国首脑签署共同宣言及行动计划，以携手应对保护主义、推动自由贸易、加快拉美一体化进程。2018年11月21日，巴西、智利达成自贸协议，在服务贸易、电子商务、电信等17个领域互免关税。特梅尔表示，该协议将南共市和太平洋联盟连接在一起，对地区经济一体化尤为重要。同时，特梅尔政府继续开展国际多边合作，视金砖国家、G20为参与全球治理体系改革的重要抓手。特梅尔任内三次参加金砖国家峰会时均展现较为积极的态度，认为该机制为巴西带来了经济红利，主张金砖国家在第四次工业革命背景下进一步加强合作，共同维护多边主义，确保透明、开放、包容的国际贸易环境。2018年7月26日，巴西政府与金砖国家新开发银行（NDB）签署协议，确认将于2019年在巴西圣保罗开设首个美洲分支机构，重点帮助基建、物联网等项目进行融资。2018年G20峰会上，特梅尔呼吁各成员国在食品安全、可再生能源应用及高质量基础设施建设上紧密合作，承担起各自责任。

其三，在国内政治、经济、社会多重压力下，提振国家经济成为当务之急，特梅尔政府对外政策聚焦务实经济合作主线，尤其注重改善巴西国际形象、吸引外资，务实外交和经济外交色彩浓厚。特梅尔几乎在所有双边场合及达沃斯世界经济论坛年会、联合国大会等多边平台上极力强调其财政整顿工作、经济改革计划、市场开放理念，力图向国际社会展示一个"全新的巴西"，从而恢复投资者信心，吸引资本进驻，为国家发展注入新动能。

总体来看，特梅尔政府受制于国内政治、经济困境，缺乏足够政治实力，被普遍视为一个弱势过渡政府，难以在国际舞台上大展拳脚。即便其发出积极表态、做出相应调整，也未能在地区及国际范围内获得足够重视，难以带领国家在对外关系上取得新突破，亦无法引领拉美一体化进程取得重大进展。

右翼政客博索纳罗上台后，巴西对外政策出现更大调整。首先，博索纳罗秉承"巴西高于一切"理念，巴西外交正从重多边的全球主义转向重双边的民族主义。胜选后，博索纳罗及其过渡团队决定放弃2019年联合国气候变化大会主办权；主张减少南共市框架下的多边合作，认为南共市成员国不必采取对外统一关税，从而为双边关系发展留足空间，该表态恐使本就进展缓慢的拉美一体化进程面临更大困难。上任后，博索纳罗政府又宣布退出全球移民协议，对部分多边议题意兴阑珊。

其次，新政府"亲美右倾"色彩更加浓厚。博索纳罗竞选期间即频频向美国示好，公开表示"我是特朗普的崇拜者"，胜选后又破格提拔亲美人士担任外长，表示将调整前任"只重南方国家的意识形态外交"。2019年3月17~19日，博索纳罗打破巴西总统上任后首访阿根廷的传统，携外长、经济部部长等六名部长级高官及众多商人组成重量级代表团访美，谋求密切双边经贸、军事合作。访问期间，巴西送出多份"大礼"，如恢复进口美国小麦和猪肉、允许美方以商业目的使用巴西阿尔坎塔拉发射场（世界上距赤道最近的发射场，可在发射火箭、卫星时节省约30%的燃料）、单方面对美国、加拿大、澳大利亚、日本四国公民赴巴旅游免签，明显向美国和西方靠拢。巴西谋求成为"非北约重要盟友"、加入经济合作与发展组织（OECD）的意愿获特朗普大力支持，显示巴美有形成战略联动的可能性。为加入经济合作与发展组织，博索纳罗还同意放弃巴西在世界贸易组织（WTO）的"发展中成员特殊与差别待遇权利"，巴西成为发展中大国和"WTO五方"（美欧中印巴）中首个做此声明的成员，给中国、印度坚持发展中国家地位和特殊差别待遇带来压力，对金砖国家在WTO谈判中的立场协调乃至金砖机制造成重大影响。① 巴西寻求跻身发达国家行列的想法使其极有可能放缓与新兴市场国家合作的步伐。此外，博索纳罗有意与智利、巴拉圭、阿根廷等地区右翼政府加强联系。2019年3月末访问智利期间，他与另外七位南美国家代表一道签署《圣地亚哥宣言》，宣布创立一个新的南美洲地区一体化机制——南美进步论坛（Prosur），以取代南美洲国家联盟（Unasur，由卢拉、查韦斯等左翼领袖主导建立），此举被认为是地区右翼的

---

① 卢先堃：《巴西宣布放弃发展中国家待遇将冲击发展中大国合作》，搜狐网，2019年3月23日，http://www.sohu.com/a/303442248_828358。

联合。4月15日，巴西宣布正式退出南美洲国家联盟。博索纳罗对古巴、委内瑞拉、尼加拉瓜的"左翼威权政府"态度强硬，拒邀三国领导人出席其就职典礼，重审罗塞夫政府时期开始实施的"古巴医生计划"，第一时间承认瓜伊多为委内瑞拉"临时总统"，主张对马杜罗政府施以政治、外交压力，均显示其激进右倾立场。

不过，博索纳罗的个人意识形态偏好不能完全左右国家外交走向，其对外政策受到国内政治、经济现实及各利益集团的影响、牵制，不得不有所修正。对中国，博索纳罗从批评中国"买下巴西"，到称中国为"杰出贸易伙伴"，再到访美结束前称中国为"最重要合作伙伴"，于2019年10月访华。对以色列，博索纳罗曾表示要将巴西驻以使馆迁至耶路撒冷，但2019年4月访以时却采取在耶路撒冷建立商业代表处的"折中办法"，并在返回巴西后设宴招待阿拉伯国家驻巴西大使，以缓和与阿拉伯国家关系。上述态度转变中，经贸因素起了关键作用。巴西经济复苏进程离不开中国这一最大贸易伙伴和最大贸易顺差来源国，也离不开阿拉伯国家这一重要清真肉进口方，巴西的基建和私有化项目亦需要中方投资。相反，访美期间，巴美两国领导人虽在意识形态、外交理念、安全合作方面达成高度一致，但巴方在经贸上的让步未获美积极回应。美国虽为巴西第一大制成品出口国，但自2009年起，巴西在对美贸易中基本处于逆差水平（2017年除外），特朗普政府推崇的贸易保护主义以及投资和制造业回归亦与巴方期待的市场开放背道而驰，两国经贸合作能走多远尚待观察。此外，博索纳罗背后有不同利益集团，以农业部部长克里斯蒂娜为代表的农牧业部门、以副总统莫朗为代表的军方、以经济部长格德斯为代表的金融市场均相对理性、务实，可对政府内部的激进意识形态形成制约。总体来看，基于国家现实利益考虑，博索纳罗政府将向更加平衡稳健的对外政策回摆。

五 中巴合作大方向不会变

2018年，中巴关系继续拓展，中国投资领域不断拓宽，两国投资合作迈入新时期；双边贸易额破千亿美元大关，创历史新高，中国作为巴西最大贸易伙伴的地位更加夯实。2019年博索纳罗上台后，深切感受到发展与华关系的重要性，对华态度朝务实、积极方向转变，未来中巴合作将继续深化发展。

中巴两国高层继续保持密切交往、合作。2018年5月，时任巴西外长努内斯访华，与中国国家副主席王岐山、外长王毅、商务部部长钟山举行会谈。努内斯表示，巴西坚持对华友好，始终把发展对华关系置于巴西外交的优先位置①，加强巴中合作既有利于双方，也具有全球意义。② 2018年7月，时任巴西总统特梅尔在金砖国家领导人约翰内斯堡会晤期间会见中国国家主席习近平。特梅尔表示，巴中全面战略伙伴关系是牢固而互惠的，愿深化两国贸易、投资、基础设施建设、能源等领域合作。③ 2019年1月，习近平主席特使、全国人大常委会副委员长吉炳轩赴巴西出席新总统博索纳罗就职仪式。博索纳罗表示，中国和巴西都是伟大的国家，巴西新政府高度重视对华合作，愿全力推动巴中关系，两国合作的前景一定会越来越美好。④ 中巴两国还在联合国、金砖国家、二十国集团等多边机制下密切配合，为促进发展中国家对话合作、完善全球治理体系做出重要贡献。特梅尔认为，作为重要发展中大国，巴中应密切在国际和地区事务中的沟通和协调，促进金砖国家团结合作，维护发展中国家共同利益。⑤

经贸关系进一步深化。中巴两国经济互补性强，中国自2009年起便是巴西最大贸易伙伴，经贸关系可谓双边关系的"压舱石"。巴西经济部数据显示，2018年，受中美贸易摩擦带来的转移效应、巴西农产品丰收等因素

---

① 《王毅会见巴西外长努内斯》，中华人民共和国外交部网站，2018年5月16日，https：//www.fmprc.gov.cn/web/wjbzhd/t155 9538.shtml。
② 《王岐山会见巴西外长努内斯》，《人民日报》2018年5月15日。
③ 《习近平会见巴西总统特梅尔》，新华网，2018年7月26日，http：//www.xinhuanet.com/world/2018－07/26/c_1123181786.htm。
④ 《习近平主席特使吉炳轩出席巴西新总统就职仪式》，《人民日报》2019年1月4日。
⑤ 《习近平会见巴西总统特梅尔》，新华网，2018年7月26日，http：//www.xinhuanet.com/world/2018－07/26/c_1123181786.htm。

拉动，中巴贸易额超1000亿美元，巴方与华贸易顺差再创新高。其中，巴西对华出口额达666亿美元，同比增长32.2%，主要出口商品为大豆、原油、铁矿石、纸浆、牛肉等；巴西从中国进口额达355亿美元，同比增长26.6%，主要进口商品为化工产品、机械设备等。① 值得一提的是，中国对巴西大豆需求大增，2018年1~8月，巴西对华出口大豆5090万吨，占大豆出口总量的78.8%②，带动巴西大豆出口量于2018年创下历史峰值（8380万吨）。2018年11月，巴西作为12个主宾国之一，参加首届中国国际进口博览会。巴西三名部长级官员亲临开幕式，来自食品饮料、服务、医疗等领域的87家企业及200多名企业家与中方签订多份意向合同，成交额超8亿美元，显示巴西政府对中巴经贸关系高度重视，双边贸易潜力巨大。巴西圣保罗工业联合会农业部门负责人罗伯托·今井（Roberto Imai）表示，进博会为双边贸易开拓了新视野、新天地。③ 巴西麦肯锡教会大学国际经济与关系教授卡多佐表示，在贸易保护主义抬头的当下，进博会的举行和习主席的主旨演讲恰逢其时，对维护自由贸易和多边贸易体制有重要意义。④ 2018年12月，第二届中国国际进口博览会推介会在巴西圣保罗举办，中国驻圣保罗总领事陈佩洁称，巴西被列为第二届进博会首批境外推介国之一，表明中国对巴西及其优质产品的高度关注。巴西圣保罗工业联合会副主席若泽·里卡多（José Ricardo）预计，第二届进博会参展代表团规模将更加庞大。⑤ 中巴经贸关系有望再上层楼。

---

① Ministério da Indústria, Comércio Exterior e Serviços, "Exportações em 2018 alcançam o maior valordos últimos 5 anos," Janeiro 2, 2019, http://www.mdic.gov.br/index.php/noticias/3777 - exportacoes - em - 2018 - alcancam - o - maior - valor - dos - ultimos - 5 - anos.
② Roberto Samora, "Brasil direciona quase 80% da exportação de soja para China de janeiro a agosto," Reuters, Setembro 15, 2018, https://br.reuters.com/article/businessNews/idBRKCN1LU29J - OBRBS.
③ 《巴西参展商：进博会带来前所未有机遇》，央视网，2018年11月16日，http://m.news.cctv.com/2018/11/16/ARTIjeeqYEagWXN2r5C7raFQ181116.shtml。
④ 《巴西学者：进博会举行恰逢其时》，央视网，2018年11月11日，http://m.news.cctv.com/2018/11/11/ARTIskzJUFXTJKnFx47vnWez181111.shtml。
⑤ 《第二届进口博览会推介会在巴西成功举办》，中国国际进口博览会网站，2018年12月17日，https://www.ciie.org/zbh/bqgffb/20190314/11511.html。

巴西黄皮书

中国对巴西投资额有所回落，但投资领域呈多元化发展态势。巴西计划、发展和管理部数据显示，2003~2018年，中国共在巴西投资155个项目，涉及投资金额692亿美元。2017年，中国对巴西投资掀起一波高潮，投资额达112.97亿美元，为2011年以来最高点。其中，在巴西急需的基建投资上，中方投资额占投资总额的28.17%，对提升该国基建水平、打破制约其经济发展的瓶颈发挥了重要作用。2018年，中国对巴西投资回落至27.61亿美元。① 对此，巴西—中国企业家委员会成员图利奥·卡里埃洛（Tulio Cariello）表示，中方于2018年共宣布31个对巴投资项目，仅比2017年少4个，可见中企对巴西市场的兴趣并未减退。但受大选带来的政策不确定性等因素影响，项目实施率仅为45%，低于过去三年的水平（2015年、2016年、2017年的项目实施率分别为71%、75%、77%）。待政局稳定后，巴西新政府不可能忽视中国这一最大经贸伙伴，中方投资的重要性不容小觑。② 此外，中国在巴西的投资逐渐向价值链高端攀升，从最初的能源、矿业、农业、基建拓展到如今的金融、高新技术、商品服务等行业。2018年，传统投资领域代表性项目包括中国招商局港口控股有限公司完成对巴拉那瓜港口营运商TCP公司90%的股权收购，三峡巴西公司参与圣保罗朱比亚和伊利亚水电站升级改造，葛洲坝巴西有限公司完成对圣诺伦索供水项目100%的股权收购，国家电网完成对巴西第三大电力公司CPFL 99.94%的社会资本收购。新兴投资领域项目包括复星集团以5200万美元并购巴西财富管理公司Guide Investment S. A，腾讯向巴西金融科技独角兽公司Nubank注资1.8亿美元并获得其5%的股份，深圳市大疆创新科技有限公司在巴西开设两家实体店，汉能控股集团为巴西首个光伏建筑一体化项目提供解决方案，滴滴出行以2.97亿美元收购巴西最大的本地移动出行服务

---

① Ministério do Planejamento, Desenvolvimento e Gestão, "Boletim Bimestral sobre Investimentos Chineses no Brasil – no 7," Dezembro 21, 2018, pp. 1–4, http://www.planejamento.gov.br/assuntos/internacionais/arquivos/boletim – investimentos – chineses – no – brasil – no7. pdf.

② Marta Watanabe, "Incertezas pesam, e investimento chinês no país recua 75%," Valor Econômico, Janeiro 9, 2019, https://mobile.valor.com.br/brasil/6056033/incertezas – pesam – e – investimento – chines – no – pais – recua – 75.

商"99"。另有多个中企提出投资意愿：阿里巴巴集团考虑控股巴西维拉科波斯机场，将其打造为物流中心；华为有意向巴西电信运营商 Oi 提供带人脸识别功能的摄像头，以改善该国公共安全状况；汉能集团有意在巴西建立研发基地，帮助该国解决能源分配、使用不平衡的状况。上述多个项目均为"一带一路"倡议的重要组成部分，对"一带一路"倡议对接巴西国家发展战略具有重要意义，不仅将为中国带来实际利益，更有助于推动巴西产业结构转型升级。巴西国际关系研究中心（Cebri）发布报告称，巴方可将"一带一路"倡议纳入国家基础设施发展规划，扩大基建项目融资渠道；在绿色"一带一路"框架下与中方共同探索低碳经济产业机遇，促进可持续农业、可再生能源、生物遗传资源等行业的深入、长足发展。①中国驻巴西大使杨万明表示，中巴可深入挖掘在港口、铁路等基础设施建设以及农产品深加工、先进制造业、电力、能源等领域的投资合作潜力，同时不断开拓高科技、信息技术、新能源、电子商务等新的合作增长点，打造新一批重点合作项目。②

人文交流蓬勃发展。近年来，中国文化在巴西得到越来越多的喜爱和重视。2018 年 2 月的里约狂欢节上，巴西老牌桑巴舞学校塞拉诺帝国的表演主题为"中国丝路上的桑巴帝国"，表演元素囊括甲骨文、"四大发明"、兵马俑、茶叶等，以向巴西社会展示中国的悠久历史和璀璨文化。③ 2018 年 6 月 26 日，时任巴西总统特梅尔签署法令，正式将每年的 8 月 15 日设立为"中国移民日"，在中巴人文交流史上留下了浓墨重彩的一笔。特梅尔表示，中国移民早在 200 年前就到达巴西，长期以来，他们从种茶制茶，到开店经商、采矿修路，逐步融入巴西社会，"中国移民日"的正式确立将夯实两国

---

① Cebri, "Brasil – China: por uma parceria estratégica global sustentável para o século XXI," Setembro de 2018.
② 《杨万明大使接受路透社记者专访》，中国驻巴西大使馆，2019 年 4 月 17 日，http://br.china-embassy.org/chn/gdxw/t1655085.htm。
③ 《特写：巴西桑巴大道吹起中国风》，新华网，2018 年 2 月 12 日，http://www.xinhuanet.com/world/2018-02/12/c_1122410325.htm。

关系根基，增进双边人文交流，进一步彰显华人对巴西社会建设做出的贡献。① 中方亦积极推动"中国风"吹向巴西，在巴举办"北京之夜"、"万里共婵娟"交响音乐会等文艺展演活动。2019年4月10日，由中国南开大学和巴西塞阿拉州联邦大学合作设立的孔子学院在塞州首府福塔雷萨市举行揭牌仪式，使该国孔院数量增至10所，将继续为增进中巴友谊发挥桥梁纽带作用。此外，在中国"走出去"战略及"旅游外交"理念的引领下，中巴旅游交流与合作快速发展。2018年，中国文化和旅游部在圣保罗市举办"美丽中国，魅力长江——2018中国旅游之夜"主题宣传活动；山西省旅游发展委员会与里约热内卢州旅游厅签署交流合作备忘录；浙江省湖州市与里约州卡波弗里奥市成为"姊妹城市"，有意共同推动两国旅游业发展。中国作为世界第一大出境游客源国成为巴西旅游业重点追逐的目标。巴西旅游部门在2018年中国国际旅游交易会以及北京、上海、广州、香港的巡回路演中极力推广巴西旅游产品。巴西旅游部正研究向中国游客开放电子签证的可行性。体育合作方面，2018年5月，山西省体育局与圣卡塔琳娜州旅游文化体育厅签署交流合作框架协议，重点促进两国武术、柔道、乒乓球、足球等项目的发展；2019年1月，巴西足协启动对华战略合作，将巴西足球青训和教练培养体系引入中国。

中巴合作在快速发展的同时，也面临一些问题和挑战。巴西国际关系研究中心（Cebri）发布报告称，近年来，中巴经贸关系不对称性日益增加，巴西对中国多出口初级产品，从中国多进口制成品，要求提升对华出口产品附加值的声音越来越多。此外，巴西对华政策缺乏长期战略规划、各行各业普遍缺乏驻华代表处、地理距离遥远导致两国相互了解不足等均制约双边关系深化。② 博索纳罗上台后，因其曾对华发表不友好言论，外界一度对中巴合作前景产生担忧。然而，基于国家现实利益考虑，博索纳罗对华态度逐渐向积极方向转变，巴西众多有识之士亦强调延续中巴友好合作的重要性。巴

---

① 《让更多巴西人了解中国》，《人民日报》2018年7月2日。
② Cebri, "Brasil – China: por uma parceria estratégica global sustentável para o século XXI," Setembro de 2018.

西副总统莫朗于 2019 年 5 月访华，重启中国 – 巴西高层协调与合作委员会（Cosban），这被视为两国关系深化发展的积极信号。中巴分别是东西半球最大的发展中国家，双方无历史恩怨，无领土纠纷，经济互补性强，若能相向而行，共同为制约两国关系发展的因素寻求解决之道，未来两国互利合作大有可为。

政治外交篇
Politics and Diplomacy

Y.2
巴西大选透视及内政外交走势分析[*]

孙 怡[**]

摘　要： 2018年巴西总统大选被视为巴西近30年来"最分裂""最难预测""最重要"的一次大选。一方面，经济衰退、暴力横行、贪腐严重，巴西民主制度正受到前所未有的挑战；另一方面，本次大选打破了近30年来两党争霸的政党格局，极右势力在巴西迅速崛起，左右阵营对抗激烈。最终，素有"巴西特朗普"之称的极右翼政党人士博索纳罗赢得大选。博索纳罗的上台标志着极右民粹主义在巴西特定的政治与文化环境下的崛起，导致了巴西传统政治格局的重新洗牌；但同时，新政府的执政能力仍会受到传统政治体制的影响和制约。可

---

[*] 本文受国家留学基金委2018年国际区域问题研究及外语高层次人才培养项目资助。
[**] 孙怡，葡萄牙新里斯本大学法学博士在读，湖北大学外国语学院葡语系教师、湖北大学巴西研究中心研究人员，主要研究领域为葡语国家研究、中国与葡语国家关系研究。

以预见，新政府的执政理念和政策主张将发生巨大转变，但其转变程度大小仍有较大弹性空间。

关键词： 巴西　总统大选　政党　内政外交

2018年巴西总统大选被视为巴西近30年来"最分裂""最难预测""最重要"的一次大选。一方面，经济衰退、暴力横行、贪腐严重，巴西民主制度正受到前所未有的挑战；另一方面，本次大选打破了近30年来两党争霸的政党格局，极右势力在巴西迅速崛起，左右阵营对抗激烈。此外，巴西民众正处在对国家未来命运前所未有的悲观情绪中，新政府将要肩负起重建国家、让民众重拾希望的改革重任。经过两轮选举，最终素有"巴西特朗普"之称的极右翼政党人士博索纳罗赢得大选。作为主张"反建制"的总统，博索纳罗的上台将会导致巴西传统政治格局的重新洗牌，但同时，新政府的执政能力仍然会受到传统政治体制的影响和制约。本文将结合极右民粹主义政党崛起的分析模式，对"博索纳罗现象"进行深入考察，并在此基础上，对巴西政坛格局调整及新政府内政外交走向做初步分析。

一　回顾博索纳罗的崛起

2014年总统大选中，劳工党候选人罗塞夫（支持率51.64%）以3.28%的微弱优势打败了竞争对手——社会民主党的内维斯（支持率48.36%），罗塞夫成功连任。然而，就在大选结果刚出炉不久，圣保罗和首都巴西利亚同时爆发了反对大选结果的街头游行示威活动。示威群众不仅抗议新政府的经济举措，更直指劳工党在"大额月费案""巴西石油公司贪腐案"中的贪腐行为，要求罢免现任总统罗塞夫。2016年3月13日，巴西更爆发了有史以来民众参与人数最多的示威游行，全国360多万名民众走向街头抗议政府。随着贪腐案调查的不断深入，社会不满情绪逐渐超出罗塞夫政府的控制范畴，并在在野党的推动下导致罗塞夫遭弹劾下台，进而使劳工党 13 年的执政积累消失殆尽。

副总统特梅尔升任总统后，组建了以其所在党民主运动党为首的新内阁，主要联盟政党包括前执政党劳工党的盟友以及前在野党社会民主党。然而，新执政联盟的形象也十分糟糕，特梅尔本人及其内阁和盟党不断深陷贪腐丑闻之中，总统和政府的民众支持率持续走低，最终仅以 7% 的支持率结束任期。特梅尔成为巴西自 1989 年恢复民主制度以来民众总体评价最低的一届总统。在政府和传统政党陷入公信力危机之时，民众对军队和司法部门的信任度大幅提升（参见图1），军队也越来越多地介入巴西政治生态。例如，巴西联邦政府在里约热内卢进行军事干预，费尔南多·阿泽维多·席尔瓦（Fernando Azevedo e Silva）将军被任命为最高法院院长的"顾问"。一系列的政治风波使巴西政治极化趋势日益凸显，而 2018 年的总统大选无疑加速了这一进程。

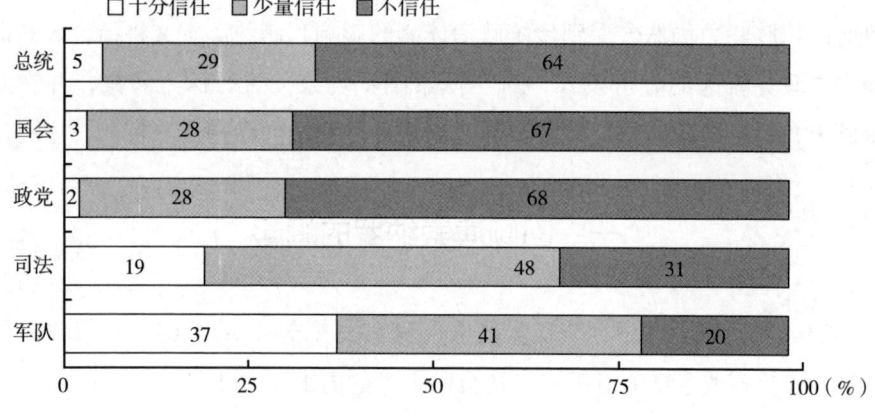

图1　巴西民众对政府机构信任度调查

资料来源：Datafolha，统计日期为 2018 年 6 月 6~7 日。

（一）第一轮总统大选

在 2018 年大选的前期，遭遇贪腐丑闻和弹劾挫败的前执政党劳工党一直寄希望于劳工党精神领袖、前总统卢拉，希望这位曾经创造"巴西奇迹"的平民总统能重塑左派政党形象，重新唤起广大民众，特别是约占总人口22%的贫困民众对劳工党的信任与支持。虽然卢拉在"洗车行动"调查中一审被判有罪并入狱服刑，但他仍一度是支持率最高的总统候选人。2018年4月巴西权威民调机构 Datafolha 公布的民调结果显示[①]，卢拉支持率为31%（受入狱影响，较1月下降6个百分点）；紧随其后的是巴西国会众议员、右翼阵营候选人博索纳罗，支持率为15%；第三是曾于2010年和2014年两度参选总统的环境部前部长玛丽娜·席尔瓦，支持率为10%。

然而，2018年9月1日，巴西高等选举法院做出裁定，否决了前总统卢拉的总统选举候选人资格。卢拉的出局虽然在很多分析人士的意料之内，但对劳工党而言却是沉重的打击。劳工党不得不在大选前一个月重新推举总统候选人——卢拉的竞选副手、圣保罗市前市长费尔南多·阿达（Fernando Haddad），而这位新候选人的知名度和号召力显然与卢拉相去甚远。阿达的竞选标语是"阿达就是卢拉"（Haddad é Lula），可以说，阿达的竞选策略就是延续卢拉的政策和精神，并尽最大可能与劳工党的贪腐形象做切割（参见表1）。在总统大选第一轮投票中，阿达以接近30%的得票率位列第二，并同排名第一的博索纳罗一同获得了进入第二轮大选的资格。

巴西最大的右翼政党、劳工党的传统对手社会民主党，同样深受贪腐丑闻的影响，特别是在罗塞夫遭弹劾下台后，多位颇具权势的参议员都遭到调查，其中包括以微弱劣势输掉2014年总统大选的内维斯。社会民主党最终选定的总统候选人是时任圣保罗州州长、新当选的党主席杰拉尔·阿尔克明（Geraldo Alckmin），该党还获得5个中间派政党联合背书，包括巴西共和党、民主党、团结党、进步党与共和国党。但是，由于这个竞选团队中的多名成员是"洗车行动"的调查对象，"大中间"联盟在大选第一轮投票中就

---

① Datafolha, "Preso, Lula mantém liderança em disputa pela Presideência," Abril 16, 2018, http://datafolha.folha.uol.com.br/eleicoes/2018/04/1965039 - preso - lula - mantem - liderança - em - disputa - pela - presidencia.shtml.

败下阵来，得票率不到 5%（4.76%），低于极右翼候选人博索纳罗（46.03%）、左翼候选人阿达（29.28%）以及极左翼候选人戈梅斯（Ciro Gomes）（12.47%）。

在这场劳工党和社会民主党两大阵营对决中收益最大的就是极右翼代表雅伊尔·博索纳罗。卢拉丧失竞选资格后，博索纳罗跃升成为支持率最高的总统候选人。这位边缘候选人在四年前还只是一位仅在里约热内卢州为人所知的国会议员，但在巴西政治和社会动荡不安的背景下，博索纳罗巧妙地利用了民众对左翼劳工党执政的不满、对民主制度的质疑和对非传统治理模式的期待，逐渐走进了巴西政治权力的中心。与阿达"延续卢拉"的风格相反，博索纳罗的竞选策略可以说是鲜明的"反卢拉""反劳工党"（参见表1）。

表1 博索纳罗和阿达竞选纲领主要内容对比

	博索纳罗	阿达
反腐	司法不受政治干预	防止司法权力滥用
公共安全	降低刑责年龄；禁止刑满释放或暂时离开监狱；扩大枪支合法化；反对毒品合法化	警察部门去军事化；允许释放囚犯；加强枪支管控；推行软毒品合法化
养老金	优化新自由主义社会保障改革，引入与现有社会保障制度并行的市场化社保制度，即建立养老金个人账户，实行以低缴费、完全积累为特征的基本养老保险制度	反对新自由主义社会保障改革，打击不符合工人阶级利益的养老金制度特权，进一步整合国家社保体系（由于巴西州、市拥有部分税收立法权，大部分城市都有各自的养老金制度）
经济发展	削减公共开支；支持私有化	主张利用公共开支帮助经济发展；反对国家战略行业私有化
税务	合并税种，减轻税费负担；降低个人所得税，承诺不提高高收入者的个人所得税	增设大额金融交易税、大额股息红利税等；降低低收入者的个人所得税
农业商业	巩固国内市场，开辟海外新市场，改善物流；支持农业大地产开发	加强对农业企业的监管，避免大地产所有者的扩大；将土地分配给无地农民和土著居民

续表

	博索纳罗	阿达
公益计划	反对现有的社会福利计划	加强社会福利计划
对外关系、对外贸易	疏远左翼国家，加强与价值观相同的国家合作，如美国和西欧国家；重视双边关系，主张与能为巴西带来经济与科技价值的国家建立贸易关系，减少进口关税和非关税壁垒	加强拉美区域一体化，加强与非洲和金砖国家的关系，积极融入全球化进程；通过增加出口税来优化巴西国际贸易结构

资料来源：根据博索纳罗、阿达竞选纲领相关信息整理。

首先，贪腐和治安两大问题一直是博索纳罗用来攻击竞选对手（主要是劳工党）的最有力武器。在过去十年间（2006～2016年），约有55万巴西人死于凶杀案，相当于平均每天有153人在暴力冲突事件中丧生，这一惊人的暴力记录使巴西被列为世界十大暴力国家之一。[①] 在遏制社会暴力问题上，军人出身的博索纳罗提出了与竞选对手截然不同且极其强硬的主张，如强化警察权力、支持持枪合法化等，这既迎合了选民"求变"的心理，也回应了民众对改善社会治安状况的迫切需求。而2018年9月6日发生的博索纳罗遇刺事件，既是巴西当下治安混乱、社会矛盾激烈的现实写照，也构成了本届大选的一次转折性事件。在不少分析人士看来，该事件有助于博索纳罗的支持率提升。此外，从2014年开始的"洗车行动"将大量的政治贪腐丑闻通过新闻媒体曝光在公众视野中，使巴西民众对执政党腐败的深恶痛绝已经达到了前所未有的高度。作为本届巴西总统大选中唯一没有遭到腐败指控的"清白"候选人，博索纳罗对贪腐"零容忍"的态度显然在民众中更具说服力。

---

① Notícias, "Brasil é o 9° país mais violento do mundo, segundo a OMS," Maio 17, 2018, https：//noticias. r7. com/cidades/brasil – e – o – 9 – pais – mais – violento – do – mundo – segundo – a – oms – 17052018； O Globo, "Atlas da Violência 2018: Brasil tem taxa de homicídio 30 vezes maior do que Europa," Junho 5, 2018, https：//oglobo. globo. com/brasil/atlas – da – violencia – 2018 – brasil – tem – taxa – de – homicidio – 30 – vezes – maior – do – que – europa – 22747176.

其次，针对自罗塞夫第二届任期以来的经济持续恶化，博索纳罗给出了和劳工党截然不同的治理方案，即支持自由主义模式，主张私有化和削减公共开支。而阿达则仍旧延续劳工党既往的经济政策，主张实行经济干预，利用公共开支帮助经济发展，反对财政紧缩措施、反对私有化，特别是涉及国家战略资产的国有企业。在当下经济复苏困难、物价上涨、税费负担重、生产性投资不足的时刻，显然，前者会更符合市场的期望和民众"求变"的心理。此外，博尔索纳罗对环境机构和非政府组织的攻击性言论也让他在农业企业家中受到欢迎。例如，他称巴西著名左翼社会运动团体——巴西无地农民运动（MST）为恐怖主义，支持用商业化的方式来开发亚马孙地区丰富的自然资源，即使这意味着剥夺土著居民的土地权或大幅减少对森林砍伐的控制。而农业企业家背后强大的国会核心小组是不容忽视的，10月2日，也就是第一轮大选投票前六天，博索纳罗获得了210名农业阵线国会议员的公开支持。

最后，博索纳罗重视宗教以及"上帝高于一切"的口号还吸引了一大批保守派人士的支持。其中，最重要的支持者就是在国会有一定影响力的福音派议员群体。福音派的政治影响力在21世纪初有了大幅提升，他们曾在卢拉角逐总统时给予其坚定的支持；但在2010年后，他们与左翼政党日渐疏远，转而支持打击文化战争，指责诸如"左派教导年轻人包容同性恋的主张"等观点（这也是博索纳罗在他的竞选活动中经常发表的言论）。① 在第一轮大选投票前四天，203名福音派国会议员公开发表支持博索纳罗竞选的联名信，这也在一定程度上帮助博索纳罗争取了更多拥有传统家庭价值观和保守主义立场的选民。最终，在10月8日的第一轮总统竞选投票中，博索纳罗以46.03%的支持率位居第一。

---

① Foreign Policy, "Bolsonaro's Christian Coalition Remains Precarious," Janeiro 1, 2019, https：//foreignpolicy. com/2019/01/01/bolsonaros – christian – coalition – remains – precarious – brazil – brasil – president/.

（二）第二轮总统大选

第二轮总统大选是博索纳罗和阿达之间的较量。此前支持其他总统候选人的众多政党不得不面临重新抉择。很多政党的意见并不统一，比如传统大党民主运动党、社会民主党，并且有些政党还公开表示，不管哪位候选人获胜，他们都将成为新政府的反对者。总体来看，支持博索纳罗的党派（或部分成员）以"捍卫国家"的名义，斥责劳工党的贪腐形象；而支持阿达的一方则以"捍卫民主"的名义，斥责博索纳罗敌视民主、追求暴力和专制。就巴西民众而言，巴西民调机构Datafolha 10月20日公布的一份调查显示，支持博索纳罗的主要原因是：求变（30%）、反对劳工党（25%）、社会治安（17%），而认可其施政纲领的仅占12%；与之相对，支持阿达的主要原因是反对博索纳罗（20%），其次是认可其施政纲领（15%）。[1] 可见，对于大多数巴西民众而言，他们的选择代表的更多是"寻求改变"，而不是"如何改变"。

10月28日，第二轮投票结果出炉，博索纳罗以较大优势再次击败阿达，成为巴西第38任总统（参见表2）。但是，他的获胜却不能直接说明他的执政理念和施政纲领得到了全面而广泛的认可，不管是在政治精英阶层还是大众阶层。

表2　2018年巴西总统大选投票结果

单位：%

	第一轮	第二轮
博索纳罗（社会自由党）	46.03	55.13
阿达（劳工党）	29.28	44.87
戈梅斯（民主工党）	12.47	—
阿尔克明（社会民主党）	4.76	—

资料来源：Eleições 2018，https：//www.eleicoes2018.com/candidatos - presidencia/。

---

[1] O Globo, "Pesquisa Datafolha mostra as razões pelas quais eleitores votam em Bolsonaro e em Haddad," Outubro 20, 2018, https：//g1.globo.com/politica/eleicoes/2018/eleicao - em - numeros/noticia/2018/10/20/pesquisa - datafolha - mostra - as - razoes - pelas - quais - eleitores - votam - em - bolsonaro - e - em - haddad.ghtml.

二 博索纳罗现象分析

国际社会对博索纳罗的关注与在世界范围内出现的极右民粹主义（或称新民粹主义）的崛起浪潮紧密相关，如美国、法国、意大利、荷兰、瑞典等。这些国家的极右政党各具特色、形式多样，同时又具有许多相似之处：（1）反体制，但它们又把自己定义为体制内，它们喜欢"打破规则"，因为它们认为体制属于过时的规则；（2）强调"人民"，宣称是为社会的主流说话，但它们所指的"人民"是排除一些人之外的人民，比如政治家、移民、官僚、知识分子以及福利接受者；（3）依靠有分歧的问题、激进的语言、挑衅性的行为，以达到永久动员核心选民集团的目的。① 博索纳罗现象的实质是极右民粹主义在巴西特定的政治与文化环境下的崛起。以下，将结合极右民粹主义政党兴起与发展的必备因素②，进一步解读博索纳罗崛起的深层次原因。

第一，民生问题扩大政治空隙。在政治空间中，各个政党所处的位置与具体选民所处的位置并非完全符合。如果这一空隙不够大，新的政党就难以产生并持续获得选民的支持。反之，就会给新政党的产生提供机会。回顾劳工党执政的14年，高速的经济发展和有效的福利政策使巴西的社会结构得到改善——从金字塔形过渡到近菱形，中产阶级成为巴西社会的主体，占全国人口的一半以上。然而，劳工党并未及时捕捉到由社会结构改变带来的民生需求转变，社会发展政策仍以偏向低收入人群的福利计划为主，缺少在医疗、教育、基础设施等公共领域的投入，使民生矛盾日益加剧。随着经济危机的到来、失业率的攀升，新兴中产阶级直接成为反政府阵营中的主力军。再加上贪腐丑闻的爆发，传统政党的声誉直线下降，选民与传统政党间的政治空隙进一步拉大，这给"第三条道路"的崛起带来了机会。从本次大选的选民特征可以看出，大部分低收入阶层的选民仍保持了对劳工党的忠诚

---

① 杨皓、史志钦：《欧洲新民粹主义政党探析》，《国际论坛》2004年第4期，第68~73页。
② 张芯芜：《欧洲极右民粹主义政党是怎样兴起的》，《人民论坛》2016年第36期，第103页。

度，但来自人均收入中等偏上城市的选民则大多支持了博索纳罗。

第二，选民对新议题的关注。随着全球化的发展，除了传统的经济问题和社会问题之外，移民问题、多文化问题、女性主义、环境问题等新议题也开始对民众的选举行为产生影响，这种现象有利于极端政党发展。在诸多社会文化议题上，博索纳罗发表过很多出格言论，比如反对过多环境保护、抵制跨文化、歧视女性、黑人、土著、同性恋等，简而言之，博索纳罗是将劳工党"包容少数"的进步视为"排斥大多数"的退步。这里有必要对巴西人口结构做简要说明：根据巴西 2010 年的人口普查结果，从种族来看，白人约占巴西总人口的 47.73%，黑白和其他混血人种约占 43.13%，黑人约占 7.61%，亚裔人口约占 1.10%，印第安人口约占 0.43%；从宗教信仰来看，天主教人口占 64.6%，基督教新教约占 22.2%（包括福音教）。而更新的调查结果显示，福音教人口已经达到巴西总人口的 30%，是巴西近 30 年来增长最快的宗教团体。可见，巴西实际是一个白人和混血、基督徒占大多数的国家。因此，博索纳罗那些推崇传统宗教价值观、抵制全球化主流价值观的极端言论，实际是利用民众对新议题的关注来达到煽动民族主义情绪的目的。这种民族主义情绪直接作用在民众的选举行为上：博索纳罗在白人居多的城市中的选民支持率高达 85%，而阿达在非白人居多的城市中的选民支持率高达 75%。

第三，巴西传统政党的政纲趋同。这种趋同会使民众对体制内政党包括执政党与在野党失去信任，从而支持极右政党作为"真正的"反对党发挥作用。就巴西而言，劳工党能够赢得政权并连续执政的主要经验是能够与时俱进地调整自身立场、柔化政策主张，但这也使它陷入了"没有左派议程的左派执政党"的身份认同困境。[①] 例如，在 2014 年总统大选中，罗塞夫和内维斯的政策主张十分接近，除了经济领域存在一些差别，其他领域相差无几。但在本轮大选中，博索纳罗的政策主张却与劳工党形成了巨大的反差，这种反差是前所未有的，涵盖经济、社会、治安、司法、文化、教育、

---

① 方旭飞：《巴西劳工党的执政经验与教训》，《拉丁美洲研究》2014 年第 5 期，第 40～45 页。

对外关系等方方面面。虽然一些主张十分激进并且颇具争议,但政策上的鲜明反差让一些民众更加坚信博索纳罗会给巴西带来真正的变化。

第四,巴西政党制度的分散性。巴西是多党制国家,其政党制度的分散性不仅体现在政党数量多,也表现为政党内部分化组合频繁,新党或新党联盟不断涌现,这有利于极右政党的初期发展。除了劳工党外,大多数政党组织涣散、党员忠诚度较低,党员改换门庭常有发生。例如,博索纳罗本人就曾先后加入过九个政党。这也可以解释博索纳罗为何在竞选时强调不会与"政党"谈判,而是根据具体议题与不同政党内部的集团和派别谈判,如军方背景、农业利益集团、宗教团体福音派。

第五,体制内精英盟友的支持。精英盟友可以提升新政党的合法性与可见度,但这种合作也可能使新兴政党无法采取反体制策略。博索纳罗的竞选策略就是"反建制但不反制度",即反对传统政党建制,但尊重巴西民主制度,即使他的一些激进主张在分析人士看来有"专制甚至是违反民主原则"之嫌。诚然,这种策略可以帮助博索纳罗在大选时获得必要的国会阵线盟友的支持,但真正的考验将在日后执政中体现。

第六,社交媒体、意外遇刺事件助力。与其他竞争对手相比,博索纳罗在竞选资源和渠道上存在明显的劣势。例如,总统候选人在电视和广播竞选演说的分钟数与其获得的党派支持有关。没有大党派的支持,博索纳罗在主流媒体的露面时间十分有限。但社交媒体为博索纳罗提供了更多的曝光机会。他在Facebook上拥有500万粉丝,以年轻人为主,被视为"网红"候选人。此外,由于缺乏竞选经验以及政策规划不清晰,博索纳罗在竞选辩论中的劣势也逐渐显现。但9月6日发生的意外遇刺事件无疑成为本次大选的重要转折点,不仅为他增加了同情分,还让他因治疗而减少了参加电视竞选辩论的机会,转而通过社交媒体与选民沟通,这也在一定程度上起到了扬长避短的效果。

三 大选后巴西政坛格局的调整

可以说,博索纳罗是在巴西社会两极分化、左右阵营分庭抗礼的背景下当选的。作为一个没有传统大党派支持、主张"反建制"的总统,博索纳罗的上台一方面会导致巴西传统政治格局的巨大调整,另一方面新的政坛格局也会直接影响新政府的执政效果。以下,将从国会、内阁、反政府联盟三方面做具体分析。

第一,国会中小政党群体崛起,分散化趋势加强,整体"偏右""保守"。

巴西新一届国会被评为巴西恢复民主制度以来最保守、更新幅度最大的一届国会。在众议院,共有513个议席,由30个政党组成,其中243人(约占47%)是此前从未有过国会议员经验的新面孔。劳工党的席位数从68个降至56个,是众议院第一大党,约占11%。博索纳罗所在的社会自由党则从一个象征性的政党(1个席位)一跃成为第二大党,占52个议席,约占10%。前众议院第一大党——特梅尔的社会民主党的席位数从65个降至34个,右翼传统大党社会民主党的席位数从54个降至29个。博索纳罗支持的民主党议员、众议院前议长罗德里戈·马亚(Rodrigo Maia)再次当选议长。在参议院,共81个议席,由20个政党组成,更新人数高达43人。参议院前第一大党民主运动党的席位数从19个降至12个,社会民主党从12个降至8个,劳工党也从12个降至6个。除民主运动党外,其余政党均不到10席,博索纳罗所在党派社会自由党占4席。值得注意的是,参议院议长首次由少数党派议员担任,即博索纳罗支持的民主党议员阿尔贝托(Davi Alcolumbre)。

从政党分布来看,巴西过去相对稳定的党派平衡已发生动摇,参众两院中的传统政党势力均有下降,许多小型极右翼政党和社会保守党派占据更多席位,未来国会投票将面临更加分散化的局面。在没有获得大多数席位的情况下,博索纳罗不得不通过与更广泛的中间党派合作来赢得国会支持。目前来看,一个整体偏保守、拥有较多新面孔的国会似乎会对博索纳罗更加有利,但党派数量的增加也会加大联盟的难度。

第二,新内阁多由"局外人"组成,阵线联盟尚不稳固,多种激进意识形态并存。

巴西黄皮书

博索纳罗的执政联盟布局首先反映在他的内阁组建上。新内阁由22名部长组成,大部分为军人和技术官僚,还包括少量党派人士(仅9人)、一个经济学家、一个法官、一个哲学家。可以说,新政府很像一个"局外人"的政府,因为大多数成员并非传统政治精英,特别是一些关键职位。首先,博索纳罗通过内阁任命肯定了右翼保守阵营在竞选期间对他的支持,主要包括军人和农业利益集团。除了副总统——汉密尔顿·莫朗(Antonio Hamilton Mourão)是一位四星将军外,军人在安全、国防以及多个政府部门也担任要职,包括安全局局长是退休的四星将军奥古斯托·埃莱诺(Augusto Heleno),他曾是第一个担任联合国维和部队的巴西籍指挥官;国防部部长是四星将军费尔南多·阿塞维多·席尔瓦,他曾出任特梅尔政府的最高法院顾问;政府秘书长是将军卡洛斯·阿尔贝托·多斯·桑托斯·克鲁兹(Carlos Alberto dos Santos Cruz),他曾被派往海地和刚果担任联合国维和部队指挥官;矿业与能源部部长是四星海军上将本托·科斯塔·利马·雷德(Bento Costa Lima Leite),他此前一直负责巴西潜艇发展计划和海洋核计划;还由三位具有军事学院教育背景或是军衔较低的军人分别出任科技部部长、卫生部部长和基础设施部部长。国会农业阵线主席特雷萨·克里斯蒂娜·科雷亚·达科斯塔·迪亚斯(Tereza Cristina Corrêa da Costa Dias)担任农业部部长。此外,总统办公室秘书长一职则由博索纳罗所在政党社会自由党主席古斯塔沃·北比阿诺(Gustavo Bebianno)担任,而他在2017年以前几乎毫无从政经验。总统直管的行政院院长这一重要职位由博索纳罗竞选团队的首席战略师、民主党的国会议员奥尼克斯·洛伦索尼(Onix Lorenzoni)担任,他将在很大程度上决定博索纳罗与国会关系协调的成败。值得注意的是,曾在选举期间给予博索纳罗巨大支持的福音派并未获得相应的内阁职位(如教育部部长),从而引起了国会福音派阵线的不满。

其次,被市场格外关注的经济部部长是新自由主义经济学家保罗·盖德斯(Paulo Guedes),他有着漂亮的金融行业履历,对他的提名也曾帮助博索纳罗在竞选时获得了市场的支持。经济部也被誉为本届政府的"超级部委",合并了财政部、规划发展部、工业和对外贸易部以及劳工部,经济部部长将负责制定巴西私有化、对外贸易等政策,以及养老金、财政等方面的宏观经济改革。司法部部长由"洗车行动"的主审法官塞尔吉奥·莫罗(Sérgio Moro)担任,他被巴西民众视为"反腐英雄"。虽然莫罗的任命饱受争议(因为他曾判处卢拉一审有罪),但展现了博索纳罗政府在惩治贪腐上的改革决心。教育部部长里卡多·贝莱斯·罗德里格斯(Ricardo Vélez Rodríguez)是一位哲学家、教授,他批评"政治正确"的全球主义以及劳工党制定的教育体系,主张"学校去政党化",被视为极右翼保守派人士。外交部部长则由一位中层职业外交官埃内斯托·阿劳霍(Ernesto Araújo)担任,他此前的一些言论让外界视其为反全球化主义者以及特朗普的追随者。

从内阁布局来看,博索纳罗试图组建的这个"超越党派""淡化意识形态"的执政联盟不是传统的政党联盟,而是围绕不同议题的阵线联盟,而且这种阵线联盟尚不稳固,这无疑增大了执政联盟的不确定性;同时,新政府大多启用政坛新面孔,包括从政经验较少的专业人士,且多种激进意识形态并存(政治极右民粹主义、经济极端新自由主义、社会极端保守主义),这都将给新政府在国会推行改革方案带来挑战。

第三,反对派左翼政党仍具有较大影响力,但反政府联盟尚存在分歧。

反对派的力量也是影响其执政联盟稳固的重要因素。劳工党目前仍是国会中的第一大党和最有影响力的左翼政党,但从大选后劳工党领导人的公开表态来看,劳工党内部存在一定分歧:劳工党的实际领导人阿达在落选后对大选结果表示"尊重"(respeito),而劳工党的党主席格莱西·霍夫曼(Gleisi Hoffmann)则对大选结果表示"抵抗"(resistência)。目前,"释放卢拉"(Lula Livre)运动已被再次提上该党的首要议程,而反对养老金改革将成为"抵抗"新政府的第一个行动。另外,在反政府联盟的领导力问题上,劳工党与其他左翼政党已显露出分歧。目前,民主工党、共产党、社会党领导人已公开表示他们将组成与劳工党"不同模式"的反政府联盟,即根据具体议题选择性地与政府进行对话或反对,这或可为博索纳罗的执政联盟带来更多斡旋空间。

巴西黄皮书

四 新政府内外政策走向

博索纳罗新政府于2019年1月1日正式履职。基于上述对博索纳罗崛起背景及原因的分析，以及对当前巴西政坛力量对比变化的梳理，我们可以初步判断，新政府的执政理念和政策主张将发生巨大转变，但其转变程度仍有较大的弹性空间。以下，将结合博索纳罗竞选时期的施政纲领及履职后的主要行动进一步梳理新政府的施政重点，并结合施政环境对相关政策走向做初步分析。

第一，经济议程。养老金改革是重中之重。面对人口老龄化和社保赤字的不断高涨，巴西的养老金改革已经迫在眉睫。分析人士认为，养老金改革不仅是平衡公共债务最基本的前提，更是巴西经济结构性改革中的关键一步。养老金改革议程在特梅尔执政时期已经开始，但改革方案遭到了广大劳动者的激烈反对，最终未能纳入国会投票，这令外界对巴西的公共财政改革前景担忧，国际评级机构也因此下调了巴西的主权信用评级。博索纳罗已于2019年2月20日正式向国会众议院提交了新政府的养老金改革议案，众议院议长也公开表示养老金改革将成为众议院的优先事项。但由于养老金改革涉及宪法修改，需要先后经过国会参、众两院各自的特别委员会、全体大会投票表决，这一过程或将持续一年之久。从民众态度来看，巴西民调机构XP Investimentos 的调查结果显示，64%的巴西人支持政府做出的养老金改革（29%反对、7%未作答），大部分巴西民众懂得改变退休规则的重要性，但对一些具体措施仍抱有不满。分析人士也指出，新养老金的计算方式对劳动者而言过于严苛，在国会投票前景恐将不乐观。

经济团队的新自由主义方案还包括进一步开放巴西经济，主要包括推进私有化、促进贸易自由化、降低"巴西成本"。博索纳罗上任后的首次海外亮相就是在达沃斯论坛，他向与会者传达的重要信息就是巴西将促进经济开放。在经济部部长看来，这是一种包含贸易、商品、服务、科技、对外直接投资在内的全方位开放，与巴西的经济结构改革相伴而生。目前，私有化已成为继养老金改革后巴西政府的第二大支柱，特别是一些基础设施项目，如机场、铁路、道路等项目，不仅有助于减轻政府财政负担，还有助于改善基础设施建设，特别是突破长期制约经济发展的运输瓶颈。农业经济成为贸易自由化的重点领域。博索纳罗上任后立即签署了行政命令，将印第安人和非裔黑人保护地的管理权划归农业部，为"开发"亚马孙雨林土地做准备。然而，巴西经济仍相对封闭，企业营商的"巴西成本"居高不下，如"政府办事效率不高、各级税负沉重、严格的劳工政策、工会力量强大、设备和原材料本地化要求高、当地劳工比例严格、环保标准苛刻等"。[①] 可以预见，经济开放将是一个相对缓慢的过程，面临诸多行政、税制、监管等体制上的阻碍，这将十分考验新政府推行相关政策改革的政治能力。

第二，社会议程。在治安和反腐方面的改革立场是博索纳罗获得选民支持的重要原因。博索纳罗已签署放宽枪支强制管控的行政令，"确保不可侵犯的自卫权"。未来，还将进一步在国会推动相关立法改革，如扩大强制准入、降低未成年人刑事责任年龄。在一个整体"偏右"的国会中推行治安改革似乎更为乐观，但这种"以暴制暴"的办法也让外界倍感担忧。反腐改革的具体方案仍未提出，但考虑到新国会的优先事项是经济和公共治安问题，反腐议程的力度和进展将充满未知性。

第三，对外关系议程。博索纳罗的主要政策主张多集中于国内问题，在对外关系议程上的表述十分有限，再加上其执政联盟内部暴露出的明显的意识形态分歧，更让对外关系走向充满不确定性。一方面是以外交部部长埃内斯托·阿劳霍和博索纳罗的儿子、国会议员爱德华多为代表的反全球化主义者，他们希望重塑巴西外交政策，优先考虑与美国的关系，主张与拥有"基督教价值观"的国家靠近，与中国和阿拉伯国家保持距离；另一方面是以副总统为代表的军方集团，他们主张推行更加务实的外交政策，包括加强与中国的经贸关系。博索纳罗就任巴西总统后，立即展现出加强与美国及以

---

① 商务部国际贸易经济合作研究院等：《对外投资合作国别（地区）指南：巴西》（2017年版），第5页，http://fec.mofcom.gov.cn/article/gbdqzn/。

色列关系的动向,特别是在耶路撒冷问题上追随美国、放弃中立立场,这已引来阿拉伯国家的不满。就中巴关系而言,博索纳罗曾发表批判中国的言论,指责中国资本流入巴西是在"购买巴西",但执政后却对外展示出维护中巴伙伴关系的姿态,包括在科技以及农业等领域加强中巴合作、扩大贸易。在全球性环境问题上,博索纳罗的态度立场也发生了反转。目前来看,博尔索纳罗的"美国化外交"痕迹明显,与此前注重多边主义、加强与发展中国家关系的"大国外交"策略截然不同。可以预见,出于"巴西优先"的务实考虑,巴西仍将是国际事务中的重要参与者,但其追求目标已发生根本转变,即从营造道义上的大国形象转变为发展务实的伙伴关系。

Y.3
从2018年巴西总统大选透视拉美政治生态变迁及一体化发展

刘 明*

摘 要： 在2018年的巴西总统大选中，右翼候选人博索纳罗成功当选巴西第38届总统，拉美地区的政治生态呈现进一步右转趋势。在一体化发展方面，巴西努力与阿根廷、智利等拉美大国深化合作，力图整合南方共同市场与太平洋联盟。而委内瑞拉危机的发生则为拉美一体化的健康发展带来一些隐忧。在未来一段时间，左右翼势力拉锯的政治生态格局将持续下去，同时拉美一体化依然会受到各国出口产品结构、美国因素以及拉美内部冲突等方面的不利影响。

关键词： 巴西大选 拉美 政治生态 博索纳罗 右翼

2018年是拉美地区大选年，巴西、墨西哥、委内瑞拉和古巴等六国举行了总统大选，其中巴西的总统大选备受期待。这是因为本次大选是巴西近几十年来左右翼势力之间的一次重要交锋，对巴西乃至整个拉美地区今后的政治发展尤为重要。经过两轮投票，右翼社会自由党候选人贾伊尔·博索纳罗击败左派劳工党候选人、卢拉的"替代者"阿达，成功当选巴西第38届总统。博索纳罗的当选使巴西政治在右翼的道路上又"前进"了一步，同

---

* 刘明，历史学博士，湖北大学巴西研究中心、历史文化学院讲师，主要研究方向为巴西历史和中巴关系等。

时给以劳工党为代表的左翼阵营以较大冲击,拉美地区政治的右翼色彩变得更加浓厚。

以巴西为代表的拉美左翼长期执政的国家,为何左翼政府会在最近几年纷纷下台、集体右转呢?主要原因有以下几点:第一,全球经济发展低迷导致巴西经济状况恶化。从经济方面来看,最近几年,全球经济低迷,美国和欧盟经济复苏缓慢,中国经济面临下行压力,国际市场上大宗商品价格大幅度下跌,使以初级产品出口为主的、包括左翼执政国家在内的拉美多数国家的经济增长速度普遍放慢,拉美国家出口经济繁荣周期终结。① 国际经济形势的不利状况导致巴西出口萎缩,政府收入大大减少,政府被迫施行财政紧缩政策,社会开支缩水,导致一些针对社会中下层的社会计划的推行缺乏资金支持,从而引发民众的不满。而与此同时,以巴西为代表的拉美国家并没有及时对本国的产业机构和经济发展战略做出适时调整,有些政策在实行过程中运用不当,加上腐败问题层出不穷,导致民众的不满情绪进一步加剧。这也是拉美左翼政府遭遇信任危机甚至导致其下台的最根本原因。第二,政府内部党派林立,不仅左右翼之间争执不断,就连左翼政党内部也在治国理念等方面存在较大分歧,从而削弱了左翼政府的力量,并导致执政联盟内部发生分裂。第三,右翼政党一改以前疏远民众、主要依靠军队夺权的传统做法,通过更多灵活的手段赢得权力。如右翼政党加强与选民之间的关系、充分利用媒体和智库的力量以及用温和务实且民众迫切需要的主张来争取国内支持等。第四,特朗普上台后美国加紧对拉美的渗透,是以巴西为代表的拉美国家集体右转的主要外部因素。

当然,拉美政治的右转不局限在以上几方面,其他的如中间阶层的崛起要求政府执政能力提升、中国等经济增长放缓对拉美的影响等因素也对拉美左派政府的执政造成不可忽视的影响。在上述因素的共同作用下,2018年到2019

---

① 徐世澄:《拉美国家政治格局发生急剧变化:原因、影响和前景》,《当代世界》2016年第5期,第34页。

年初，巴西等拉美国家的政治生态发生了重大变化，总体而言是集体发生右转，右翼势力再次上台执政，新政府在一些问题上的政策出现了重大变化。另外，巴西等国右翼上台执政也影响了拉美地区一体化进程的发展。

一 巴西大选背景下拉美政治生态的变迁

所谓政治生态，是指政治主体在一定的政治环境下的生存方式，以及在此环境下养成的政治习性，同时也指政治主体在一定的政治环境下生存和发展的状态。[①] 对于拉美国家而言，2018 年，巴西等拉美国家在经历了新一轮大选后，国内的政治生态总体上出现了右转的趋势，巴西、阿根廷、智利等国基本实现了本国政治"左退右进"的转变。而巴西等拉美国家人民痛恨腐败、力图求变的心理以及左翼政党的执政危机等因素也促成了这种转变。右翼政府上台后，在财政、反腐败以及土地等问题上采取了一系列与之前左翼政府截然不同的政策，巴西等国的政治发生了较大逆转。同时，美国对拉美国家的政治影响加大，甚至干涉一些拉美国家的内政，如委内瑞拉。不过，拉美左翼并没有彻底失势，更不会消亡，左右势力轮流执政、相互斗争的态势还会继续下去。

（一）财政政策的变化

巴西新当选总统博索纳罗被称为"热带特朗普"，他有明显的种族主义和仇外心理，是典型的拉美右翼势力代表。他曾是一名陆军上尉，在本次大选中提出了"巴西优先"口号，政治上主张打击腐败，经济上主张推行私有化，社会治安上主张强化警察权力，提倡传统价值观。[②] 他施行了一些与之前左翼政府全然不同的政策。在财政政策上，右翼政府希望减少财政赤

---

① 郝宇青：《"政治生态"的内涵解读》，《探索与争鸣》2015 年第 11 期，第 23 页。
② 《巴西总统大选结果出炉：右翼候选人博尔索纳罗当选》，中华网，2018 年 10 月 29 日，https://news.china.com/international/1000/20181029/34290528.html。

字，以吸引投资。这是左右翼政府在财政政策方面的最大不同。对于巴西而言，左翼政府执政时期，巴西实行了诸如"零饥饿计划"等一系列社会救助计划和民生工程，使很多巴西贫民解决了温饱问题，成为社会的中间阶层。不过，这一系列计划却是以大量的财政支出和财政赤字为前提的。在2014年国际经济形势不利于巴西之后，巴西财政收入大大减少，已经无法大力推行社会救助计划。在以博索纳罗为代表的右翼上台后，政府期望通过减少赤字来吸引投资。2019年1月24日，博索纳罗在接受电视记者采访时表示："巴西将进行必要的改革，以吸引其他国家的投资。我们不能继续我们年复一年的赤字。我们必须进行一些改革。"①虽然目前博索纳罗政府并未采取重大行动，但减少财政赤字、吸引国内外投资进入巴西农牧业和采掘业等部门是新政府的执政重点之一。除了巴西，其他拉美国家的右翼政府也多采取类似政策，减少财政赤字，进一步扩大经济开放度，鼓励国外资本投资本国经济，展现了与之前左翼政府全然不同的风格。

（二）加大反腐败力度

在政治方面，右翼政府发誓坚决打击腐败和犯罪。腐败现象在拉美政治中十分常见，且与巴西左翼政府的下台有直接关系。在罗塞夫政府中，很多官员牵涉腐败问题，包括卢拉、罗塞夫和当时任副总统的特梅尔等国家政要。反腐败已经成为近几年巴西民众的迫切要求。博索纳罗之所以能最终当选巴西总统，这与他在所有总统候选人中唯一没有受到腐败指控及其反腐败的竞选口号密切相关。在博索纳罗就任总统后，反腐败也成为其政府的执政重点之一。2019年1月21日，博索纳罗在演讲中指出，"一个国家腐败程度越低，商业环境就越好。巴西的目标之一是建立一个全新的政府，实行更

---

① Presidencia da Republica, Planalto, "Em entrevista, presidente defende reformas para atrair investimentos para o País," Janeiro 24, 2019, http：//www2. planalto. gov. br/acompanhe-o-planalto/noticias/2019/01/em-entrevista-presidente-defende-reformas-para-atrair-investimentos-para-o-pais.

广泛的商业开放，打击腐败和犯罪"。① 仅仅两天之后，即2019年1月23日，博索纳罗宣布联邦政府将设立反腐败委员会，完善反腐败系统，以遏制腐败问题滋生。② 2019年2月4日，新政府司法和公共安全部部长塞尔吉奥·莫罗（Sergio Moro）宣布了一系列打击有组织犯罪、腐败和暴力犯罪的措施，并将这些措施送交国会。③ 巴西还打算强化国际司法合作，使罪犯逃亡海外寻求避难成为不可能。在阿根廷总统毛里西奥·马克里对巴西进行正式访问期间，两国签署了引渡条约，加大对两国犯罪人员的引渡力度。此外，该条约还将成立各种工作队，以加强对重大腐败犯罪的调查，并为联邦警察和其他情报机构提供更大的行动自由。

（三）土地政策的逆转

新政府在土地以及环境事务方面，实行了与左翼政府全然不同的政策。巴西是一个土地问题十分严重的国家，主要体现在土地高度集中以及土地利用不合理等方面。土地问题是历届巴西政府必须面对的重大问题，也是政府执政的重点，如巴西军政府颁布了1964年土地法，1988年宪法中也有关于土地问题的规定，萨尔内以及卡多佐时期也进行了规模宏大的土地改革。然而，对于博索纳罗政府而言，土地改革并不是其执政的核心内容。在2019年1月1日博索纳罗总统的就职典礼后，政府将土地改革与垦殖研究所（Instituto Nacio-nal de Colonização e Reforma Agrária，INCRA）的行政权转到农业部，而农业部由农业企业的代表领导。该研究所是巴西推进土地改革的

---

① Presidencia da Republica, Planalto, "Combate ao crime e à corrupção ajudam no desenvolvimento do País," Janeiro 21, 2019, http：//www2. planalto. gov. br/acompanhe－o－planalto/noticias/2019/01/combate－ao－crime－e－a－corrupcao－ajudam－no－desenvolvimento－do－pais.

② Presidencia da Republica, Planalto, "Governo lança plano com 35 metas para os primeiros 100 dias," Janeiro 23, 2019, http：//www2. planalto. gov. br/acompanhe－o－planalto/noticias/2019/01/governo－lanca－plano－com－35－metas－para－os－primeiros－100－dias.

③ Presidencia da Republica, Planalto, "Em mensagem lida ao Congresso, Bolsonaro promete endurecer combate ao crime organizado," Fevereiro 4, 2019, http：//www2. planalto. gov. br/acompanhe－o－planalto/noticias/2019/02/em－mensagem－lida－ao－congresso－bolsonaro－promete－endurecer－combate－ao－crime－organizado.

最重要机构，将该机构的权力转至农业部，是新政府不重视土地问题、增强农业寡头等对土地事务控制力的表现。

更重要的是，新政府采取了不利于印第安人的土地政策，使他们的生活更加窘迫。博索纳罗就任总统后的第一批指令，就是停止所有新的印第安人土地的划界工作。这意味着印第安人数十年来寻求对其土地的承认和对土地所有权的努力遭受重大挫折。博索纳罗指出，这种划界的土地对印第安人来说，就像对待"动物园里的动物一样将它们与世隔绝"，印第安人应是"与我们一样的人类"，要停止对新的土地进行划界，尤其在遥远的亚马孙地区，进而来为采矿业、农业和伐木业提供空间。[1] 另外，新政府将全国印第安人事务基金会的处理印第安人事务的权力转移到农业部，并大大减少了拨付给该机构的经费。[2] 不难看出，博索纳罗政府并未考虑到印第安人生活的实际情况，更多的是服务于大土地所有者和农业企业的利益。政府的这些政策不仅会使印第安人的生活状况进一步恶化，还会使土著居民与政府之间的矛盾激化并一直持续下去，威胁巴西社会的稳定。

（四）取消劳工部

在劳工政策上，博索纳罗政府计划取消劳工部。2018年11月7日，在博索纳罗刚当选巴西总统之际，他就宣布将取消劳工部。他指出要将劳工部纳入其他部门。另外，关于劳工和收入方面的事务，新政府将其交给新的经济部来负责。新总统的该项政策并没有得到工会、劳工法庭以及一些国内专家的认可，他们普遍认为这项政策是不合时宜的，因为巴西的失业率一直保持在较高的水平，取消劳工部会导致就业状况更加不乐观。如最高劳工法院（TST）院长亚历山大·阿格拉·贝尔蒙特（Alexandre Agra Belmonte）就批

---

[1] Shannon Sims, "Here's How Jair Bolsonaro Wants to Transform Brazil," Janeiro 12, 2019, https：//www.theatlantic.com/international/archive/2019/01/heres-how-jair-bolsonaro-wants-to-transform-brazil/580207/.

[2] 在特梅尔政府执政时期，该机构的经费就已经大量减少，博索纳罗上台后进一步削减经费，导致该机构的正常运行都已经出问题。

评了这一决定。他指出："宪法规定巴西政府必须提供充分的就业机会，并且由劳工部负责制定此类公共政策。"①在他看来，其他政府部门都可以进行重组，唯有劳工部不可以，因为劳工部是解决巴西失业问题的重要机构，劳工部在各项公共政策中发挥着核心作用。劳工总会主席里卡多·帕塔赫也称这一决定"非常糟糕"，他指出："巴西现在有庞大的失业人口和出于商业目的而不断引进的新技术，因此需要有更强大的力量和政策来应对，这都是与劳工部息息相关的。"②此外，巴西全国统一工会、全国劳工司法协会等组织也强烈抨击这一政策。目前，博尔索纳罗政府尚未对劳工部事务采取进一步行动，但通过之前的政策主张以及目前新政府实行的一系列政策来分析，巴西劳工部的发展前景似乎并不乐观。

（五）国际政治的变化

拉美右翼势力上台使美国与拉美之间的关系进一步密切。这在巴西大选后的巴西外交中表现得尤为明显。博索纳罗政府为了进一步加强与美国之间的关系，在外交部下面设立了美国司，专门负责处理与美国之间的外交事务。在委内瑞拉问题上，巴西新政府与美国站在一起，承认胡安·瓜伊多为该国临时总统，拒不承认马杜罗政府的合法性。博尔索纳罗还指出："巴西与利马集团各国一道，将为瓜伊多提供一切必要的政治支持，以实现其目标。"巴西外交部官员也声称："巴西承认胡安·瓜伊多先生为委内瑞拉总统。巴西将在政治上和经济上支持委内瑞拉的这一段过渡进程，以便民主与和平回归委内瑞拉。"③此外，巴西政府也表达了希望能对美国单方面免签的想法。在此之前，

---

① 《博索纳洛取消劳工部遭巴西各界质疑》，巴西商业资讯网，2018 年 11 月 9 日，https：//www1.folha.uol.com.br/mercado/2018/11/especialistas – ministros – e – sindicatos – criticam – fim – do – ministerio – do – trabalho. shtml。

② 《博索纳洛取消劳工部遭巴西各界质疑》，巴西商业资讯网，2018 年 11 月 9 日，https：//www1.folha.uol.com.br/mercado/2018/11/especialistas – ministros – e – sindicatos – criticam – fim – do – ministerio – do – trabalho. shtml。

③ Presidencia da Republica, Planalto, "Brasil reconhece Juan Guaidó como presidente da Venezuela," Janeiro 23, 2019, http：//www2.planalto.gov.br/acompanhe – o – planalto/noticias/2019/01/brasil – reconhece – juan – guaido – como – presidente – da – venezuela。

任何国家与巴西交涉签证事务，都是对方国家先对巴西免签，之后巴西政府才对其实行免签政策。新政府该项政策的实行表明右翼政府十分重视对美关系，并主动积极拉拢美国，希望与美国建立更为紧密的关系。

尽管如此，仍有一些领域是左右翼政府共同关注的。如在住房和卫生领域，巴西政府在阿克里州实行了大规模的卫生和住房计划，将使来自沙普里（Xapuri）、阿西斯（Assis）、埃皮塔西奥兰迪亚（Epitaciolândia）和玻利维亚城市戈比贾（Cobija）的2万人受益。该项目由巴西联邦储蓄银行资助，资金来自住宅租赁基金（FAR），投资总额达到1.528亿雷亚尔。①另外，巴西新政府比较重视城市附近贫民窟的升级与改造，同时加强对贫民窟治安的维护。

另外，虽然左翼势力在总统大选中落败，在拉美地区呈现"退潮"之势，但左翼政党依然在拉美国家中有很大影响。首先，左翼政党依然在一些拉美国家执政。除了长期实行社会主义制度的古巴外，墨西哥、委内瑞拉、玻利维亚、厄瓜多尔、乌拉圭、尼加拉瓜等依然是由左翼政党执政。委内瑞拉的马杜罗政府虽然深陷国内危机，但仍有不少国家对其支持。其次，一些国家的左翼势力依然强大。巴西劳工党虽然失去执政地位，但仍在国会中保有较多席位，政治影响力依然不可小觑。

劳工党候选人阿达虽然落败，但其支持率仅次于博索纳罗，在卢拉的光环下，他依然保有很高支持率。其他拉美国家的左翼政党，如智利、阿根廷等也保有很大实力，在今后的总统选举中依然有可能东山再起。最后，左翼势力赖以生存发展的土壤（如社会不公正、国家对外部过度依赖等）将会长期存在，这些问题如果不能得到有效解决，左翼势力以及一些社会运动（如巴西的无地农民运动）等将会继续成为拉美政坛的重要力量，左右翼之间的博弈也不会减弱或停止。

综上可知，赢得大选上台的巴西右翼政府在国家政治、经济和社会等方面都做出了一系列改变，是拉美地区的政治生态出现明显的右转趋势的典

---

① Presidencia da Republica, Planalto, "Projetos de saúde e habitação são prioridades, destaca Bolsonaro," Fevereiro 11, 2019, http：//www2. planalto. gov. br/acompanhe - o - planalto/noticias/2019/02/projetos - de - saude - e - habitacao - sao - prioridades - destaca - bolsonaro.

型。巴西右翼的经济改革坚持以市场为核心，推行新自由主义发展模式。新政府力图在政治上有所革新，肃清积弊，严惩腐败，这符合巴西民众的愿望。然而，新政策并不注重社会公正问题，对国家发展过程中一些亟待解决的问题选择了逃避，甚至在一定程度上可以说是历史的倒退。大选后新政府在财政上的政策会使之前左翼政府辛苦营造的社会公正和政治平衡被打破，更多的人可能会重返贫困，不利于巴西社会稳定。密切与美国的关系，一方面会为巴西经济发展获得更多外部资金，另一方面在一定程度上加强巴西对美国的依赖，新政府支持瓜伊多的政策更加剧了拉美各国之间的隔阂。不过，巴西大选后的新政府依然要直面住房、卫生等民生问题，以稳定其执政地位。同时，左翼势力并没有因大选的失败而一蹶不振，更不会销声匿迹，左翼势力在巴西乃至拉美依然有强大势力，巴西和拉美政治中的左右拉锯状况依然会长期存在下去。

二 巴西大选与拉丁美洲一体化发展

受到巴西大选影响，拉美地区的一体化进程经历了相应变化。阿根廷和智利等国积极与巴西接触，力图搭建太平洋联盟和南方共同市场之间的桥梁，以此加速拉美地区在经济和贸易等方面的整合。不过，随着2019年初委内瑞拉危机的爆发，拉美各国出于意识形态方面的考虑出现了分化，在一定程度上不利于拉美一体化的深入发展。

（一）拉美一体化仍有一定发展

同为右翼执政的阿根廷，在巴西大选后加强了两国在拉美一体化方面的合作。2019年1月16日，阿根廷总统马克里到访巴西与博索纳罗会晤，两国都同意实现贸易关系现代化并推进两国之间的一体化议程。[1]马克里认为，

---

[1] Presidencia da Republica, Planalto, "Macri afirma necessidade de modernizar relações comerciais e avançar na integração," Janeiro 16, 2019, http：//www2.planalto.gov.br/acompanhe－o－planalto/noticias/2019/01/macri－afirma－necessidade－de－modernizar－relacoes－comerciais－e－avancar－na－integracao.

加强双边合作,推动南方共同市场的现代化是必要的,这样各国才能适应21世纪的挑战,抓住世界所能提供的机遇。博索纳罗表示,巴西和阿根廷需要创造新的贸易和投资机会,并要共同行动,捍卫拉美地区的自由和民主。① 两国还就打击有组织犯罪、国防、科学和技术发展以及核能等方面展开务实合作。

智利也进一步加强了与巴西的互利合作,从而有利于拉美一体化进程。2018年11月21日,智利和巴西签署了一份自由贸易协议,两国在特定领域相互免除关税,以期促进拉丁美洲地区经济一体化。② 实际上,之前智利与南方共同市场成员国签署补充协议时,智利已免除与巴西之间的大部分关税。本次协议则消除两国之间最后剩余的关税壁垒。这项协议耗时不到6个月,对于进一步强化拉美一体化进程十分重要。在博索纳罗刚刚就任巴西总统后的2019年1月3日,博索纳罗与智利总统塞巴斯蒂安·皮涅拉举行了双边会谈。皮涅拉谈到了振兴南美合作论坛的必要性,并建议在南方共同市场与太平洋联盟之间建立自由贸易区。博索纳罗总统谈到了扩大两国合作的重要性,并强调必须减少官僚主义,消除南美洲区域集团的意识形态偏见。③ 不难看出,智利主动与巴西接触,两国共同致力于推动拉美一体化的发展。

此外,巴西大选后拉美各国在其他一些领域也展开了密切合作。2018年11月14日,在乌拉圭首都蒙德维地亚举行的南方共同市场部长级会议上,通过了今后各国警察可以越境抓捕罪犯的协议。巴西公共安全部部长劳尔·胡格曼(Raul Jungmann)表示,上述协议可增进南方共同市场各国之

---

① Presidencia da Republica, Planalto, "Brasil e Argentina precisam criar novas oportunidades, afirma Bolsonaro," Janeiro 16, 2019, http://www2.planalto.gov.br/acompanhe-o-planalto/noticias/2019/01/brasil-e-argentina-precisam-criar-novas-oportunidades-afirma-bolsonaro.
② 《耗时不到6个月,智利和巴西签自贸协议促区域一体化》,新华网,2018年11月23日,http://www.xinhuanet.com/world/2018-11/23/c_1210000197.htm.
③ Presidencia da Republica, Planalto, "Bolsonaro se reúne com líderes estrangeiros e reforça compromissoscom países parceiros," Janeiro 3, 2019, http://www2.planalto.gov.br/acompanhe-o-planalto/noticias/2019/01/bolsonaro-se-reune-com-lideres-estrangeiros-e-reforca-compromissos-com-paises-parceiros.

间在打击犯罪方面的合作，让犯罪无处可逃。①这项协议在2019年完成制定并开始执行。另外，2019年1月22日，博索纳罗在巴西利亚接待阿根廷总统毛里西奥·马克里，并与智利和巴拉圭总统谈话后表示，他打算与其他南美领导人达成谅解，以增加南美国家在世界贸易中的分量。他指出："我们非常担心会出现这样一个南美洲，即每个国家都不愿妥协、自私自利。"②从博索纳罗的表态可以看出，巴西力图进一步将拉美国家整合起来，共同拉动拉美经济和贸易发展。

（二）委内瑞拉危机对一体化的不利影响

委内瑞拉危机的爆发在很大程度上不利于拉美一体化的发展。在瓜伊多宣布自立为委内瑞拉"临时总统"后，很快得到了博索纳罗政府的承认，并对马杜罗政府施加压力以促使其下台。阿根廷、智利、秘鲁、哥伦比亚等其他右翼执政的国家也纷纷对瓜伊多表示支持。然而，马杜罗并非孤家寡人，拉美地区的墨西哥、古巴、玻利维亚、尼加拉瓜等国依然只承认马杜罗政权，其他拉美国家也多保持中立、观望态度。拉美国家在委内瑞拉问题上出现分歧，这种分歧不仅体现在意识形态方面，也在某种程度上加深了双方在经济等方面的隔阂，加之美国在其中煽风点火，从而导致各国在政治上的分歧蔓延到经济和贸易方面，不利于拉美一体化的推进。

三 拉美国家政治生态与一体化的发展前景展望

在未来一段时间内，拉美地区的政治生态依然会表现出左右翼长期拉锯的状态。委内瑞拉问题的持续发酵会继续对拉美一体化的整合与发展造成不

---

① Presidencia da Republica, Planalto, "Brasil quer aperfeiçoar Mercosul e ampliar comércio da América do Sul," Janeiro 22, 2019, http：//www2.planalto.gov.br/acompanhe-o-planalto/noticias/2019/01/queremos-fazer-america-do-sul-grande-diz-bolsonaro-em-davos.
② Presidencia da Republica, Planalto, "Brasil quer aperfeiçoar Mercosul e ampliar comércio da América do Sul," Janeiro 22, 2019, http：//www2.planalto.gov.br/acompanhe-o-planalto/noticias/2019/01/queremos-fazer-america-do-sul-grande-diz-bolsonaro-em-davos.

利影响。另外，由于拉美各国贸易互补性相对较小，美国对拉美长期染指以及拉美国家历史上的一些积怨，导致拉美一体化发展仍有诸多难以克服的问题。

左右翼势力拉锯的政治生态格局将在未来一段时间持续下去。右翼势力目前已经在拉美地区卷土重来，拉美主要国家中右翼执政占有很大比例。这些右翼政党提出的惩治腐败、减少财政赤字的主张赢得了相当一部分民众的支持，在一些民生问题上右翼政府也一改之前较为漠视的做法，对住房、医疗卫生等事业的重视程度大大提升。同时，右翼政府在土地开发、开矿等政策方面满足了国内农业企业家等上层社会的支持，他们成为右翼政府执政的坚定支持者。右翼政府还进一步加大国家对外开放力度，大力吸引外资，加强与美国等国家和地区的经济联系，在一定程度上有利于国家经济增长。另外，近几年国际市场回暖、巴西等拉美国家贸易环境有所改善也有助于右翼政府推行更多政策，一些社会矛盾和冲突能够得到一定的控制。然而，从长远来看，由于拉美社会不公正、两极分化的状况依然存在，右翼政府上台后实行的很多政策激发了很多矛盾，使这些问题更加棘手，导致左翼生存的土壤反而变得更加肥沃。因为拉美左翼的施政纲领主要就是致力于解决拉美社会与经济中存在的严重的不公正现象，他们更受穷人和少数族裔的欢迎，能够缓解拉美国家社会矛盾，促进经济和社会的可持续发展。所以，左翼势力在拉美仍有很大市场，他们不仅不会消亡，反而会进一步与共产主义政党以及相关社会运动（如无地农民运动）等加强联系，形成统一战线，共同为拉美地区的经济与社会长久发展而不懈奋斗。

委内瑞拉问题的持续发酵会继续对拉美地区一体化进程产生不利影响。委内瑞拉之前一直是南方共同市场等拉美地区组织的积极参与者，但后来南共市将其开除，从而给双方关系带来不利影响。目前委内瑞拉国内局势不容乐观，美国武力干涉的危险较大，虽然不少拉美国家声明不打算与美国一道侵略委内瑞拉，但由于互不承认对方政府（如委内瑞拉和巴西之间），委内瑞拉与其他拉美国家的经济联系并不顺畅，更遑论拉美一体化的顺利发展了。而一旦发生战争，不仅会对委内瑞拉造成巨大伤害，对其他国家的安全和整个拉美地区的发展都是一个非常不利的因素。

最后，拉丁美洲一体化发展将依然存在难以克服的问题。第一，拉美地区一体化仍然受到贸易互补性较小的不利影响。拉美国家有史以来就以出口农牧产品和矿产品等初级产品为主，后来尽管经历了进口替代工业化，但产品科技含量仍相对不高，国际竞争力较弱，导致大多数拉美国家的比较优势依然是初级产品和原材料出口，各国之间在贸易方面互补性较小，拉美内部很难形成一个统一的大市场，制约拉美一体化走向深入。第二，美国等域外大国并不希望在自己的"后院"出现一个统一、强大的拉美，美国会通过强化美洲自由贸易区、重点加强与巴西等大国的军事和安全合作，来弱化拉美国家之间的合作与联合。第三，拉美一些国家之间的历史积怨和现实冲突，导致拉美一体化进程任重而道远。最明显的例子就是玻利维亚和智利之间的领土纠纷，以及哥伦比亚和委内瑞拉之间的紧张关系等。政治上的矛盾与相互不信任导致拉美一体化进展困难重重，并给地区稳定造成一定的隐患。

四 结语

近些年的拉美政治是左右翼势力轮流执政的结果。之所以会出现这种状况，除了和右翼政党改变其竞选口号并对执政理念做出部分调整外，也与民众的"求变"心里密不可分。左翼的"粉色浪潮"在拉美执政长达十几年后，各种社会积弊和经济问题不断涌现，用传统的左翼执政办法已经无法有效解决这些问题，所以普通民众和社会上层就会转而寻求其他政治解决模式，这就为右翼上台创造了机会。当然，右翼上台后虽然会创造出一些新气象，但一些根本性的重大问题是不可能解决的，如社会公正问题。这个问题解决不好，那么右翼势力的执政地位就无法真正得以稳定，左翼就会有再次在拉美崛起并上台的希望。

对于拉美的一体化而言，除了继续加强各区域组织的发展外，实现各区域组织的整合、创造良好的地区环境以及继续强化与域外国家和地区的良好、可持续的合作至关重要。大选后的巴西新政府与阿根廷、智利等主要拉美大国致力于实现拉美各区域组织的整合，以创建一个统一的区域市场，共同应对外部挑战。良好的地区环境是拉美一体化能够顺利深入推行的前提，显然拉美目前的状态并不乐观。除委内瑞拉危机外，巴西等国政府对本国印第安居民的"同化"政策以及放开枪支管制的规定等会使地区安全和冲突进一步恶化，从而使地区一体化的安全保障问题更加严峻。最后，拉美一体化发展依然任重而道远，拉美各国的右翼政府需要及时调整政策，兴利除弊，以推动本国和本地区在更加和平、稳定、可持续的发展轨道上继续前行。

Y.4
2018年巴美关系发展现状与未来走向

〔巴西〕Neusa Maria P. Bojikian 〔巴西〕Tullo Vigevani* 孙 怡译

摘 要：2017~2018年特梅尔执政时期，虽然巴西政府希望与美国建立更为紧密的关系，尤其是加强两国之间的经贸合作，但是成效有限。这一时期，巴西与美国双边关系的发展主要体现在贸易和投资便利化以及航空、国防和太空工业方面。巴美关系主要受到两个变量的影响——巴西政治经济的双重危机和特朗普政府中美国政治的新取向即"美国优先"。与其他国家一样，巴西受到了特朗普政府所采取的"公平贸易"模式的影响。

关键词：美国 巴西 巴美关系 特朗普政府

一 引言

本文旨在考察2017~2018年巴西与美国的双边关系情况。特梅尔政府（2016年5月至2018年12月）时期，巴西外交政策所追求的目标主要是加

---

* Neusa Maria P. Bojikian，国际关系专业博士，巴西国家科学技术研究院美国研究所（INCT-INEU）研究员；Tullo Vigevani，历史学博士，巴西圣保罗州立大学政治学和国际关系学教授，当代文化研究中心（CEDEC）和国家科学技术研究院美国研究所（INCT-INEU）研究员。

强与西方经济发达国家之间的关系,这意味着对前任罗塞夫政府所采取的国际化模式的严厉批判。有目共睹的是,特梅尔政府的外交政策注重的是特惠协定而非多边协定,对多边主义的批评有所增加,寻求双边主义的主张得到了加强。实际上,在何塞·塞拉(José Serra)担任巴西外交部部长时,就已宣布巴西将执行新的外交政策。

巴西将不再限制主动权的自由。过去十年里,在世界贸易组织框架下,巴西因专注于多边谈判而损害了自身的国家利益。毫无疑问,世界贸易组织的多边谈判是有效纠正严重的扭曲体制的唯一途径,例如在农产品贸易方面。但是,令人遗憾的是,这些多边谈判并没有获得蓬勃发展。巴西由于专注于多边谈判,使自身处于双边自由贸易协定倍增之外。除了我们,几乎全世界都投入双边自由贸易协定倍增之中。我们需要并将克服此种延误,以找回失去的机会。因此,我们将与工业、商业和服务部门一起进行密切的磋商,为我们的出口开辟市场,为我们的工人创造就业机会。在平等互惠的谈判基础上,务实地利用进入我们庞大的内部市场的优势,将其作为获得让步的工具。在巴西当前发展阶段,没有什么比在没有互惠的情况下做出让步更加荒谬和错误的,这样做毫无意义。①

特梅尔执政时期,巴西的政治危机影响了巴西与美国关系,使两国间无法建立更加全面的外交议程。正如特梅尔政府时期巴西驻美国大使塞尔吉奥·阿马拉尔(Sérgio Amaral)指出的那样:"在某些情况下,巴西的政治危机缩小了巴西的外交空间,这已经被证实。"特梅尔执政时期,巴西的对外政策以"积极的合作和求同精神"为指导,此种精神主要涵盖在各方能

---

① MINISTÉRIO DAS RELAÇÕES EXTERIORES, "Discurso do ministro José Serra por ocasião da cerimônia de transmissão do cargo de ministro de estado das Relações Exteriores," Brasília, Maio 18, 2016, http://www.itamaraty.gov.br/pt-BR/discursos-artigos-e-entrevistas-categoria/ministro-das-relacoes-exteriores-discursos/14038-discurso-do-ministro-jose-serra-por-ocasiao-da-cerimonia-de-transmissao-do-cargo-de-ministro-de-estado-das-relacoes-exteriores-brasilia-18-de-maio-de-2016.

够达成一致的领域："如果我们同意，我们共同努力。如果我们不同意，我不明白为什么不能说我们的外交政策并不总是与美国的外交政策相似。"①

在巴西政府看来，相比较于巴西国内政治的不稳定而言，美国政治的新取向——"美国优先"更加阻碍了巴西与美国双边关系的发展。美国国内社会对全球化的不满情绪促使该国政府重新审视其经济和贸易政策②，特别是针对那些劳动密集型国家。需要指出的是，美国出口的是资本密集型商品，而进口的则是劳动密集型商品。制造业结构的调整导致了失业的增加和整体工资的扁平化，③ 使开展需要内部联盟的政治项目变得困难重重。

在此背景下，美国与拉丁美洲的关系并未发生重大变化。特朗普执政两年以来，美国与巴西关系主要聚焦于特定的主题和具体的行业，特别是在贸易和投资便利化、民用航空、国防和太空工业方面。特朗普政府对巴西的政策并未摆脱所谓的"公平贸易"模式。

本文将重点考察 2017~2018 年两年间巴西与美国关系情况。除引言外，共分为四个部分。第一部分将重点介绍特朗普政府的外交政策取向；第二部分将概述这一时期巴西与美国两国关系，为下一部分做背景铺垫；第三部分将重点考察这一时期巴西与美国签署的一些具体的经贸协定；第四部分是结论，试图对上文的分析做进一步的反思。

二 特朗普政府的外交政策主张：美国优先

唐纳德·特朗普总统在就职演说中宣布了基于"美国优先"的外交政

---

① Faus, Joan, "O desafio mais importante para o Brasil é aprofundar as relações na sua região," Embaixador brasileiro em Washington minimiza a inexistência de uma reunião entre Trump e Temer, *El País*, 7 fev. 2018, https://brasil.elpais.com/brasil/2018/02/05/internacional/1517865258_291772.html.

② Matthews, Robert, "La Sociedad de Estados Unidos y el significado del síndrome Trump," in La convivencia amenazada, *Anhelos y radicalismos*. Fundación Seminario de Investigación para La Paz (SIP), Mira Editores: Zaragoza, 2018.

③ 目前的平均工资（在计算通货膨胀之后）的购买力近似于 40 年前。

策,称"所有国家都有把自己的利益放在第一位的权利"。① 在特朗普总统的世界观中,外交政策是一场"零和"博弈,而美国在这场博弈中备受挑战。② 将美国放在首位以及重振最美好时代的承诺动摇了支持全球和平的三大支柱——制度、国际规则和贸易。这三大支柱自二战以来得到了坚定的拥护。③④ 对于以多边合作为基础的战后国际秩序的支持者而言,"美国优先"的理念具有一定的争议。

尊重国际规则是美国在二战以后大力倡导的一项原则。然而,特朗普政府一上台就否认了21世纪最具象征意义的国际合作——退出《巴黎协定》,理由是"其让外国官僚控制我们在土地上能使用多少能源"。⑤ 同时,轻视联合国人权理事会,打破了2015年伊朗与美国、中国、法国、俄罗斯、英国和德国签署的《联合全面行动计划》等多边规则。

在贸易方面,特朗普政府在突然向国会要求暂停审批《跨太平洋伙伴关系协定》(TPP)后,迫使《北美自由贸易协定》(NAFTA)在"接受或离开"(take-it-or-leave it)的基础上重新进行谈判,直至缔结《美国—墨西哥—加拿大协定》(USMCA)。尽管该协定是一个三方协定,但是在特朗普的指挥下,谈判者侧重双边动态,在一些条款上对墨西哥提出了比加拿大更严格的要求,例如具有争议的投资者与国家条款。⑥ 另一项重新进行谈判的

① White House, "The Inaugural Address," January 20, 2017, https://www.whitehouse.gov/briefings-statements/the-inaugural-address/.
② Macdonald, Paul K., "America First? Explaining Continuity and Change in Trump's Foreign Policy," *Political Science Quarterly*, v. 133, n. 3, Fall 2018, p. 409.
③ Saadat, Mubin, "Analysis: Are Trump's Foreign Policy Moves Setting the Stage for Global Chaos?" 30 set Channel News Asia, https://www.channelnewsasia.com/news/world/donald-trump-foreign-policy-un-speech-global-chaos-10759294.
④ Macdonald, Paul K., "America First? Explaining Continuity and Change in Trump's Foreign Policy," *Political Science Quarterly*, v. 133, n. 3, Fall 2018, pp. 401-434.
⑤ CNN, "Trump's Climate Decision could be Felt for Generations," May 31, 2017, https://edition.cnn.com/2017/05/31/politics/trumpo-paris-climate/index.html.
⑥ United States Trade Representative. "Agreement between the United States of America, the United Mexican States, and Canada Text," November 30, 2018, https://ustr.gov/trade-agreements/free-trade-agreements/united-states-mexico-canada-agreement/agreement-between.

协定是《美国—韩国自由贸易协定》(KORUS)。特朗普总统的意图是将此前向韩国倾斜的贸易天平重归平衡。作为新协定的一部分，韩国出口美国的钢铁产品将免征25%的进口关税，但是要接受所谓的年度配额限制（相当于原先出口量的70%）。①

特朗普政府已将贸易政策作为一种工具，通过自身权力的绝对优势来推进不同目标的实现，从而影响了某些行业部门，特别是技术密集型部门。其中，在美国与巴西双边关系中，美国政府试图通过《技术保障协定》的谈判来确保其公司的商业利益，限制技术的有效转移。

特朗普总统的批评和举动以及他所表现出来的撕毁协定、强加新条款的要求，得到了很大一部分美国民众的支持，即米德（Mead）认为的"杰克逊主义者"，他们"反对最近的贸易协定，并不是因为他们理解这些极其复杂的协定的细节和后果，而是因为他们相信这些协定的谈判者不一定把美国的利益放在心上"。特朗普总统及其政治运动正逐渐获得杰克逊主义者的信任，他们"准备好接受看似有悖常理和困难的政策"。②

三 巴西与美国关系：目标与结果

在本文所分析的时间段内（2017~2018年），巴西与美国之间的关系并未摆脱美国与拉丁美洲地区关系的总体特征。该地区往往不是美国外交政策的最优先选项③，但是也并不意味着无关紧要。正如分析人士所说："该地

---

① United States Trade Representative, "Free Trade Agreements KORUS FTA, Final Text, 2019," https://ustr.gov/trade-agreements/free-trade-agreements/korus-fta/final-text.
② Mead, Walter R., "The Jacksonian Revolt, American Populism and the Liberal Order," *Foreign Affairs*, March/April 2017, https://www.foreignaffairs.com/articles/united-states/2017-01-20/jacksonian-revolt.
③ Nolte, Detlef, "Trump und Lateinamerika: Zwischen Monroe-Docktrin und Nichtbeachtung," Giga Focus, Maio 3, 2018, https://www.giga-hamburg.de/en/system/files/publications/gf_lateinamerika_1803_de.pdf.

区的非中心地位并不一定导致其会被遗弃。相反，总会有一些关注的机构制定相应的目标。这些机构主要包括日益重要的公民社会实体，如企业、大公司、利益集团等。"①

就巴西而言，保持与美国的关系具有特定的指导方针，特别是贸易和投资问题，既包括横向维度，也包括产业维度，如民用航空、国防和航天工业。

就美国对发展与巴西关系的政策意图而言，美国国务卿高级政策顾问、南美秘书处政策规划人员布莱恩·胡克（Brian Hook）这样描述道：

> 在南美洲，我们认为，通过发展基础设施、贸易便利化以及能源开发来加强联系、打破贸易壁垒，这将有助于降低能源成本，刺激经济增长，创造发展机遇。美国期待在该地区建立现代贸易伙伴关系。②

应该指出的是，这种贸易伙伴关系并不像胡克所暗指的那样是新政策，而是在前几届政府制定的对话机制下双方互动的成果（起始于卢拉和布什政府，后被罗塞夫和奥巴马政府所延续）。

如前所述，特梅尔政府对巴西与发达国家之间特别是与美国之间的商业合作抱有浓厚的兴趣。时任巴西驻美国大使塞尔吉奥·阿马拉尔（Sérgio Amaral）在刚被任命时讲道："我们可以通过在华盛顿举办关于巴西的讨论来加快两国商业合作这一进程。"塞尔吉奥·阿马拉尔大使还指出，候选人希拉里如果当选将会给巴西带来商业利好，他说："贸易保护主义倾向在特朗普的讲话中很明显，而在希拉里那里则更为审慎。"③ 然而，美国国内势

---

① Vigevani, Tullo, Magnotta, Fernanda, "Agendas e estratégias dos Estados Unidos para a América Latina," http://www.cries.org/wp-content/uploads/2017/02/012-vigevani.pdf.

② Hook, Brian, "United States Policy Planning in the Trump Administration Principles, Priorities, Practices," in Benoni Belli e Filipe Nasser (eds), *The Road Ahead, The 21st-Century World Order in The Eyes of Policy Planners*, Brasília: FUNAG, 2018.

③ Folha de S. Paulo, "Brasil e EUA chegam a acordo sobre base de Alcântara após 20 anos de negociação," Março 12, 2019.

力倾向于打破政党循环，更加突出结构性特征。部分选民相信特朗普总统的讲话，民主党人也倾向于支持那些有利于本国获得经济商业利益的措施，而这些措施会带来负面的保护主义影响。

从巴西国内来看，我们必须考虑巴西政治危机的持续以及经济的持续衰退。此种情况下，特梅尔政府可能面临特朗普政府利用单边贸易保护工具对抗巴西的威胁。巴西钢铁和铝产品出口附加税就是这种威胁的例证。在制定全面战略存在困难的情况下，一些商人开始游说，巴西可以利用《北美自由贸易协定》重新谈判的困难，从而获得进入墨西哥和美国市场的便利。2017年3月，在巴美两国总统即将举行会晤时，为了给这次会晤铺路，巴西外长阿洛伊西奥·努内斯·费雷拉（Aloysio Nunes Ferreira）于2017年6月与时任美国国务卿雷克斯·蒂勒森（Rex Tillerson）进行了会面。

然而，特朗普总统对巴西的关注是谨慎的，没有显示给予任何差别待遇的迹象。特朗普总统于2017年9月在纽约举行的正式晚宴上，接待了特梅尔总统，以及来自哥伦比亚、巴拿马和阿根廷的政府官员。会议议程主要围绕美国关心的委内瑞拉情况和对委内瑞拉政府的谴责。① 在蒂勒森和努内斯·费雷拉此前会晤时，传达了该议题②，并且2018年6月美国副总统迈克·彭斯（Mike Pence）出访巴西时，该议题再次受到了重视。③

尽管通过美国—巴西商业对话论坛（U. S. -Brazil Commercial Dialogue），

---

① U. S. Embassy & Consulates in Brazil, "Readout of President Donald J. Trump's Dinner with Presidents of Brazil, Colombia, Panama and Vice President of Argentina," Septembre 19, 2017, https：//br. usembassy. gov/readout – president – donald – j – trumps – dinner – presidents – brazil – colombia – panama – vice – president – argentina/.

② U. S. Embassy & Consulates in Brazil, "Reunião do secretário Tillerson com o ministro das Relações Exteriores do Brasil Aloysio Nunes Ferreira," 2017, https：//br. usembassy. gov/pt/informe – reuniao – secretario – tillerson – com – o – ministro – das – relacoes – exteriores – brasil – aloysio – nunes – ferreira/.

③ Ministério das Relações Exteriores, "Visita do vice – presidente dos Estados Unidos da América, Mike Pence, ao Brasil – 26 e 27 de junho de 2018," Brasília, 26 de junho de 2018, http：//www. itamaraty. gov. br/pt – BR/notas – a – imprensa/19087 – visita – do – vice – presidente – dos – estados – unidos – da – america – mike – pence – ao – brasil – 26 – e – 27 – de – junho – de – 2018.

巴美之间达成了一系列具体的经贸承诺，但是巴西并没有完全获得对美钢铁和铝产品出口限制的豁免。巴西政府试图获得与澳大利亚同等的待遇。根据美国《1962年贸易扩展法》（Trade Expansion Act of 1962）第232条规定，这种待遇将永久性地免除关税，并且没有任何条件限制。然而，巴西最终取得的成果是一项关于对美钢铁配额出口限制的协定。巴西对美国钢铁半成品年出口量限制在过去三年（2015~2017年）巴西对美年均出口量的水平，而成品出口量则不应超过该期间年均出口量的70%。根据巴美双边协定，巴西对美铝产品出口将在现行适用的关税税率的基础上加征10%的关税，这与美国单方面强加的一般规则相同。然而，澳大利亚再次获得了对美铝产品出口关税的豁免，南非也获得了161种铝产品和36种钢铁产品对美出口免征附加关税的待遇。

面对这种情况，巴西政府感到没有得到美国方面足够的回报，但是并不希望巴美两国间的贸易冲突升级。巴西外交部的声明反映了这一点："巴西仍然愿意建立能够更好地满足巴西和美国钢铁和铝业期望和需求的解决方案，并在双边和多边领域保留其权利。"①

四 巴西与美国之间达成的经贸协定

2017~2018年，巴西与美国秉持"积极的合作和求同精神""寻求趋同"，在双方可以商定的事项或领域中展开了谈判，并且签署了一些具体的经贸协定。

（一）贸易便利化

巴西和美国之间的贸易和投资问题，基本上是通过美国—巴西商业对话

---

① Mre-MinistéRio das Relações Exteriores, "Restrições americanas òs exportações de aço e alumínion," Brasília, 1 de junho de 2018, http：//www.itamaraty.gov.br/pt-BR/notas-a-imprensa/18971-restricoes-americanas-as-exportacoes-de-aco-e-aluminio-nota-a-imprensa-dos-ministros-das-relacoes-exteriores-e-de-industria-comercio-exterior-e-servico.

论坛进行。该对话机制于 2006 年卢拉政府时期成立，由此拉近了美国商务部与巴西发展、工业和外贸部（MDIC）之间的关系。顾名思义，美巴商业对话论坛旨在促进对话和讨论与贸易投资相关的技术和实际问题，其目的不是建立贸易优惠协定，而是创造条件，促进两国间贸易产品的流动，寻求规则，定义标准。2017 年 5 月在巴西利亚举行的第 15 届美巴商业对话论坛全体会议上，巴西发展、工业和外贸部部长和美国商务部代表重申，该对话论坛未来十年的目标是"通过消除非关税和技术性贸易壁垒，促进双边贸易和投资，增加商业机会"。① 同样在 2017 年，通过美巴商业对话论坛，双方贸易促进机构——巴西出口投资促进局（Apex-Brazil）和美国投资局（Select USA）签署了共同承诺书，以促进出口，增加直接贸易和外国直接投资（FDI）。鉴于巴西和美国双边关系的不对称性，即使讨论了一些议题，其收益也将倾向于实力较强的一方。2007 年以来，在巴西与美国的双边贸易中，巴西的贸易逆差显著。这是一个值得仔细分析的问题，也是双边关系中的一个重要问题。

2017 年，巴西和美国还就基础设施问题开展了合作。2017 年 12 月，在巴西利亚举行了美国—巴西基础设施合作备忘录基础设施发展工作组第二次会议。② 此外，美国国家标准与技术研究院（NIST）和巴西国家计量、质量和技术研究所（INMETRO）联合开展了工作，旨在协调国际贸易产品和服务的标准以及测量科学的发展。

（二）知识产权与数字经济贸易

1. 知识产权

知识产权和技术发展问题一直被认为是美国经济、商业、技术和安全政

---

① ITA. International Trade Administration, "Joint Statement of the 15th Edition of U. S. – Brazil Commercial Dialogue," Brasilia, May 8 to 10, 2017, https：//www. trade. gov/bcd/pdfs/Commercial%20Dialogue%20Joint%20Statement%20May%202017_ USG%20Cleared. pdf.

② U. S. Department of State, "U. S. Relations with Brazil," February 23, 2018, https：//www. state. gov/r/pa/ei/bgn/35640. htm.

策的核心。面对美国的极大兴趣，巴西和美国重申了它们对知识产权保护的承诺。美国商务部和巴西发展、工业和外贸部已承诺担任美国专利商标局与巴西国家工业产权局（INPI）之间"强有力的伙伴关系"的保证人，"通过建立工作共享安排，合作提高效率和交流实践，改进专利和商标审查程序"。①

在美国专利商标局与巴西国家工业产权局的合作关系下，双方于2016年启动了"专利审查高速公路"计划，并在此基础上开展了多项行动，这是一个"有助于巴西提高专利质量和减少积压的工具"。② 这些举措得到了美国政府和美国贸易代表办公室的认可。毫无疑问，与知识产权有关规则的合作意味着更大程度地遵守国际版权和专利保护制度，但是这些承诺还不足以将巴西从2018年美国的观察名单中删除。尽管巴西做了许多努力，但是在美国看来，巴西的假冒和盗版商品水平高得令人"无法接受"。在美国贸易代表办公室的评估中，与前几年相比，特别是在2017年，巴西打击盗版和知识产权犯罪委员会（CNCP）已经失去了效力。美国当局明确建议巴西应该制定更加严格的法律，"为知识产权执法提供额外的投入将有助于应对这些挑战，同时颁布法律以增加对知识产权犯罪的威慑性惩罚，并将未经授权的录像定为刑事犯罪"。③

美国专利商标局提出的另一项要求涉及巴西药品专利注册。在特梅尔政府任期结束之前（2018年末）的巴美双边谈判议程项目中，美国优先考虑保护要求，禁止商业使用未公开的测试和其他为获得药品（专利）的上市许可而产生的数据。美国认为，巴西知识产权保护法未能提供这种保护。"巴西的法律法规提供的保护虽然包括未公开的测试以及为获得兽医和农业

---

① ITA. International Trade Administration, "Joint Statement of the 15th Edition of U. S. - Brazil, Commercial Dialogue," Brasilia, May 8 to 10, 2017, https：//www.trade.gov/bcd/pdfs/Commercial%20Dialogue%20Joint%20Statement%20May%202017_ USG%20Cleared.pdf.

② U. S. Department of State, "U. S. Relations with Brazil," February 23, 2018, https：//www.state.gov/r/pa/ei/bgn/35640.htm.

③ United States Trade Representative, "Special 301 Report," https：//ustr.gov/sites/default/files/files/Press/Reports/2018%20Special%20301.pdf.

化学产品的上市许可而产生的其他数据,以禁止不公平的商业使用,但是并未对药品提供类似的保护。"①

2. 数字经济贸易

2018年8月在华盛顿召开的第16届美巴商业对话论坛上,巴西和美国双方承诺在巴西国家电信局(ANATEL)和美国联邦通信委员会(FCC)之间交换信息和经验,以便更好地了解各自市场采用的制度体系和商业惯例,同时启动数字经济贸易工作组,"将重点放在发展数字经济贸易和支持电子商务方面,最终目标是促进投资,推动创新,为美国和巴西大力发展数字行业营造环境"。②

(三)开放天空航空协定

2018年,巴西参议院批准了巴西和美国之间签署的关于航空运输的协定,后来该协定被称为《美国—巴西开放天空航空协定》。该协定最早可以追溯到2010年的巴美会谈谅解,并于2011年发展为两国政府间谅解备忘录③,包括扩大民航服务并正式形成开放天空的倡议。根据该协定,美国和巴西之间取消航班数量的限制,并规定:(1)以当地货币出售机票;(2)免征航空器材和零部件的进口税;(3)雇用和保留当地雇员,培训并使用自己的飞行服务团队。④

美国运输部(DOT)要求将批准该协定作为2016年美国民用航空公司——美国航空公司(American Airlines)和南美航空公司——LATAM 航

---

① United States Trade Representative, "Special 301 Report," https://ustr.gov/sites/default/files/files/Press/Reports/2018%20Special%20301.pdf.
② ITA. International Trade Administration, "Joint Statement of the 16th Edition of U.S. - Brazil Commercial Dialogue," August 1, 2017, https://www.trade.gov/bcd/JointStatements.asp.
③ U.S. Department of State, "Memorandum of Consultation," March 19, 2011, https://www.state.gov/documents/organization/159925.pdf.
④ Ministério dos Transportes, Portos e Aviação Civil, "Senado aprova acordo de 'céus abertos' entre o Brasil e Estados Unidos," 8 de junho de 2018, http://www.transportes.gov.br/ultimas-noticias/6855-senado-aprova-acordo-de-"céus-abertos"-entre-o-brasil-e-estados-unidos.html.

空集团（LATAM Airlines Group）签署商业协议的补偿，后者由智利 LAN 航空公司（LAN Airlines）和巴西 TAM 航空公司（TAM Linhas Aéreas）合并而成。①

随着开放天空协定的批准，美国运输部和其他美国政府机构以及两国的行业商人都致力于促进巴西通过新的立法取消或放宽对民用航空部门外国投资的限制——直到那时的限制是20%的普通股权（带有表决权）。

2018年12月13日，此前已表示支持该行业自由化②的特梅尔总统签署了一项临时措施（MP 863/2018），允许外国投资者控制该国的航空公司，并可拥有100%的股权。根据新措施，该许可适用于该国所有民用航空公司，且未就资本来源加以区别。

（四）国防工业和航天工业的贸易与投资

巴西和美国在国防工业、航天工业方面进行了贸易、投资合作。

在国防工业方面，巴西和美国于2016年签署了国防工业合作意向书（LOI），通过国防工业对话（Defense Industry Dialogue）机制，解决了诸如出口管制、技术转让和军品认证相互承认等一系列问题。双方开展国防工业合作的主要目的是"发挥现有防务和军事协定的杠杆作用，如《国防合作协定》（DCA）、《通信互操作性和安全协定备忘录》（CISMOA）、《军事情报保护协定》（GESOMIA）、《主信息交换协定》（MIEA）等"。③

---

① Reuters, "Brazil Senate approves Open Skies air deal with United States," March 7, 2018, https：//www.reuters.com/article/us - brazil - aviation - usa/brazil - senate - approves - open - skies - air - deal - with - united - states - idUSKCN1GJ2ZJ.

② Agência Brasil, "Temer Announces Opening of Brazil Infrastructure to Private Sector," The Investment Partnerships Program has 25 projects in transport. Sepember 13, 2016, http：//agenciabrasil.ebc.com.br/en/economia/noticia/2016 - 09/temer - announces - opening - brazil - infrastructure - private - sector.

③ ITA. International Trade Administration, "U.S. - Brazil Defense Industry Dialogue：2nd Meeting," Washington, October 8, 2017, https：//www.trade.gov/press/press - releases/2017/us - brazil - defense - industry - dialogue - 2nd - meeting - 101017.asp.

2017年两国国防部签署了《主信息交换协定》，拟扩大研发合作，推动国防科技创新。同年，美国国防公司罗克韦尔·柯林斯公司（Rockwell Collins）和同行业的巴西公司萨维斯（Savis）、布拉达尔（Bradar）签署了一项国防工业合作协定，主要目标是共同评估商业机会，并将其伙伴关系直接放置在国防工业对话的合作框架内。① 此外，2017年，国防工业对话机制还促使巴西政府代表团访问位于硅谷的美国国防情报局（DIUx），从中了解美国陆军的创新进程。

在航天工业方面，巴西和美国正在进行《技术保障协定》方面的谈判。根据巴西军方官员的说法，该协定将允许位于马拉尼昂州的阿尔坎塔拉航天中心（CEA）发射使用美国技术的太空设备。② 巴西空间系统运行协调委员会（CCISE）主席称，与外国签订的航天技术保障协定将有助于加强巴西空间计划的行动——空间系统战略计划（PESE）。③ 在巴西空间系统运行协调委员会看来，大约80%的太空设备包含一些美国原产的组成部分，因此有必要就保护其技术的责任达成一致。正因为如此，其他国家航天发射中心与美国签订了航天方面的技术保障协定，否则无法保持其运行。④

时任巴西国防部部长若阿金·席尔瓦·卢纳（Joaquim Silva e Luna）将军于2018年8月与美国国防部部长詹姆斯·马蒂斯（James Mattis）会晤时表

---

① ITA. International Trade Administration，"U. S. – Brazil Defense Industry Dialogue：2nd Meeting，" Washington，October 8，2017，https：//www. trade. gov/press/press – releases/2017/us – brazil – defense – industry – dialogue – 2nd – meeting – 101017. asp.

② AEB（AGÊNCIA ESPACIAL BRASILEIRA），"Acordo de Salvaguardas de Alcântara，" 2 de maio de 2017，http：//portal – antigo. aeb. gov. br/o – acordo – de – salvaguardas – de – alcantara/.

③ FAB（FORÇA AÉREA BRASILEIRA），"Acordo de salvaguardas tecnológicas é necessário para abertura do CLA ao mercado global. Primeiro acordo deve ocorrer com os Estados Unidos，" 14 set 2018，http：//www. fab. mil. br/noticias/mostra/32772/ESPAÇO%20%20Acordo%20de%20salvaguardas%20tecnológicas%20é%20necessário%20para%20abertura%20do%20CLA%20ao%20mercado%20global.

④ Folha de S. Paulo，"Brasil e EUA chegam a acordo sobre base de Alcântara após 20 anos de negociação，" Março 12，2019，https：//www1. folha. uol. com. br/ciencia/2019/03/apos – 20 – anos – de – negociacao – brasil – e – eua – fecham – acordo – sobre – base – de – alcantara. shtml.

示,该协定是一个合法性工具,将有助于阿尔坎塔拉航天中心的业务开发,促进巴西空间计划的发展,并为开发巴西空间计划及项目提供收入来源。①此次会晤上,巴美双方签署了《空间态势感知数据共享协定》(SSA),旨在分享悬挂在太空中的物体和碎片的实时跟踪数据。该协定是发射卫星而没有碰撞风险的先决条件。在签署该协定之前,2018年6月,美国副总统迈克·彭斯与巴西总统特梅尔通过电话谈到了两国在和平利用太空方面的合作。

阿尔坎塔拉航天中心具有显著的经济优势,其地理位置使发射中使用的燃料成本减少了三分之一,这引起了波音公司(Boeing Co)、洛克希德马丁公司(Lockheed Martin Corp)、图森公司(Tucson)、微型卫星发射公司(Vector Launch Inc)等美国公司的兴趣。②

卡多佐执政时期(1995~2002年),围绕航天技术,巴西和美国两国政府签署了相关的合作协定,但是将协定递交国会审批时,却遭到了劳工党等党派的强烈抵制。他们认为此协定将损害国家主权,最终该协定并未获得国会批准。2001年,时任巴西国会议员、在众议院外交事务委员会中负责该协定的报告员瓦尔迪尔·皮雷斯(Waldir Pires)认为:"美国的战略目标是将我们的太空计划纳入美国太空计划的轨道之中,并阻止我国运载火箭的发展。在这方面,我们有能力自主进入利润丰厚的国际市场。"③

特梅尔执政时期(2016年5月至2018年12月),在军事、外交等政府部门主导下,巴西与美国之间的航天技术合作谈判得以恢复并向前推进,其中巴美两国军方和商人集团的利益是该议题的主要驱动力。根据媒体报道,

---

① O Estado de S. Paulo,"Brasil e EUA querem apressar acordo de salvaguardas tecnológicas. Compromisso é um amparo legal para o uso comercial de Alcântara," 13 ago 2018,https://brasil.estadao.com.br/noticias/geral,brasil-e-eua-querem-apressar-acordo-de-salvaguardas-tecnologicas,70002449512.

② Reuters,"Brazil Space Station Open for Small Satellite Business," September 14, 2018,https://www.reuters.com/article/us-space-brazil-usa/brazil-space-station-open-for-small-satellite-business-idUSKCN1LV007.

③ Thuswohl, Maurício,"Acordo para Base de Alcântara desagrada oposição e sociedade," *Carta Maior*,19 nov. 2004,https://www.cartamaior.com.br/?/Editoria/Politica/Acordo-para-Base-de-Alcantara-desagrada-oposicao-e-sociedade/4/2053.

为了保护巴西主权问题,"协定文本的内容将有所变化,减少美国干预的可能性。关于美国利益的保护范围将仅限于拥有美国技术或设备的导弹、火箭、实验室制品和卫星"。① 塞尔吉奥·阿马拉尔（Sérgio Amaral）大使认为,针对国会曾做出的批评,该协定进行了一些修正。但是,该协定并不是简单地对 2000 年巴美协定进行语言或措辞方面的修订,而是增加了许多新的条款和内容,可以说这是"一项新协定"。②

五 结论

本文重点考察了 2017～2018 年特梅尔执政时期巴美两国之间的关系。通过分析可以看出,罗塞夫执政末期以来,在巴西的对外政策中,寻求与美国建立更加良好关系的政策导向开始出现。然而,巴美关系的发展却受到两个变量的影响:巴西国内政治经济双重危机的恶化、特朗普政府中美国政治的新导向——美国优先。

其中,巴西政治经济双重危机的恶化是影响巴美双边关系发展的重要变量之一。2015～2016 年,巴西国内生产总值每年下降 3.5%,陷入了深度的经济衰退之中。2017 年,巴西出现了 1% 的低幅度增长。2018 年,巴西国内生产总值增长率仅为 1.1%。③ 从经济视角来看,巴西国内此种经济状况

---

① Folha de S. Paulo, "Brasil e EUA chegam a acordo sobre base de Alcântara após 20 anos de negociação," https: //www1. folha. uol. com. br/ciencia/2019/03/apos－20－anos－de－negociacao－brasil－e－eua－fecham－acordo－sobre－base－de－alcantara. shtml.

② O Estado de S. Paulo, "Brasil e EUA fecham acordo sobre base de Alcântara," 2019, https: //politica. estadao. com. br/noticias/geral, brasil－e－eua－fecham－acordo－sobre－base－de－alcantara, 70002750513.

③ AGÊNCIA IBGE, "PIB avança 1, 0% em 2017 e fecha ano em R \$6, 6 trilhões," 2018, https: //agenciadenoticias. ibge. gov. br/agencia－sala－de－imprensa/2013－agencia－de－noticias/releases/20166－pib－avanca－1－0－em－2017－e－fecha－ano－em－r－6－6－trilhoes; AGÊNCIA IBGE, "PIB cresce 0, 8% e chega a R \$1, 716 trilhão no 3° tri de 2018," 2018, https: //agenciadenoticias. ibge. gov. br/agencia－sala－de－imprensa/2013－agencia－de－noticias/releases/23251－pib－cresce－0－8－e－chega－a－r－1－716－trilhao－no－3－tri－de－2018.

阻碍了巴美双边关系更好地发展。美国仍排在中国之后，是巴西的第二大贸易伙伴国。

美国政治的新导向——美国优先是影响巴美双边关系的另一个重要变量。美国优先的政策于2017年初由特朗普政府提出。特梅尔执政时期，巴西政府对深化巴美关系抱有浓厚的兴趣，两国之间重新达成了一些谅解和协定，如《美国—巴西开放天空航空协定》《美巴技术保障协定》等，表明两国关系有所靠近。这些项目符合美国的利益，同时被巴西政府视为巴西加入全球化的必要举措。但是，特朗普政府与巴西的关系基本上没有摆脱所谓的"公平贸易"模式。这种模式可能会促进美国与其合作伙伴的关系，特别是那些致力于改善双边关系的国家。

从巴西的角度来看，特梅尔政府有意加强与美国关系的意图将难以实现理想目标。例如，前文提及的美国专利商标局与巴西国家工业产权局达成的协定并未将巴西排除在2018年美国政府的观察名单之外。此外，2017~2018年，巴美在航空、国防、太空工业方面的合作与谈判表明，巴美在意向协定达成方面进展缓慢。"公平贸易"成为特朗普政府在其对外关系中使用的标准，包括那些赞成建立更加密切关系的国家。总的来说，2017~2018年，虽然巴西政府有意加强与美国之间的双边关系，但是两国关系进展不大，仅在特定领域有所发展。特朗普政府对巴西的政策并未摆脱所谓的"公平贸易"模式。

Y.5
巴西民主制度的演变与发展
——纪念1988年宪法颁布30周年

缴 洁*

摘　要： 1988年宪法的颁布标志着巴西民主制度的正式确立。根据宪法规定，巴西联邦共和国是一个民主法治国家，所有权力均由人民行使，人民通过选举代表或者直接行使权力。巴西自1985年恢复民主制度至今，先后经历了半民主阶段、不自由民主阶段与自由民主阶段，其民主制度的演变呈现两个特点：一是宪法与法律确立了完善民主制度的权利体系；二是努力探索实现民主制度的创新路径。本文探索巴西民主制度的演变与发展，有助于我们从整体上把握巴西民主制度的发展进程与脉络。

关键词： 巴西　民主制度　选举制　制度创新

根据巴西1988年宪法规定，巴西联邦共和国是一个民主法治国家，所有权力均由人民行使，人民通过选举代表或直接行使权力。民主是一个传统的概念。根据巴西学者博纳维德斯（Bonavides）的观点，民主被定义为"行使政府职能的形式，人民的主权意志直接或间接地决定政府的一切事

---

* 缴洁，法学博士，湖北大学巴西研究中心、政法与公共管理学院讲师，主要研究方向为巴西和葡萄牙法律。

务，人民始终是权利主体，即积极主体和合法权利的人"。① 美国政治学家查尔斯·蒂利认为，"国家行为符合其公民所表达的要求的程度"是民主的根本标准。② 因而，民主需要公民拥有表达意愿的自由与渠道，也需要国家持续回应民众的意愿。③ 美国学者彼得·史密斯教授指出，民主的定义通常基于政治目的。民主理念的运用，依赖于对其实施机制的广泛接受。④

本文以巴西民主制度的演变与发展作为研究对象，从整体上梳理和分析巴西民主制度的发展进程和演变脉络，在此基础上总结巴西民主制度的创新之处与面临的危机。

一 巴西民主制度的发展历程

根据美国学者彼得·史密斯教授对民主模式类型划分的观点，以1985年为起点，巴西民主制度的发展可分为半民主阶段、不自由民主阶段与自由民主阶段三个历程。

（一）半民主阶段（1985～1989年）

随着民主化的进一步推进⑤，1984年巴西爆发了大规模要求总统直选的政治运动，但是军政府坚持总统由军政权时期组成的选举人团间接选举产生。1985年，内维斯成为此次民主化以来经间接选举产生的首位文职总统，但是内维斯旋即因病去世，副总统萨尔内于是接任总统。

在1986年的立法和州长选举中，巴西民主运动党（PMDB）和自由阵线党（PFL）联盟获得了压倒性胜利：巴西民主运动党赢得了众议院的绝对多数。随着各政党的合法化，代表大会的代表人数增加到12个。新的议会

---

① Bonavides, Paulo, *A constituição aberta*, Belo Horizonte: Del Rey, 1993, p. 13.
② 〔美〕查尔斯·蒂利：《民主》，魏洪钟译，上海人民出版社，2009，第136页。
③ 参见鲁迪秋《中国学者关于美国早期史上民主问题的研究》，《史学月刊》2018年第10期，第120页。
④ 〔美〕彼得·史密斯：《论拉美的民主》，谭道明译，译林出版社，2013，第219页。
⑤ 在拉美第三波民主化的浪潮中，巴西属于再次民主化的类型。

于次年成立了制宪大会,并着手起草一部新宪法,以取代从军人政权继承下来的专制政府工具。与此同时,1986 年大选后不久,克鲁扎多计划崩溃,通货膨胀再次失控;最终,巴西民主运动党与自由阵线党联盟解体。①

1988 年,巴西新的民主宪法颁布,规定下一届总统大选的时间为 1989 年 12 月。1989 年 12 月,总统大选如期举行,首位直接选举产生的文职总统科洛尔就任。至此,历时 16 年的巴西民主转型宣告完成。② 这一时期,宪法有 245 条③,保留了总统制的政府形式,但是限制了总统的权力;选举于 1985 年在军队的监护下进行,巴西进入半民主时期(1985~1989 年)。④

(二)不自由民主阶段(1990~2003 年)

1989 年的总统选举共有 21 名候选人参加,这是 1960 年以来第一次由民众投票决定总统人选。在第一轮选举中,中间偏右的国家重建党(PRN)候选人费尔南多·科洛尔·德·梅洛(Fernando Collor de Mello)排在第一位,劳工党(PT)候选人路易斯·伊纳西奥·卢拉·达席尔瓦(Luiz Inácio Lula da Silva)排在第二位,民主工党(PDT)候选人利昂内尔·布里佐拉(Leonel Brizola)排在第三位。在最后一轮选举中,科洛尔战胜了卢拉,成为巴西最年轻的总统。⑤

科洛尔总统在任职的近三年中,无法有效地应对经济危机,其改革方案也未获得国会的支持。最终,科洛尔因腐败丑闻遭到国会的弹劾。1992 年底,在参议院开始弹劾审判后不久,科洛尔主动辞职,副总统佛朗哥接替他担任总统。

---

① Manuel Álvarez – Rivera, "Election Resources on the Internet: Federal Elections in Brazil," http://www.electionresources.org/br/index_en.html.
② 聂智琪:《宪制选择与巴西民主的巩固》,《开放时代》2013 年第 5 期,第 175 页。
③ "Constitution of Federative Republic of Brazil 1988," http://www.planalto.gov.br/ccivil_03/Constituicao/Constituicao.htm.
④ 〔美〕彼得·史密斯:《论拉美的民主》,谭道明译,译林出版社,2013,第 343 页。
⑤ Manuel Álvarez – Rivera, "Election Resources on the Internet: Federal Elections in Brazil," http://www.electionresources.org/br/index_en.html.

1993年，佛朗哥总统任命著名的社会学家（时任外交部部长）卡多佐为财政部部长。卡多佐提出了经济改革计划，稳定了国家财政，结束了恶性通货膨胀。在1994年的总统选举中，卡多佐以社会民主党（PSDB）候选人的身份参选。经济改革计划的成功使卡多佐（同时也得到了人民解放阵线的支持）以很大的优势战胜了其他总统候选人，在第一轮选举中以绝对多数票当选总统。

在1998年的总统选举中，国会修改宪法，允许总统连任一届，卡多佐在第一轮选举中以绝对多数票再次当选总统。[1]

在2002年的总统选举中，卢拉第四次竞选总统，他强调"变革而不破裂"。最终，卢拉以巴西历史上最大的选票优势赢得了总统职位。与此同时，劳工党在众议院获得了最多的席位。

这一时期，巴西民主制度已经通过宪法得以确立，例如全民公决制度。巴西通过公民投票决定该国采用的政府形式和制度（临时宪法第2条）。根据1992年第2号宪法修正案（EMENTA CONSTITUCIONAL NO.2, de 25 de agosto de 1992），将公民投票日期提前至1993年4月21日。但是，在实践中，民主制度中的公民自由部分没有得到落实，许多制度只是全新的实验而非久经考验的传统。

（三）自由民主阶段（2004年至今）

卢拉政府成功地延续了卡多佐制定的经济政策，同时建立了一系列社会项目来解决贫困问题，其中最显著的是为1200万个巴西贫困家庭提供福利的家庭补助金项目，覆盖巴西三分之一的人口。这一时期，腐败丑闻严重损害了劳工党的声誉，其中最具破坏性的是2005年的每月津贴丑闻。尽管如此，卢拉在2006年的总统选举中仍以决定性的优势战胜了社会民主党总统候选人杰拉尔多·阿尔克明。但是，劳工党在众议院排名第二，落后于民主运动党。[2]

---

[1] Manuel Álvarez-Rivera, "Election Resources on the Internet: Federal Elections in Brazil," http://www.electionresources.org/br/index_en.html.

[2] Manuel Álvarez-Rivera, "Election Resources on the Internet: Federal Elections in Brazil," http://www.electionresources.org/br/index_en.html.

2011年1月1日，巴西总统迪尔玛·罗塞夫正式就职，成为巴西历史上首位女总统，并颁布了受民众欢迎的社会政策。2016年8月31日，随着罗塞夫弹劾案在国会的通过，代总统特梅尔正式出任巴西第37任总统，完成罗塞夫剩余的总统任期，任期至2018年底。特梅尔所在的民主运动党占有参议院81席中的21席、众议院513席中的65席，在参众两院均为第一大党。这一政党优势对特梅尔政府起到基础支撑作用。巴西在经历近两年的政治动荡后，朝野各派均意识到稳定的重要性，最终达成保证特梅尔完成余下任期的政治默契，这显示巴西式民主具备基本的自我修复能力。①

这一时期，巴西宪法从2004年起对民主制度中的公民权利进行了大量的修改与完善，通过立法保障民主制度的程序性与实体性权利，公民自由权得到实质性的改善。

二 巴西民主制度的主要构成

2004年至今，从卢拉政府确立了自由民主的模式之后，巴西的民主制度在实践中得到了较好的发展。1988年宪法第1条独立条款规定："所有权力都来自人民。人民依照本宪法的规定，通过选举产生的代表或直接行使权力。"根据该条款，间接选举与直接选举是共存的，实行半直接民主模式。②这种民主模式包括代议制度和宪法程序，例如普选制、选举制度、政党制度和全民公决制度，其中全民公决制度无疑是最重要的，因为它是法律适用的主要工具。③根据巴西宪法与法律，其民主制度主要由以下五个部分组成：

---

① 杨首国：《2017年巴西发展形势：从危机走向转机》，《巴西发展报告（2017~2018）》，社会科学文献出版社，2018，第3页。
② Guilherme Cordeiro de Lima, "Legislação Participativa no Parlamento Goiano como Expressão do Exercício da Democracia," *Coleção Experiência Jurídica nos 30 anos da Constituição Brasileira 10*, Rio de Janeiro, 2018, p. 362.
③ Guilherme Cordeiro de Lima, "Legislação Participativa no Parlamento Goiano como Expressão do Exercício da Democracia," *Coleção Experiência Jurídica nos 30 anos da Constituição Brasileira 10*, Rio de Janeiro, 2018, p. 362.

民主权利体系、公民行使决策权制度、公民政治参与制度、新闻舆论制度及民主制度的机制保障。

（一）民主权利体系

在巴西，民主权利体系作为民主制度的基础，是人民主权的具体化。1988年巴西宪法构建了较为完善的民主权利体系。该体系主要包含五个方面的内容：一是参政权，主要包括选举权、罢免权、创制权、复决权；二是表达意见的自由权，主要包括言论出版自由权、集会结社自由权、游行示威自由权；三是监督权；四是人身自由权；五是平等权。①

（二）公民行使决策权制度

在巴西，公民行使决策权制度，包括选举制度、代议制度和全民公决制度三个方面。

第一，选举制度。巴西宪法对选举制度做出具体规定，主要包括选举代议机关的议员和选举国家机关公职人员的原则、方法和组织程序。根据巴西宪法，选举原则主要有：普选权原则、平等选举权原则、直接选举原则、差额选举原则、竞争选举原则、秘密投票原则。

第二，代议制度。在巴西，由公民普选产生的民意代表组成的代议机构代表公民行使国家立法权，是一种间接民主制度。1988年宪法第44~58条分别对议会的构成、议会的职权、议会的议事规则等方面做了详细的规定。议会为立法机关，分为联邦和地方两个系统，即联邦议会与各州议会，实行两院制，即参议院与众议院。众议院由各州、联邦直辖区和联邦特区通过比例制选举产生的代表组成。参议院由各州和联邦特区通过多数制选举产生的代表组成。②

---

① "Constitution of Federative Republic of Brazil 1988," http：//www.planalto.gov.br/ccivil_03/Constituicao/Constituicao.htm.
② "Constitution of Federative Republic of Brazil 1988," http：//www.planalto.gov.br/ccivil_03/Constituicao/Constituicao.htm.

第三，全民公决制度。巴西宪法第14条第1项确立了全民公决制度。全民公决制度也叫公民投票或者公民复决制度，是指公民通过直接投票的方式来决定国家大事的制度。这项制度以公民复决权为基础，公民通过行使这项权利，直接参与国家政治决策的直接民主制度，是现代民主制度更高程度的发展。其一般是对一个政治事实或制度给予或不给予法律上的评价，通过征求民意来衡量。① 巴西宪法确立了民主制度的框架，在某些情况下，公民投票在宪法修正案中予以确认；在其他情况下，则被视为一种可能性。②

（三）公民政治参与制度

公民政治参与制度主要是公民通过自由组成政党参与国家管理的一种民主制度。巴西自1985年向民主过渡以来，在经历了21年的军人统治之后，发展了高度分散的政党制度。1990年以来，众议院中有不少于18个党派的代表，而且这些党派中没有一个获得该立法机构四分之一的席位。③ 宪法第5章第17条专门对政党进行了规定，政党成立、兼并、合并以及解散自由，但应尊重国家主权、民主政体、多党制和基本人权，并遵守相关规定。④

（四）新闻舆论制度

根据巴西宪法，新闻舆论自由是公民的基本民主权利。在宪法第二编基本权利和保障中进行了规定。为了使公民有效地行使新闻与舆论自由权，巴西制定了一系列相关法律，为新闻舆论自由提供了制度保障，是民主制度的重要组成部分。

---

① Guilherme Cordeiro de Lima, "Legislação Participativa no Parlamento Goiano como Expressão do Exercício da Democracia," *Coleção Experiência Jurídica nos 30 anos da Constituição Brasileira 10*, Rio de Janeiro, 2018, p. 355.
② Garcia, Alexandre Navarro, "Democracia semidireta: referendo, plebiscito, iniciativa popular e legislação participativa," *Revista de informação legislativa*, v. 42, Senado Federal, Brasília, 2005.
③ Manuel Álvarez - Rivera, "Election Resources on the Internet: Federal Elections in Brazil," http://www.electionresources.org/br/index_en.html.
④ "Constitution of Federative Republic of Brazil 1988," http://www.planalto.gov.br/ccivil_03/Constituicao/Constituicao.htm.

（五）民主制度的机制保障

在巴西，目前主要由直接参与程序机制、民众参与立法机制、市民大会机制为民主制度的有效实施提供了机制保障。

第一，直接参与程序机制。引入更多的直接参与程序，作为直接民主制度①的保障机制。例如，宪法第 5 条第 38 项确立陪审团制度，其组织由法律规定；宪法第 205 条规定，教育权是全体巴西人的权利，也是国家和家庭的义务，应在全社会鼓励并促进教育，以追求个人的全面发展，为行使公民权利及参加工作做好准备；宪法第 5 条第 73 项确立集体诉讼制度。②

第二，民众参与立法机制。民众参与立法的类型主要有四种，除了上文提到的全民公决参与立法外，还包括以下三个类型③：民众动议立法。根据巴西宪法规定，如果有 1% 以上的选民联名建议，且选民来自至少 5 个占总选民人口 0.3% 以上的州，即可启动立法程序。④ 例如，巴西在反腐行动中通过民众动议立法取得了较好的效果。巴西检察官在"洗车行动"的调查中认识到，如果不从立法入手，将无法根除"有罪不罚"和惩戒效率低下的顽疾。为此，检察机关以民众推举立法的方式，牵头拟定了《4850/2016 号反腐法案》（简称"反腐十条"），受到了 200 万民众的签名支持。虽然该法案遭到了众议院的大幅修改，仅四条措施被部分保留，并增加了检察官和法官因滥用权力而受到惩罚的条令。⑤ 非政府组织参与

---

① Carvalho, Kildare Gonçalves, *Direito Constitucional*: *Teoria do Estado e da Constituição*, 20 ed., Belo Horizonte: Del Rey, 2013, p.375.
② "Constitution of Federative Republic of Brazil 1988," http://www.planalto.gov.br/ccivil_03/Constituicao/Constituicao.htm.
③ 参见青锋、袁雪石《巴西公众如何参与立法》，《法制日报》2019 年 3 月 17 日，https://www.chinacourt.org/article/detail/2013/06/id/1012405.shtml。
④ 孙怡：《巴西反腐运动的持续与政局走势分析》，《巴西发展报告（2017~2018）》，社会科学文献出版社，2018，第 29 页。
⑤ 孙怡：《巴西反腐运动的持续与政局走势分析》，《巴西发展报告（2017~2018）》，社会科学文献出版社，2018，第 29 页。

立法。巴西的非政府组织在立法中起着提供咨询意见、反映民众呼声、协调公众立场、平衡相关利益、促进和谐立法的作用，同时还鼓励学术社团研究立法中的问题，提出相关立法草案建议稿，例如里约热内卢政策研究所。① 听取民众意见。巴西议会有专门的电视频道，实况转播全体会议和投票表决。联邦议会设立专门委员会负责听取各方面意见，民众对议会讨论的事项有意见和建议，可直接与其联系。此外，立法确立了专家咨询机制，议会在立法过程中如遇专业性问题，可征求专家或相关人员的意见。②

第三，市民大会机制。1988年以来，巴西阿雷格里港市每年在16个区举行1000人参加的市政财政预算讨论大会，让公民直接参与讨论该市重大发展项目的预算问题。

巴西民主制度的保障机制，除了上述提及的直接参与程序机制、民众参与立法机制、市民大会机制外，还包括听证会、信息公开、民意调查等机制。在巴西民主制度的发展中，这些机制的确立，为巴西民主制度的有效实施提供了重要的保障。

三 巴西民主制度的危机

近几年，巴西的选举都能按部就班地进行，民主化进程平稳地向前推进，然而巴西民主制度也存在一定的危机，选民对投票的兴趣减退。③ 民主

---

① 一方面，里约热内卢政策研究所为议员提供专业立法咨询，以此参与立法活动。目前，已经为268位议员提供了法律服务，帮助议员起草了3部法律草案。另一方面，里约热内卢政策研究所参与行政决策和行政活动，为州、市政府提供专业的有偿咨询服务。例如，联邦和州要求全国建设城市环境污染处理系统，但是规定的建设期限很短，有的市政府认为建设实施难度很大，该政策研究所就为相关市政府针对有关问题提供了专业的咨询服务。该机构已经为300个市政府提供了咨询。参见青锋、袁雪石《巴西公众如何参与立法》，《法制日报》2019年3月17日，https：//www.chinacourt.org/article/detail/2013/06/id/1012405.shtml。

② 参见青锋、袁雪石《巴西公众如何参与立法》，《法制日报》2019年3月17日，https：//www.chinacourt.org/article/detail/2013/06/id/1012405.shtml。

③ 江时学：《第三波民主化浪潮后拉美政治民主化进程的特点》，《国际政治研究》2009年第1期，第11页。

制度的危机成为巴西社会越来越关注的话题。

英国经济学人智库十多年来一直致力于民主质量评估研究工作。其民主指数研究成果是在民众对政策满意度的技术分析和民意调查研究的基础上得出的。根据英国经济学人智库对世界各国民主质量评估的研究结果，巴西在2006～2018年的民主指数的得分情况如下：2006～2008年得分均为7.38，2009～2013年均为7.12，2015年为6.96，2016年为6.90，2017年为6.86，2018年为6.97，表明自卢拉政府确立自由民主制度以来，从2008年开始巴西民主质量呈现逐步下降的趋势。由于多年来的政治危机，2018年巴西民主质量总体得分处于全球第50名。当人民将投票视为一种义务时，将导致民主程序的削弱①，从而影响民主质量。究其原因，主要包括外部因素与内部因素。

（一）外部因素

从拉丁美洲和加勒比地区的大环境情况看，该地区的总体得分从2017年的6.26降至2018年的6.24。这种恶化与其他发展中地区（亚洲、东欧、撒哈拉以南非洲和中东）的发展趋势背道而驰，其他发展中地区的得分趋于稳定或有所改善。在全球范围内，2018年只有西欧和拉丁美洲出现下跌。

与前几年一样，拉丁美洲的民主问题源于选举进程、多元主义、政府职能和公民自由的恶化。政治参与和政治文化两个方面的持续改进，只是部分抵消了这里的恶化。② 2018年是拉丁美洲的重要选举年，也是选举进程和多元化的一次重大考验，8个拉美国家发生了政府更迭。这些国家是巴西、智利、哥伦比亚、哥斯达黎加、古巴、墨西哥、巴拉圭和委内瑞拉。总的来说，这些国家政治权力的转移和平进行，没有发生任何意外。在该地区最大

---

① Ferreira Junior, Nivaldo Adão, "Comissão de Legislação Participativa: a construção da democracia deliberacionista," *Revista Eletrônica do Programa de Pós - Graduação da Câmara dos Deputados*, v. 1, n. 1, 2010, pp. 36–43.

② The Economist Intelligence Unit, "Democracy Index 2018: Me too? Political Participation, Protest and Democracy," https://www.eiu.com/public/topical_report.aspx?campaignid=Democracy2018.

的两个经济体墨西哥和巴西，选民对犯罪率上升、政府腐败、持续贫困和严重的不平等感到厌恶。①

从历史上看，在与民主实践相关的因素（政府职能、政治参与和政治文化）方面，巴西民主表现不佳。巴西政府同其他拉丁美洲政府一样，继续被腐败和跨国有组织的犯罪所困扰，在国家治理和民主实践方面的缺陷导致民众对政府、正式政治机构和民主的信心下降。② 有学者认为，巴西的反腐之争，常常被保守派和国际资本当成工具，用来破坏民选政府的根基，目前的情况也不例外。③

综上所述，腐败与社会问题近几年没有得到妥善解决，是巴西民主制度遭遇危机的两大主要外因。

（二）内部因素

巴西宪法所规定的直接民主制度，如公民投票，面临实施的阻力。一方面，文化限制、社会不平等等结构性因素是影响民众参与的重要因素。另一方面，法律的适用存在障碍。④ 例如，宪法第 61 条关于民众动议立法制度的规定，如果有 1% 以上的选民联名建议，且选民来自至少 5 个在占总选民人数 0.3% 以上的州，才可启动立法程序。⑤ 根据巴西学者卡尔维尼奥（Carvalho）的观点，"代议制是宪政制度，对民主的实现至关重要"，这一制度的设计是由于所有公民不可能都有效地进行政治的参与，很明显该制度造成的弊端需要加以修正。鉴于此，有必要扩大公众参与，与权力和决策机

---

① The Economist Intelligence Unit, "Democracy Index 2018: Me too? Political Participation, Protest and Democracy," https://www.eiu.com/public/topical_report.aspx?campaignid=Democracy2018.
② The Economist Intelligence Unit, "Democracy Index 2018: Me too? Political Participation, Protest and Democracy," https://www.eiu.com/public/topical_report.aspx?campaignid=Democracy2018.
③ Marina Gusmão de Mendonça, Daniel Campos de Carval，《反腐败运动对巴西政治形势的影响》，王婷译，《巴西发展报告（2016）》，社会科学文献出版社，2016，第 57 页。
④ Garcia, Alexandre Navarro, "Democracia Semidireta: referendo, plebiscito, iniciativa popular e legislação participativa," *Revista de informação legislativa*, v. 42, Senado Federal, Brasília, 2005.
⑤ 参见孙怡《巴西反腐运动的持续与政局走势分析》，《巴西发展报告（2017~2018）》，社会科学文献出版社，2018，第 29 页。

构进行更多的互动，即有必要确立参与式民主和从民众利益出发的制度与机制。①

四 巴西民主制度的创新

为了解决民主制度中代议制的缺陷问题与近年来民主危机的不利影响，巴西戈亚斯州（Goiás）出现了新的民主参与机构——人权委员会，进行了民主具体制度的创新性实践，得到了社会的广泛关注与好评。

巴西的再民主化确立了民众参与机制，作为民主法治背景下社会组织和政策的例行程序。随着新宪法的颁布，民众动议立法、民众听证会等具体机制都在逐步形成并完善，为公民参政议政提供了更直接的方式。作为参与度较高的主要机制之一的公民动议立法，由于其形式与程序要求，在实践中难以操作与适用。其提议需要达到法定人数，起草法律文书，"必须在县、州、和联邦区登记，通过会议内部审查"。②

2007年7月3日，巴西戈亚斯州议会颁布了第1218号决议，第45条规定：人权委员会有权组织工会、社会运动组织、大学和其他实体组织提出立法倡议。③ 这项"人权委员会参与立法"规定的出台，标志着巴西立法部门确立了机构参与立法的法律框架。2015年，立法委员会颁布了一项议事规则（2015年11月19日第01号内部规则），以便能够直接适用参与机制，落实该项参与权利。该规则确定了普遍提案权的程序制度，不仅促进了人民

---

① 尽管代议制可能造成障碍，但不可取代，它是巴西政治制度的基础。参见 Guilherme Cordeiro de Lima, "Legislação Participativa no Parlamento Goiano como Expressão do Exercício da Democracia," *Coleção Experiência Jurídica nos 30 anos da Constituição Brasileira 10*, Rio de Janeiro, 2018, pp. 368 - 374。

② Guilherme Cordeiro de Lima, "Legislação Participativa no Parlamento Goiano como Expressão do Exercício da Democracia," *Coleção Experiência Jurídica nos 30 anos da Constituição Brasileira 10*, Rio de Janeiro, 2018, pp. 374 - 375。

③ 该决议第45条：以下是各常设委员会的主题领域、专门知识和技能领域……第13款：人权、公民权和参与立法委员会……第h项：有组织工会、社会运动、大学和其他实体组织提出的立法倡议建议。

对公共领域事项的理解，还提高了人们对提案的关注度，增强了程序灵活性。① 通过这种方式，该州议院的人权委员会成为一个强有力的创新性工具，其目标是在有组织的民间社会与议会之间形成一个常设的直接渠道。②

巴西学者认为，戈亚斯州设立人权委员会作为参与州立法的机构，起到了平衡政府与民主危机的作用，是寻求宪政理念、探索参与机制的司法理论与实践的创新，其宗旨是规范有组织的公民社会的阶层和实体的立法倡议，减少立法程序的官僚主义，有助于建立人民的政治意识。③

五 结语

2019 年，总统博索纳罗的上台对巴西乃至整个拉美的政治生态产生了标志性的影响。彭博社指出，博索纳罗有可能重振日趋衰弱的经济，带领巴西与纠缠了数十年的严重腐败和高犯罪率决裂。④ 经济学人智库认为，博索纳罗总统至少到目前为止，在竞选胜利后，已经缓和了自己的言论，也许他意识到在国会获得对其议程支持的困难。但是，围绕政策制定的不确定性依然存在，而且还不清楚这位领导人如何在未来几年内改变本国的民主，甚至整个地区的民主。⑤

美国学者彼得·史密斯认为，巴西民主转型过程历经了多个不断递增的

---

① Guilherme Cordeiro de Lima, "Legislação Participativa no Parlamento Goiano como Expressão do Exercício da Democracia," *Coleção Experiência Jurídica nos 30 anos da Constituição Brasileira 10*, Rio de Janeiro, 2018, p. 376.

② 参见 Guilherme Cordeiro de Lima, "Legislação Participativa no Parlamento Goiano como Expressão do Exercício da Democracia," *Coleção Experiência Jurídica nos 30 anos da Constituição Brasileira 10*, Rio de Janeiro, 2018, p. 378。

③ Guilherme Cordeiro de Lima, "Legislação Participativa no Parlamento Goiano como Expressão do Exercício da Democracia," *Coleção Experiência Jurídica nos 30 anos da Constituição Brasileira 10*, Rio de Janeiro, 2018, p. 356.

④ 戴尚昀：《巴西"特朗普"上台，拉美政坛彻底转向》，人民日报海外网，2018 年 10 月 29 日，http：//opinion.haiwainet.cn/n/2018/1029/c353596 - 31424731.html。

⑤ The Economist Intelligence Unit, "Democracy Index 2018: Me too? Political Participation, Protest and Democracy," https：//www.eiu.com/public/topical_ report.aspx? campaignid = Democracy2018.

阶段。巴西在20世纪四五十年代曾有过短暂的选举民主阶段，还不时被军事干涉所打断，但1964年的军事政变导致了20多年不间断的军事独裁。随着1985年在军队监护下举行选举，巴西进入了一个半民主阶段（1985～1989年）。这一时期的政党制度是流变的、松散的和虚弱的。此后是长时间的不自由民主阶段（1990～2003年）。卢拉政府时期（2003～2010年），巴西公民自由得以改善，巴西于2004年发展成为一个自由或者全面民主国家。① 2004年至今，巴西民主制度的演变与发展表现出两个特点：一是宪法与法律确立了完善民主制度的权利体系；二是努力探索实现民主制度的创新路径。

---

① 参见〔美〕彼得·史密斯《论拉美的民主》，谭道明译，译林出版社，2013，第343页。

经济社会篇
Economy and Society

Y.6
2018年巴西经济展现稳步复苏态势

吴洪英*

摘　要： 2018年，全球第八大经济体巴西展现出一种经济稳步复苏的态势。继2017年"触底反弹"后，2018年GDP实现1.3%的增长，通胀率低于预期目标，对外贸易增长强劲，外国直接投资增多，经济开始步入正常的增长轨道。但受5月卡车司机大罢工、10月大选等因素的影响，巴西经济复苏步伐仍显减缓，远未从2015~2016年严重的经济衰退中恢复过来，尤其2018年第四季度各项经济指数恶化，表明国际资本对新总统博索纳罗上台后的巴西经济前景并不乐观。因此，如何提振巴西经济、加快复苏步伐，是摆在博索纳罗新政府面前重要的现实难题。

---

* 吴洪英，中国现代国际关系研究院院长特别助理、研究员、博士生导师。

巴西黄皮书

关键词： 巴西经济　稳步复苏　缓慢增长　不确定性

巴西是拉美第一大经济体、全球第八大经济体，国土面积850多万平方公里，人口2亿多，拥有世界上水流量最大的亚马孙河和世界上面积最大的热带雨林，是金砖国家成员和G20成员，被誉为"未来之国"。然而，近四年来，巴西经济持续衰退，2015～2016年一度陷入严重的经济衰退，GDP增长率均为-3.5%。2017年经济"触底反弹"，开始走上复苏轨道，但复苏步伐较为缓慢，GDP仅增长1.1%。2018年复苏趋势得到巩固，但GDP也只增长1.3%。据专家估测，2011～2020年巴西GDP年均增长仅为0.9%，是"最近120年里GDP增长速度最低的10年"。①

一　10月大选左右巴西全年国家政治生活和经济决策

客观上讲，近年巴西经济的不景气，在某种程度上与近年来巴西政治的混乱和动荡有关。近年来，巴西左翼执政成绩不佳，引发政党纷争不断，朝野对立严重，社会撕裂加剧。同时，官员贪腐成风，腐败政治令人诟病，导致传统政党和政治人物缺乏号召力和吸引力，反传统、反精英的新兴力量异军突起。2018年，前总统、左翼劳工党领袖路易斯·伊纳西奥·卢拉·达席尔瓦（Luiz Inácio Lula da Silva）因腐败指控入狱。他的继任者迪尔玛·罗塞夫（Dilma Rousseff）于2016年因预算不当而被弹劾下台。她的继任者、中右翼人士米歇尔·特梅尔（Michel Temer）同样受到腐败的指控。因此，巴西民众不满的情绪高涨，要求改变现状的声音日益强烈。2018年10月大选为巴西民众要求改变现状、选择新的国家领导人提供了难得的契机。

---

① Centro de Estudios Latinoamericanos, "Brasil tendría en esta década el crecimiento económico más bajo de los últimos 120 años," Marzo 27, 2019, https：//www.cesla.com/detalle - noticias - de - brasil.php？Id = 6711.

088

根据宪法，巴西2018年10月举行选举，选出巴西正副总统、国民议会议员（联邦参议院三分之一席位除外）、各州正副州长和州议会议员，其中总统大选是此次选举的"重头戏"。从新年伊始，各个政党和主要政治力量积极动员，精心谋划，备战大选。3月，各个政党正式启动大选竞选活动，精心推出重量级候选人，竞相造势，各展风采，努力争取民意。10月7日，巴西举行第一轮大选，共有社会自由党、劳工党、民主工党、巴西社会民主党、新党、爱国者、巴西民主运动、可持续性网络、我们能、社会主义和自由党、统一工人社会党、基督教民主、自由祖国党13个政党的总统候选人参选。由于13位总统候选人得票无一人过半，依照宪法，得票多的前两位候选人进行第二轮选举对决。于是，在第一轮选举中获得46.03%选票的社会自由党总统候选人雅伊尔·博索纳罗（Jair Bolsonaro）与获得29.28%选票的劳工党总统候选人费尔南多·阿达需要进行第二轮选举对决。在10月28日第二轮大选中，博索纳罗以55.13%选票战胜阿达（44.87%），当选巴西新一届总统。按照宪法规定，博索纳罗于2019年1月1日在国会众议院大厅宣誓就职，成为巴西联邦共和国第38任总统，任期4年。由于他的立场右翼保守，主张对内奉行新自由主义，对外强调"巴西高于一切"，被国际媒体称为"巴西特朗普"。巴西民众希望这位出身平民、有军旅经历、在国会工作过28年的新总统能够带领巴西走出困境，恢复法律和秩序，振兴经济，重新让巴西强大起来。

显然，2018年是巴西"大选年"。所谓"大选年"，意味着围绕10月大选的选举政治始终左右着全年的全国政治、经济和社会生活。

从政治层面看，10月大选左右着特梅尔政府的改革意愿和政策走向。从执政时间看，"选举年"意味着从年初一开始现任的特梅尔政府就是一个"看守内阁"，意味着特梅尔总统是一位"跛脚总统"，余任时间不多，难有重大作为。从改革意愿看，特梅尔总统原本雄心勃勃地推动的"劳工、养老金、税收"三大结构性改革难以如愿。果然不出所料，三大改革中只有《劳工法》2017年7月获得国会批准并生效。养老金改革因牵涉面广、反对者众多，加上10月大选，被迫推迟在国会的投票表决。至于税收改革因反对声音不断,加上全年举国上下忙于选举,任内解决无望。在财政政策上,继续缩减公共开支,增加税收。结果,2018年1~10月,名义公共赤字占GDP的比例缩减1.31个百分点。到2018年10月,公共赤字占GDP的6.49%,较2017年12月占GDP的7.80%略有下降。① 2018年主要赤字降至1190亿雷亚尔(占GDP的1.7%),低于2017年的1490亿雷亚尔(占GDP的2.1%)。② 同时,名义上税收增加了9.8%,主要由于经济活动的增强和特许经营收入的增加。税收的增加使政府手中可用的经费增多,可以适度增加公共投资和社会政策支出。③ 例如,2018年1~10月,全国养老金开支达到近1710亿雷亚尔,较2017年同期实际增长4.6%。④ 在货币政策上,保持基准利率,继续将通胀控制在4.5%的目标范围内。2018年3月,基准利率调至6.5%。由于通货膨胀压力不大,此后利率全年基本保持不变。在汇率政策上,继续实行浮动汇率,减少央行对汇市干预。2018年汇率随着选举过程变化不断起伏。年初,汇率为3.25雷亚尔兑换1美元,到选举之前的9月升至4.10雷亚尔兑换1美元,到选举结果宣布后,又降至3.70雷亚尔兑换1美元。到12月初,由于预期博索纳罗新政府将在2019年1月实施经济变革,汇率又升至3.90雷亚尔兑换1美元。⑤ 汇率成为观察2018年巴西选举的"晴雨表"。由于汇率波动较大,本币雷亚尔一度贬值达

---

① Cepal, "Preliminary Overview of the Economies of Latin America and the Caribbean 2018 - Brazil," January 2019, p.1, https：//repositorio. cepal. org/bitstream/handle/11362/44327/116/BPI2018_ Brazil_ en. pdf.

② Cepal, "Preliminary Overview of the Economies of Latin America and the Caribbean 2018 - Brazil," January 2019, p.1, https：//repositorio. cepal. org/bitstream/handle/11362/44327/116/BPI2018_ Brazil_ en. pdf.

③ Cepal, "Preliminary Overview of the Economies of Latin America and the Caribbean 2018 - Brazil," January 2019, p.1, https：//repositorio. cepal. org/bitstream/handle/11362/44327/116/BPI2018_ Brazil_ en. pdf.

④ Cepal, "Preliminary Overview of the Economies of Latin America and the Caribbean 2018 - Brazil," January 2019, p.1, https：//repositorio. cepal. org/bitstream/handle/11362/44327/116/BPI2018_ Brazil_ en. pdf.

⑤ Cepal, "Preliminary Overview of the Economies of Latin America and the Caribbean 2018 - Brazil," January 2019, p.1, https：//repositorio. cepal. org/bitstream/handle/11362/44327/116/BPI2018_ Brazil_ en. pdf.

到两位数。

从经济层面看,全国上下忙于10月大选,使全年经济呈现"选举经济"特点。一是由于政治不确定性,企业雇用人员大幅减少,为近四年来招聘员工最少的年份。二是政府和家庭同时减少开支。政府要将有限的行政资源用于确保选举的顺利举行,必须严控开支;家庭出于对未来政府经济和社会政策不确定性的担忧,不敢过分消费。2018年尽管利率下降,但全国家庭消费水平并未大幅提升。三是投资者担心政治不确定性和市场不稳定性,不愿进行更多的风险投资。2018年1～10月,全国贷款总额增长2.4%,但是企业贷款却减少了1.6%。[1] 这种商业贷款的减少恰好说明选举政治让投资者变得更加谨慎。

从社会层面看,全国朝野忙于政治运动,使政府对社会问题和弱势群体的关注不够。2015年和2016年严重的经济衰退已使许多新兴中产阶级财富大幅缩水,"重新返贫";2017年缓慢的复苏步伐使就业难、贫富悬殊、犯罪率高等社会问题进一步突出;2018年10月大选使举国上下忙于选举,政府更加无暇他顾,经济复苏步伐被迫放缓。而经济增长放缓,引发就业难、失业率高、犯罪率上升、工资几近零增长等社会问题。根据巴西地理统计局(IBGE)统计,2018年前三个季度的实际平均工资为2230雷亚尔,与前四个季度相比,实际增长0.87%。[2] 2018年10月,正规市场平均起始工资1528.32雷亚尔,同比实际增长0.66%。正是10月选举导致经济复苏步伐放缓,进而引发社会矛盾日益突出。为抗议柴油价格暴涨,5月21日全国卡车司机举行大罢工,司机以卡车占领交通要道,阻碍人车往来。罢工历时11天,导致全国各地燃料、食品严重短缺,交通阻塞,给该国航空业、农业和服务业等行业造成了很大损失。据巴西相关部门公布的统计数据,此次

---

[1] Cepal, "Preliminary Overview of the Economies of Latin America and the Caribbean 2018 - Brazil," January 2019, p. 1, https：//repositorio.cepal.org/bitstream/handle/11362/44327/116/BPI2018_Brazil_en.pdf.

[2] Cepal, "Preliminary Overview of the Economies of Latin America and the Caribbean 2018 - Brazil," January 2019, p. 1, https：//repositorio.cepal.org/bitstream/handle/11362/44327/116/BPI2018_Brazil_en.pdf.

卡车司机大罢工至少造成巴西直接经济损失750亿雷亚尔（约合200亿美元）。①

总之，10月大选不仅是主宰巴西2018年全年政治经济生活的大事，还是对巴西未来发展产生决定性影响的大事。不过，"政府难以决策，企业不愿投资，民众减少消费"成为2018年"选举经济"最突出的特点。有的国际媒体评论："卡车司机罢工事件和10月大选引发的一系列不确定因素是拉低巴西经济增长、拖累就业市场的主要因素。"②

二 2018年巴西经济实现稳步增长

尽管2018年巴西经济受到国内外多种不利因素的影响，但在2017年开始复苏的基础上继续展示出稳步增长的态势。

其一，GDP出现稳步增长，标志巴西经济走上正常的复苏轨道。纵向看，呈现出复苏基础进一步稳固的态势。据联合国拉美经委会2019年1月报告，继2017年巴西GDP增长1.1%后，2018年经济继续向好，实现GDP增长1.3%，为最近四年最高增速，标明巴西正在走出2015~2016年严重经济衰退的阴影。③横向看，2018年巴西GDP增速尽管未达到全球经济增速3.7%，远低于新兴经济体的4.6%，不如金砖国家的俄罗斯（1.7%）、中国（6.6%）和印度（7.3%），仅与南非增速（1.3%）持平④，但高于拉美地区平均增速（1.1%），高于拉美地区第二大经济体阿

---

① 莫成雄：《巴西石油公司总裁因卡车司机大罢工辞职》，中国新闻网，2018年6月2日，http：//www.chinanews.com/gj/2018/06-02/8528704.shtml。

② Heloisa Mendonça, "El débil cierre de año de la economía brasileña desafía al Gobierno de Bolsonaro," Marzo 2, 2019, https：//elpais.com/internacional/2019/03/02/america/1551491520_231099.htm.

③ Cepal, "Preliminary Overview of the Economies of Latin America and the Caribbean 2018 - Brazil," January 2019, p.1, https：//repositorio.cepal.org/bitstream/handle/11362/44327/116/BPI2018_Brazil_en.pdf.

④ IMF, "World Economic Outlook Update," January 2019, p.8, https：//www.imf.org/en/Publications/WEO/Issues/2019/01/11/weo-update-january-2019.

根廷（-2.6%）。① 从人均 GDP 看，2018 年巴西人均 GDP 增长 0.5%，高于拉美地区人均 GDP 平均增速（0.1%）和阿根廷（-3.9%）。2017 年巴西人均 GDP 为 10019 美元，全球排名第 69 位。从经济规模看，2017 年巴西 GDP 达 2.08 万亿美元，成为全球第八大经济体。②

其二，三大产业同时增长，为近四年来的首次。巴西是拉美最大的经济体，门类齐全，工业化水平较高。在三大产业中，农业是占比最小的经济部门，占 GDP 的 5.5%；工业次之，占 GDP 的 27.5%；服务业是最大的产业部门，占 GDP 的 67.0%。就劳动力分布而言，全国劳动力约有 10077 万，其中 10% 从事农业，19% 从事工业，71% 从事服务业。③ 2018 年巴西经济出现了一个可喜的现象：三大产业同时出现增长势头。农牧业增长 0.1%；工业增长 0.6%；制造业表现尤其抢眼，增长 2.3%；建筑业增长 3.2%；服务业表现不俗；商业增长 2.3%；家庭消费增长 1.9%；尤其投资增长 4.1%，为四年首次增长。④ 巴西《里约时报》也用数据证实了这一判断。2018 年巴西农业增长 0.6%，工业增长 0.4%，服务业增长 1.3%。在服务业领域，房地产表现最为抢眼，增长 3.1%；其次为零售业和运输业，分别增长 2.1% 和 2%。在工业领域，电力增长 1.4%，加工业增长 1.3%，矿物开采增长 1.1%。在需求方面，固定资本（投资）构成增长 3.7%。家庭消费增长 1.8%，政府消费增长 0.2%。⑤

其三，通货膨胀率低于预期目标。2018 年头 10 个月，拉美平均通货膨

---

① Cepal, "Preliminary Overview of the Economies of Latin America and the Caribbean 2018 – Brazil," January 2019, p. 1, https：//repositorio. cepal. org/bitstream/handle/11362/44327/116/BPI2018_ Brazil_ en. pdf.

② Wikipedia, "Economy of Brazil," April 3, 2019, https：//en. wikipedia. org/wiki/Economy_ of_ Brazil.

③ Wikipedia, "Economy of Brazil," April 3, 2019, https：//en. wikipedia. org/wiki/Economy_ of_ Brazil.

④ Heloisa Mendonça, "El débil cierre de año de la economía brasileña desafía al Gobierno de Bolsonaro," Marzo 2, 2019, https：//elpais. com/internacional/2019/03/02/america/1551491520_ 231099. htm.

⑤ Lise Alves, "Brazil Registers Disappointing GDP Growth in 2018," February 19, 2019, https：//riotimesonline. com/brazil – news/rio – business/brazil – registers – disappointing – gdp – growth – in – 2018/.

胀率从2017年10月的5.3%上升至2018年10月的7.0%。相较之下，2018年巴西通货膨胀率控制在较低水平。继2017年10月通胀率为2.7%后，2018年11月通货膨胀率有所上升，达到4.05%，但低于政府设定的4.5%的通胀目标。①

其四，就业率和工资水平略有增加。2018年巴西就业率从2017年的53.6%增至53.9%。② 不过，新增的就业岗位主要来自非正式就业或自营职业。③ 不过，就业形势仍然较为严峻。2018年前三季度失业率高达12.5%，失业人数达到1300万。④ 从平均工资水平看，以2010年工资水平为100，巴西实际工资水平从2017年的110.2增至2018年的110.6，有微弱增长。⑤

其五，外国直接投资和国际储备保持上年水平。2018年1~10月，流入巴西的外国直接投资额达到675亿美元，相当于2017年全年累计总额的98.5%。⑥ 2018年1~10月，国际储备达到3800亿美元，基本与2017年持平。⑦

---

① Cepal, "Preliminary Overview of the Economies of Latin America and the Caribbean 2018 – Brazil," January 2019, p. 1, https：//repositorio. cepal. org/bitstream/handle/11362/44327/116/BPI2018_ Brazil_ en. pdf.

② Cepal, "Preliminary Overview of the Economies of Latin America and the Caribbean 2018 – Brazil," January 2019, p. 1, https：//repositorio. cepal. org/bitstream/handle/11362/44327/116/BPI2018_ Brazil_ en. pdf.

③ Cepal, "Preliminary Overview of the Economies of Latin America and the Caribbean 2018 – Brazil," January 2019, p. 1, https：//repositorio. cepal. org/bitstream/handle/11362/44327/116/BPI2018_ Brazil_ en. pdf.

④ Cepal, "Preliminary Overview of the Economies of Latin America and the Caribbean 2018 – Brazil," January 2019, p. 1, https：//repositorio. cepal. org/bitstream/handle/11362/44327/116/BPI2018_ Brazil_ en. pdf.

⑤ Cepal, "Preliminary Overview of the Economies of Latin America and the Caribbean 2018," January 2019, p. 126, https：//www. cepal. org/en/publications/44327 – preliminary – overview – economies – latin – america – and – caribbean – 2018.

⑥ Cepal, "Preliminary Overview of the Economies of Latin America and the Caribbean 2018 – Brazil," January 2019, p. 2, https：//repositorio. cepal. org/bitstream/handle/11362/44327/116/BPI2018_ Brazil_ en. pdf.

⑦ Cepal, "Preliminary Overview of the Economies of Latin America and the Caribbean 2018 – Brazil," January 2019, p. 1, https：//repositorio. cepal. org/bitstream/handle/11362/44327/116/BPI2018_ Brazil_ en. pdf.

其六，外债负担有所减轻。虽然 2018 年巴西公共债务有所增加，但外债负担有所下降。到 2018 年 10 月，巴西外债总额达到 2973 亿美元，较 2017 年底外债总额 3173 亿美元有所下降。[①]

其七，对外贸易增长强劲。2018 年巴西贸易总额达 4207 亿美元，比 2017 年增长 13.7%，为近五年来最高值。其中出口额为 2395 亿美元，较上年增长 9.6%；进口额为 1812 亿美元，较上年增长 19.7%。尤其零销商品出口增长 16.3%，制成品出口增长 8.9%。就国际贸易而言，巴西对中国、欧盟和美国三大贸易伙伴的贸易均有增加。尤其 2018 年 1~11 月，巴西对中国出口增长 80.3%。中巴贸易强劲增长推动巴西出口增长，进而推动巴西经济复苏步伐加快。

三 巴西经济稳步增长的主要原因

尽管 2018 年巴西经济受到 5 月卡车司机大罢工、10 月大选等诸多国内外因素的影响，但仍然实现了稳步增长。究其原因，主要如下。

从国内因素看，一是投资、消费和出口"三驾马车"同时发力，推动经济复苏步伐加快。2018 年 1~9 月，巴西投资增长 4.5%；家庭消费增长 2.0%；货物和服务进口增长 9.4%；出口增长 1.5%；政府支出增长 0.3%；资本构成总额升至占 GDP 的 16.9%，高于 2017 年的 15.4%；储蓄率仍占 GDP 的 14.9%。尤其巴西国家石油公司进行大笔海上石油投资，推动巴西投资水平和石油产量提高。2018 年该公司在深水盐下油田新建了多个钻井平台，石油日产量达到 150 万桶，是 2014 年日产量的 3 倍。[②] 显然，2018 年巴西所有需求部门出现季度性增长，这是近五年来的第一次，表明经济基

[①] Cepal, "Preliminary Overview of the Economies of Latin America and the Caribbean 2018 – Brazil," January 2019, p. 3, https：//repositorio. cepal. org/bitstream/handle/11362/44327/116/BPI2018_ Brazil_ en. pdf.

[②] Cepal, "Preliminary Overview of the Economies of Latin America and the Caribbean 2018 – Brazil," January 2019, p. 3, https：//repositorio. cepal. org/bitstream/handle/11362/44327/116/BPI2018_ Brazil_ en. pdf.

本面开始向好。正如联合国拉美经委会的报告所指出的那样，2018年包括巴西在内的拉美国家经济增长是在国内投资、私人消费和对外贸易三者共同推动下取得的。① 二是服务业和制造业发挥了重要的引领作用。2018年，巴西制造业和对外贸易增长强劲。尤其2018年1~10月汽车业表现亮眼，汽车产量增长15.8%。同时，冶金工业及计算机产品、纸张和纸浆生产设备等制造业增长亦超过5%。中间产品也略有增长，增幅为0.77%。②

从国外因素看，一是大宗商品价格上涨和贸易条件改善，有助于巴西出口。2018年国际大宗商品价格上涨11%，主要表现在原油价格上涨28%，金属价格增长5%，农产品价格增长3%。③ 随着国际大宗商品价格上扬，拉美地区贸易条件获得明显改善。2017~2018年拉美贸易条件连续两年持续提升，年均增长近1.3%，像巴西这类石油出口国的贸易条件提高了9.4%。④ 2018年，拉美出口增长10%，主要由于价格上涨6%，成交量增加4%。其中，石油输出国出口增长13%，幅度最大；矿产品出口国次之，出口增长11%；农产品出口国和中美洲出口增长5%。作为拉美石油、矿产品和农产品的出口大国，在大宗商品价格上涨和国际贸易条件改善的情况下，巴西2018年出口实现强劲增长，增幅高达10%。⑤ 因此，出口成为拉动巴西经济增长的重要动力。二是主要贸易伙伴需求上升，带动巴西出口。

---

① Cepal, "Preliminary Overview of the Economies of Latin America and the Caribbean 2018," January 2019, p. 12, https://www.cepal.org/en/publications/44327-preliminary-overview-economies-latin-america-and-caribbean-2018.

② Cepal, "Preliminary Overview of the Economies of Latin America and the Caribbean 2018 - Brazil," January 2019, p. 3, https://repositorio.cepal.org/bitstream/handle/11362/44327/116/BPI2018_Brazil_en.pdf.

③ Cepal, "Preliminary Overview of the Economies of Latin America and the Caribbean 2018," January 2019, p. 11, https://www.cepal.org/en/publications/44327-preliminary-overview-economies-latin-america-and-caribbean-2018.

④ Cepal, "Preliminary Overview of the Economies of Latin America and the Caribbean 2018," January 2019, p. 12, https://www.cepal.org/en/publications/44327-preliminary-overview-economies-latin-america-and-caribbean-2018.

⑤ Cepal, "Preliminary Overview of the Economies of Latin America and the Caribbean 2018," January 2019, p. 12, https://www.cepal.org/en/publications/44327-preliminary-overview-economies-latin-america-and-caribbean-2018.

2018年，中国与巴西贸易额超过1000亿美元，巴西对中国出口额较上一年增长逾32%。尤其中国对巴西大豆和石油需求的急剧增加，极大地刺激了巴西对华出口，导致巴西对中国贸易顺差升至261亿美元，占其贸易顺差总额的一半以上。中国继续保持巴西最大贸易伙伴地位。欧盟和美国分别为巴西第二大和第三大贸易伙伴。其中，巴西对欧盟出口额为421亿美元，进口额为348亿美元；巴西对美国出口额为288亿美元，进口额为289亿美元。

四 博索纳罗政府面临的经济挑战

2019年1月1日宣誓就职的博索纳罗总统，承诺继续前任特梅尔政府的以市场为导向的新自由主义经济政策，推动《养老金改革草案》在国会获得通过，紧缩政府开支，减少财政赤字，减缓债务增长，降低利率，推出重大的经济社会改革计划。[1] 他的言行提高了人们对巴西经济前景的预期。IMF预计，2019年全球经济将增长3.5%，2020年将增长3.6%[2]；其中巴西经济增长2.5%，2020年增长2.2%。[3] 联合国拉美经委会预测，2019年巴西GDP增长2.0%。[4] 尽管博索纳罗决心带领巴西走上经济自由之路，目前巴西经济实际上已经走上稳步复苏轨道，但展望未来，博索纳罗政府仍将面临不少的挑战。

第一，巴西将面临一个十分复杂的国际经济环境。世界银行2019年1月发布的《全球经济展望》指出，由于国际贸易和投资疲软、贸易紧张局势持续升级、新兴市场大国和发展中国家面临金融市场压力等一系列原因，

---

[1] J. P. Morgan, "Brazil Election 2018: Stocks Break Records After Bolsonaro Victory," November 9, 2018, https://www.jpmorgan.com/global/research/brazil-election-2018.

[2] IMF, "World Economic Outlook Update," January 2019, https://www.imf.org/en/Publications/WEO/Issues/2019/01/11/weo-update-january-2019.

[3] IMF, "World Economic Outlook Update," January 2019, https://www.imf.org/en/Publications/WEO/Issues/2019/01/11/weo-update-january-2019.

[4] Cepal, "Preliminary Overview of the Economies of Latin America and the Caribbean 2018 - Brazil," January 2019, p. 1, https://repositorio.cepal.org/bitstream/handle/11362/44327/116/BPI2018_Brazil_en.pdf.

2019年全球经济前景"山雨欲来风满楼",经济增长低于预期的风险正在加大。① 国际货币基金组织预计,全球 GDP 增长率将从 2018 年的 3.7% 降至 2019 年 3.5%,2020 年略有上升,达到 3.6%。② 其中发达国家 GDP 增长率从 2018 年的 2.3% 降至 2019 年的 2.0%,再降至 2020 年的 1.7%;新兴市场和发展中亚洲 GDP 增长率将从 2018 年的 6.5% 降至 2019 年的 6.3%,再降至 2020 年的 6.4%。③ 尤其中美贸易谈判的前景将对巴西经济前景产生重要的影响,因为中国与美国作为巴西最重要的贸易伙伴,两国市场对巴西经济复苏至关重要。阿根廷作为巴西最大邻国,其经济复苏步伐对其也有重要影响。此外,2019 年,有机构预测,国际商品价格可能全线下跌,且跌幅达到大约 7%。矿产品和农产品价格也将受到全球经济增长放缓(特别是中国经济放缓)的影响而下滑,布伦特原油和西部得克萨斯中间产品(WTI)价格预计将平均下降 16%。④ 因此,2019 年巴西将面临"一个非常脆弱的外部环境"。⑤

第二,如何赢得国际资本对巴西经济前景的信心。在一个"信心比黄金还要重要"的年代,博索纳罗政府需要释放大刀阔斧改革的决心和进一步开放市场的善意才能赢得国际资本的信任。因为 2018 年最后一个季度即博索纳罗上台前几乎所有经济数据都呈现下滑趋势,GDP 仅增长 0.1%,家庭消费仅增长 0.4%,公共开支萎缩 0.3%,投资下降 2.5%,尤其"投资下降是第四季度最令人担忧的消息,因为如果没有投资,巴西经济就无法持

---

① World Bank, "Global Economic Prospects," January 2019, p. 3, https://www.worldbank.org/en/publication/global-economic-prospects.
② IMF, "World Economic Outlook Update," January 2019, https://www.imf.org/en/Publications/WEO/Issues/2019/01/11/weo-update-january-2019.
③ IMF, "World Economic Outlook Update," January 2019, https://www.imf.org/en/Publications/WEO/Issues/2019/01/11/weo-update-january-2019.
④ Cepal, "Preliminary Overview of the Economies of Latin America and the Caribbean 2018," January 2019, p. 11, https://www.cepal.org/en/publications/44327-preliminary-overview-economies-latin-america-and-caribbean-2018.
⑤ Cepal, "Preliminary Overview of the Economies of Latin America and the Caribbean 2018," January 2019, p. 11, https://www.cepal.org/en/publications/44327-preliminary-overview-economies-latin-america-and-caribbea n-2018.

续增长"。① J. P. 摩根集团首席巴西经济学家卡西亚娜·费尔南德斯（Cassiana Fernandez）表示，"2018年初，我们非常看好巴西经济，预计其GDP将增长2.8%……然而，从那时起，我们不断调整预期，并大幅降低预期"，"我们对博索纳罗政府推进改革的能力和意愿持谨慎态度。我们认为，巴西国会批准一项具有重大意义的改革方案的可能性只有50%"。② 显然，国际投资者似乎对巴西经济前景存有质疑。

第三，如何规避国际金融市场波动对巴西的冲击。继2017年底国际金融市场一度处于较稳定的状态后，2018年各种金融指数显示，国际金融市场波动的风险在上升，最典型的指标就是"芝加哥期权交易所市场波动指数"（即"恐惧指数"）已经逐步上升。③ 中美贸易谈判前景尚未最后明确、英国"无协议脱欧"风险日益上升、美国与土耳其关系不断紧张、最大邻国阿根廷严重的债务危机以及意大利国内经济形势恶化等不确定性事件，导致2019年金融市场波动风险进一步加剧。随着国际金融市场波动加剧，国际风险投资意愿减弱，导致国际证券投资资本开始从新兴市场（包括拉美国家）流出，对以美元计价的资产投资的需求逐渐增加。像其他新兴市场一样，2018年流入拉美的外国直接投资和国际证券投资资本明显减少。④ 因此，如何稳定国内金融市场，减少国际金融市场波动对本国经济的冲击，是博索纳罗政府面临的另一个棘手的现实难题。拉美经委会2019年1月发布的报告指出，对拉美而言，最大的经济风险仍然是包括拉美在内的新兴市场

---

① Heloisa Mendonça, "El débil cierre de año de la economía brasileña desafía al Gobierno de Bolsonaro," Marzo 2, 2019, https://elpais.com/internacional/2019/03/02/america/1551491520_231099.htm.

② J. P. Morgan, "Brazil Election 2018: Stocks Break Records After Bolsonaro Victory," November 9, 2018, https://www.jpmorgan.com/global/research/brazil-election-2018.

③ Cepal, "Preliminary Overview of the Economies of Latin America and the Caribbean 2018," January 2019, p. 11, https://www.cepal.org/en/publications/44327-preliminary-overview-economies-latin-america-and-caribbean-2018.

④ Cepal, "Preliminary Overview of the Economies of Latin America and the Caribbean 2018," January 2019, p. 12, https://www.cepal.org/en/publications/44327-preliminary-overview-economies-latin-america-and-caribbean-2018.

面临的金融状况的急剧恶化，将面临外部资本流入大幅减少、主权债务风险上升以及本币兑美元贬值等风险。①

第四，如何减轻不断增长的债务负担。尽管2017～2018年特梅尔政府采取了多项节支开源等财政政策，但公共赤字规模仍然很大，债务负担继续加重。巴西公共债务总额从2014年占GDP的58.9%，增至2015年的66.5%，2016年的70.0%，2017年的74.0%，2018年的77.2%，远高于拉美地区的平均水平（41.0%），亦远超60%的国际警戒线。② 预计到2024年，巴西公共债务将占GDP的91%左右，巴西将成为拉美33国中公共债务数额最多的国家。同时，巴西外债规模仍然庞大。到2018年10月，巴西外债总额达到2973亿美元。沉重的债务负担，不仅将消耗政府大量的公共财政资源，而且制约着政府调整财政政策和货币政策的空间，更影响政府进行结构性改革的决心与能力，进而势必影响巴西经济复苏的动力与前景。因此，巴西若要保持稳步增长的势头，必须要有"刮骨疗毒"的勇气来减轻债务负担，使公共财政恢复至健康正常标准，例如力推养老金制度改革方案在国会顺利通过等。巴西财政部数据显示，养老金支出已占非利息公共支出的55%。若再不完成养老金改革，巴西财政将不堪重负。因此，有的经济学家指出，"博索纳罗政府面临的主要经济挑战将是如何减少国家的财政赤字，因为巴西已是新兴市场大国中财政赤字最高的国家"。③ 因此，如何解决日益庞大的债务问题，也考验着博索纳罗政府的智慧和治理能力。

---

① Cepal, "Preliminary Overview of the Economies of Latin America and the Caribbean 2018," January 2019, p. 15, https：//www.cepal.org/en/publications/44327 – preliminary – overview – economies – latin – america – and – caribbean – 2018.

② Cepal, "Preliminary Overview of the Economies of Latin America and the Caribbean 2018," January 2019, p. 137, https：//www.cepal.org/en/publications/44327 – preliminary – overview – economies – latin – america – and – caribbean – 2018.

③ J. P. Morgan, "Brazil Election 2018: Stocks Break Records After Bolsonaro Victory," November 9, 2018, https：//www.jpmorgan.com/global/research/brazil – election – 2018.

Y.7
特梅尔政府经济改革举措与成效评估

钟 点*

摘 要： 2016年8月31日，巴西副总统米歇尔·特梅尔接替被国会弹劾下台的迪尔玛·罗塞夫就任巴西总统。由于特梅尔只有两年零四个月的任期，且上任时巴西国内政治及经济局势混乱，因此，国内外不少分析人士均认为特梅尔政府很可能只是一个弱势的过渡性政府，真正着手推动巴西国内经济变革的可能性不大。然而，自上台后，特梅尔大刀阔斧地推出税收、社保、私有化三大改革方案。本文通过对上述几项重大经济改革措施的影响分析，得出结论：特梅尔政府的经济改革举措虽然取得了一系列经济指标上的量化结果，但是这些结果由于种种原因未能有效转化为巴西民众对其政府执政能力的正面定性评价。

关键词： 特梅尔 经济改革 执政成效

一 特梅尔政府的上台

2014年10月26日，巴西最高选举法院宣布劳工党候选人迪尔玛·罗塞夫以微弱优势艰难连任总统，作为其搭档的民主运动党候选人米歇尔·

---

* 钟点，北京外国语大学葡萄牙语系讲师，主要研究领域为巴西国情与中巴关系。

特梅尔继续担任副总统。然而受全球金融危机和中国需求放缓的影响,巴西经济增长出现颓势,外贸盈余大幅缩水,GDP增长率也出现了断崖式下跌:2015年,巴西经济出现了-3.8%的严重衰退,2016年继续衰退-3.6%,这是巴西经济自20世纪30年代以来首次出现连续两年的经济衰退。① 2016年4月17日,巴西众议院以违反《财政责任法》为由,表决通过了对总统罗塞夫的弹劾案;2016年5月12日,巴西参议院也通过了该弹劾案,罗塞夫被强制停职180天,副总统特梅尔出任代总统。2016年8月31日,巴西参议院在最后一轮投票中以61票赞成、20票反对的结果最终通过了总统弹劾案,罗塞夫总统被罢免职务,代总统特梅尔正式转为总统。

当特梅尔接手政府时,巴西的国内局势可谓一片混乱:经济上,生产持续衰退,失业不断加剧,通货膨胀不断攀高;政治上,大大小小的政治腐败丑闻不停发酵,党派斗争白热化,大大小小的游行抗议不断。由于特梅尔政府"上位"之时的民众支持率仅为13%,且他只有不到两年零四个月的任期,因此,国内外不少分析人士均认为特梅尔政府的执政空间非常有限,取得突出政绩的可能性不大,注定只是一个弱势的过渡性政府,巴西国内形势回归有序需要等到2018年10月进行的新一届总统选举。②

二 特梅尔政府的经济改革举措与实施

面对巴西经济迟迟无法走出衰退的困境,特梅尔政府自上任后便启动了"一揽子改革计划",以期改善巴西整体经济环境、实现经济增长数据上的突破,从而挽回民众对其政府的信心。这些政策主要包括:设定公共支出上限,有限减少联邦财政赤字;改革养老金体系,降低公共债务风

---

① 如无特殊说明,本文所有数据均来自巴西地理统计局(IBGE)官网:https://www.ibge.gov.br。

② 周志伟:《总统弹劾后的巴西政治生态及外交走势》,《当代世界》2016年第10期,第66~69页。

险；继续推进以特许经营权转让为主的私有化进程，大量吸引外资在内的私有资本，改善巴西基础设施状况，突破巴西工业发展缺乏资金与技术的结构性瓶颈。

（一）公共支出削减计划

联邦政府公共财政长期超支是巴西久治不愈的"顽疾"，也是特梅尔施政的重中之重。自1991年以来，每年巴西政府支出的增长率都远超国内生产总值增长率。2002年，劳工党成为执政党后实施了一系列以改善民生、缩小贫富差距为目的的社会分配改革。这些改革在巴西经济迅速发展的"黄金年代"里曾取得过傲人的成绩，但2011年开始的经济衰退将这种社会治理模式推向强弩之末。为确保中下阶层民众的支持，劳工党政府不敢轻易削减社会项目，巴西财政不可避免地出现严重亏空。根据巴西央行的数据①，2014年，巴西联邦财政赤字达到172.4亿雷亚尔；2015年，这一数字更是失控飙升，达到创纪录的1149.8亿雷亚尔。在出口旺盛的年代（比如卢拉执政时期），该赤字尚可通过外贸盈余来填补；但2010年前后国际市场发生波动，该赤字立即转化为巴西国内高通货膨胀，严重拖累国民经济发展。

从20世纪90年代开始，几乎每届政府均提出过给公共支出设置"天花板"的设想，但得到通过并实施的却不多。2016年10月，特梅尔政府提出有关公共支出削减的宪法修正案，规定：联邦政府的公共支出和投资额不得超过根据广义消费者物价指数（IPCA）消除通货膨胀因素后上一年度的相同金额；从2018年开始执行，到2038年为止。② 10月，该法案在众议院获得通过；12月，在参议院获得通过。2016年12月15日，该法案以第95号宪法修正案的方式正式颁布，取代1988年巴西宪法所规定的联邦税务制度

---

① Banco Central do Brasil, "Estatísticas sobre a Dívida Pública," Agosto 27, 2018, https://www.bcb.gov.br/htms/notecon3 - p.asp.
② Palácio do Planalto, "Emendas da Constituição sobre o limite dos gastos governamentais," Agosto 27, 2018, http://www.planalto.gov.br/ccivil_03/constituicao/Emendas/Emc/emc95.htm.

的内容，作为巴西宪法的一部分正式生效。该法案的特殊之处在于，它不仅规定了总统任期内联邦财政支出的最大限额，而且规定了巴西政府未来20年的支出增长额度，且直接跨越了立法、行政和司法权力范围，以宪法的最高形式被执行。

特梅尔政府颁布该法案的主要目的是通过控制公共支出，削减或避免联邦财政赤字，尽量减少公共债务在 GDP 中的占比并促进经济总体的投资量增长。然而，该法案在巴西各界引起的反响出现明显分化：一方面，多位著名经济学家及专业人士表示支持该法案。巴西军政府时期的"经济总设计师"、"经济奇迹"的锻造者安东尼奥·德尔芬·内托（Antônio Delfim Netto）表示，宪法修正案是"对社会愿望的一次正确预判"[1]；经济学家里卡多·阿莫林（Ricardo Amorim）也表示养老金改革对于扭转经济危机至关重要。[2] 另一方面，许多社会人士对该法案持反对态度，认为它将对国家在医疗和教育方面的投资构成威胁，甚至影响巴西公立医疗体系（Sistema Único de Saúde）的存亡。[3] 还有一些批评者指控特梅尔在推进修正案批准的过程中对相关人员施压。[4] 该修正案自提出以来，引起了多次抗议浪潮，规模最大的包括2016年11月参议院第一轮投票前夕，在巴西利亚举行的学生抗议游行以及同月在圣保罗保利斯塔大街爆发的抗议宪法修正案示威活动。

宪法修正案于2016年底正式通过，目前看来初见成效。根据巴西央行

---

[1] Folha de São Paulo, "Temer, missão cumprida," Dezembro 28, 2018, https：//www1.folha.uol.com.br/colunas/antoniodelfim/2018/12/temer-missao-cumprida.shtml.

[2] RICAM, "'A reforma da Previdência é inevitável, vai acontecer com ou sem o Temer', diz Ricardo Amorim," Agosto 28, 2018, http：//ricamconsultoria.com.br/news/entrevistas/a-reforma-da-previdencia-e-inevitavel-vai-acontecer-com-ou-sem-o-temer-diz-ricardo-amorim.

[3] CONASS, "Os impactos do novo regime fiscal para o financiamento do sistema único de saúde e para a efetivação do direito à saúde no Brasil," Agost 30, 2018, http：//www.conass.org.br/wp-content/uploads/2016/09/NOTA_TECNICA_IPEA241.pdf.

[4] EXAME, "Por PEC 241, jantar de Temer custou ao menos R\$50 mil," Agosto 27, 2018, https：//exame.abril.com.br/brasil/por-pec-241-jantar-de-temer-custou-ao-menos-r-50-mil/.

的数据①，2017年，巴西联邦政府公共赤字从2016年的1557.9亿雷亚尔缩减到1244亿雷亚尔，远低于此前预估的1590亿雷亚尔；2018年初，巴西财政部下调了对2018年和2019年巴西财政赤字的预估，认为巴西2018年的公共项目赤字将约为1539亿雷亚尔，低于政府设定的目标值1590亿雷亚尔；并将2019年的赤字预期从1255.13亿雷亚尔下调到了1209.6亿雷亚尔，低于1390亿雷亚尔的赤字目标值。在2018年的前7个月里，巴西联邦公共赤字累计达388.7亿雷亚尔，比上年同期的766.3亿雷亚尔下降了近一半；特别是在7月，联邦公共赤字仅为75.4亿雷亚尔，远低于此前预估的122亿雷亚尔。可以看出，截至2018年上半年，特梅尔政府在控制巴西联邦公共赤字方面取得了较为积极的成果。②

（二）养老金制度改革计划

巴西的养老金制度被认为是全世界最"慷慨"的社会福利制度之一。由于巴西的政治生态长期存在"选票政治"的现象，许多政客都以待遇优厚的养老金计划作为政治筹码，来换取选民们的支持。但是，养老金并不是"免费的午餐"，一旦联邦政府财政出现赤字，则通常会通过加税的方式，将沉重的公共支出负担转嫁给广大的巴西企业和普通消费者。加之巴西劳动力市场存在严重的非正式就业问题，退休制度也缺乏全国统一标准，因此巴西目前的养老金制度存在大量权责不清、浑水摸鱼的情况。然而，由于国会的阻力、民众的强烈抗议以及执政党出于对自己政治利益的考虑，养老金改革方案始终迟迟得不到推行。巴西财政部报告显示，巴西养老金账户的支出一直在不断上涨，但收入停滞不前，收支情况从2007年起持续恶化。巴西社会保险金赤字也从2007年的322亿雷亚尔暴涨到2016年的2570亿雷亚尔，9年间增长近700%的速度令人诧异，也让人不禁为未来几年里巴西政

---

① Banco Central do Brasil, "Indicadores econômicos consolidados," Agosto 27, 2018, https://www.bcb.gov.br/estatisticas/indicadoresconsolidados.
② 2018年国际大宗商品，特别是石油价格的上涨给巴西政府带来了额外的财政收入，也利于赤字规模的控制，但联邦政府缩减开支对财政赤字的减少具有不可忽视的作用。

府社会保险金的发放能力以及巴西社保体系的可持续性感到担忧。由于巴西属于人口开始老龄化且出生率不断下降的国家，目前的社会保障体系已经难以为继，养老金改革迫在眉睫。

自 2016 年特梅尔接任巴西总统以来便着手研究养老金改革的可行方案，其中以限制联邦政府在社会保障等领域的支出为重点。2016 年 12 月 5 日，特梅尔向国会提交了关于养老金改革宪法修正案的提案，建议将男女退休年龄同时延至 65 岁，但对 50 岁以上的男性和 45 岁以上的女性的退休方案做另行过渡性规定。① 2017 年 11 月 24 日，特梅尔政府又提出了另一项提案，其中提出将工龄不满 30 年的女性和工龄不满 35 年的男性的剩余社保金缴纳额提高 30%，且规定只有当其缴纳养老金达到 40 年的最低年限时才能拿到退休金的 100%；此外，该法案对公务员退休制度的规定更为严苛，规定 55 岁以上女性和 60 岁以上男性必须缴纳社保金达 40 年才能拿到退休金的 100%。②

不出所料，此项改革自推出后频频遇阻。2017 年 3 月 15 日，巴西 19 个州和联邦区爆发大规模示威活动，反对特梅尔政府的养老金改革计划；4 月 28 日，工会和左翼党派在 25 个州和联邦区组织了反对政府养老金和劳工改革提案的全国总罢工及示威活动，约 60 名示威者甚至对总统府邸发动攻击，并与军警发生冲突。③ 2017 年 12 月 12 日，特梅尔政府在压力下宣布将养老金改革投票推迟到 2018 年 2 月。2018 年 2 月，由于该提案仍然在国会缺少支持票数，巴西政府宣布无限期推迟养老金制度改革，并宣布将砍掉 190 亿雷亚尔的联邦预算来填补本年养老金的缺口。此举一出，立刻引起

---

① GLOBO, "Veja as propostas do governo Temer para a reforma da Previdência Social," Agosto 30, 2018, https://g1.globo.com/economia/noticia/veja-as-mudancas-que-o-governo-propoe-com-a-reforma-da-previdencia.g html.

② DIREITO NA REDE, "Reforma da Previdência - Servidores Públicos（PEC 287/2016），" Agosto 30, 2018, http://direitonarede.com/reforma-da-previdencia-servidores-publicos-pec-2872016/.

③ BBC, "'Greve foi menor do que organizadores esperavam, mas maior do que governo gostaria', diz cientista político," Agosto 30, 2018, https://www.bbc.com/portuguese/brasil-39756026.

了国际评级机构对巴西主权信用评级的下调,特梅尔连忙表示不会放弃该改革计划,而将会继续与各方协商。然而,该法案在国会获得的支持票数仅为200票,与规定的308票相距甚远,因此特梅尔政府不得不无限期中止该计划。

(三)特许经营权转让及私有化计划

自20世纪30年代以来,巴西国民经济关键领域的资源一直掌握在少数大型国企手中,但这些企业不仅严重缺乏资金,而且长期存在机构臃肿、人员庞杂、权责关系混乱、管理效率低下、管理人员腐败等问题,大大拖累了巴西经济发展。由于巴西相关法律规定国家基础设施建设项目必须由国营企业来经营,因此特梅尔政府决定采取"特许经营权转让"的迂回方式,将上述领域向私人投资者开放。2016年9月13日,特梅尔宣布巴西政府将在未来两年内转让和出售34个基础设施建设项目的经营权,其中包括四座机场、两个专用港口、两条国道改造项目、三条规划中的铁路干线、三座水电站、三块待开发的油气田及六个州的电力公司等[1];2017年3月7日,专门负责特许经营权转让事务的巴西"投资伙伴计划委员会"(PPI)公布了第二轮特许经营和私有化项目清单,其中包括转让35条输变电线路工程、四条国道建设工程及一个港口;至此,巴西已公布了57个特许经营项目私有化的计划,计划引资超过450亿雷亚尔。[2]

特梅尔表示,该计划旨在刺激投资和增加就业机会,使巴西经济尽快从衰退中恢复过来。此外,这一举措还可以改善巴西国内滞后的基础设施建设,解决其在经济发展过程中遇到的"瓶颈"问题。值得一提的是,2017年8月特梅尔在对中国进行访问并参加厦门金砖国家领导人第九次会晤时,

---

[1] GLOBO, "Governo Temer anuncia concessão ou venda de 34 projetos de infraestrutura," Setembro 3, 2018, http://g1.globo.com/economia/noticia/2016/09/governo-temer-anuncia-concessao-ou-venda-de-25-projetos-de-infraestrutura.html.

[2] VEJA, "Temer anuncia pacote de R $45 bi para a infraestrutura," Setembro 3, 2018, https://veja.abril.com.br/economia/temer-a nuncia-pacote-de-r-45-bi-para-a-infraestrutura/.

也专门向中方投资者推销了特许经营权转让项目。目前，有多家中资企业已经在该项目中中标，其中包括国家电投海外投资有限公司获得巴西圣西芒水电站 30 年特许经营权、中国三峡集团获得巴西朱比亚水电站和伊利亚水电站 30 年特许经营权等。

为了提高巴西基础设施项目特许经营权的吸引力，特梅尔政府还签署了新的劳工法改革法案和税制改革法案，以期通过增加劳工法的灵活性和实施对外资的税收优惠政策来改善外资企业在巴西面临的营商环境，但此举又引起了以劳工党为首的国内政治力量的强烈反对。

三 特梅尔政府经济改革成效评估：经济学视角

可以看出，特梅尔政府的一系列举措均以扭转经济颓势、进一步打开市场容量、改善巴西经济结构性不平衡以及为巴西经济持续注入活力为基本导向。在经历了 2016 年的政治混乱和经济严重衰退的打击后，巴西经济终于在 2017 年迎来了分水岭，取得了来之不易的 1% 的年增长，巴西经济由此结束了此前连续两年的严重衰退，稳住了阵脚。巴西总统特梅尔在自己的推特页面上激动地说道："巴西经济的衰退期已经结束了！"同时，包括世界银行和国际货币基金组织在内的大部分国际机构也均认为巴西经济已经触底，经济危机很可能在 2018 年结束。然而，2018 年，受政局不稳、罢工频发、国际投资者信心受挫等因素的影响，巴西经济在上升的过程中遭遇了不小的阻力，其结果远不如预期。那么，为什么在特梅尔政府执政的两年间，巴西经济展现出完全不同的发展势头？下面，我们将结合一系列具体经济指标对上述问题进行分析。

（一）执政上半期改革成效评估（2017年）

特梅尔政府于 2016 年上台后推出的经济改革在 2017 年取得了不俗成果：巴西国内经济运行重新恢复秩序，基准利率和通货膨胀率都处于近年来低点，股市节节攀升，农业收成和外贸顺差都打破了历史纪录，工业和商业都有了明显的复苏迹象。根据巴西地理统计局公布的数据，2017年巴西国内生产总值为6.6万亿雷亚尔（约合2.1万亿美元），较上年增长1%；全年人均GDP增长0.2%，达到31587雷亚尔（约合1.01万美元）。

从行业的角度看，一方面，农业增长势头强劲，农业产值较2016年相比增长13%①，为1996年以后20多年以来的最大增幅；另一方面，工业在连续三年下滑后仍然停滞不前，总体增长率基本为零。由于家庭消费增长的拉动，服务业有所复苏，增长0.3%。由此可以发现，虽然2017年巴西经济出现复苏势头，但部门之间的发展趋势分化较为严重，增长结构不平衡的深层次问题仍未得到解决。

从经济成分构成变化的角度看，一方面，对外贸易表现强劲，出口额为2177亿美元，增长18.5%，进口额为1507亿美元，增长10.5%；贸易余额为670亿美元，较上年的477亿美元增长40.5%，这也是近29年以来的最大增幅；家庭消费增长1%，这主要得益于2017年通胀率的下降、实际工资的增长、工资总额和就业人口的增加以及工作年限担保基金的发放。但另一方面，政府采购在GDP中的占比较上年下降0.6%；投资表现不佳，固定投资量降至1万亿雷亚尔左右，投资率15.6%，较上年下降1.8%，为1996年以来的最低水平。

综上所述，2017年巴西经济明显呈现触底反弹的迹象，说明特梅尔的改革措施初见成效。但同时，经济增长的不平衡性，特别是投资量低迷和工业生产的不景气限制了巴西经济的可持续发展动力，也对2018年巴西经济突破瓶颈、实现升级形成了阻碍。因此，特梅尔政府将刺激国内工业及基础设施领域的投资作为首要任务，符合巴西经济增长客观需求。

（二）执政下半期改革成效评估（2018年）

2018年初，世界银行《全球经济展望》预测巴西2018年经济将增长

---

① Ministério da Agricultura, "Agropecuária cresceu 13% em 2017," Setembro 5, 2018, http://www.agricultura.gov.br/noticias/agropecuaria-cresceu-13-em-2017.

2%，2019年增长2.3%①；经合组织更为乐观，预计2018年巴西GDP将增长2.2%，2019年将增长2.4%②。与此同时，巴西央行也预计2018年巴西GDP增长2.6%。③ 巴西政府甚至提出了"2018年增长3%，2019年增长2.8%，并在2019年将经济规模恢复到2013年的水平"的宏伟目标。④ 但在5月的卡车司机罢工导致巴西经济几近停摆后，巴西央行大幅缩减了2018年的增长预期，将2018年巴西经济增长预期下调至1.6%。⑤ 5月，巴西规划部也将2018年的经济增长预期由此前的2.9%下调至2.5%；7月又进一步下调至1.6%。⑥

为了找出2018年巴西经济复苏动力较上年较为疲弱的原因，我们将对巴西经济主要指标进行逐条考察。

1. GDP增长率

根据巴西地理统计局的数据，2018年第一季度巴西GDP为1.41万亿雷亚尔，较上年同期增长1.1%；第二季度巴西GDP为1.69万亿雷亚尔，较上年同期增长1%；第三季度巴西GDP为1.72万亿雷亚尔，较上年同期增长0.8%，第四季度巴西GDP为2.04万亿雷亚尔，较上年同期增长1.1%。

从行业的角度看，第一季度增长最快的是服务业和工业（分别增长1.4%）；而农业则遭遇衰退（-1.6%）；在工业领域，增长最快的是加工业（2.8%）和能源业（1.9%）。从GDP构成的角度看，对第一季度GDP

---

① Banco Mundial, "Perspectivas Econômicas Globais," Setembro 3, 2018, http://www.worldbank.org/pt/publication/global-economic-prospects.
② OECD, "Pesquisa Econômica OCDE Brasil 2018," Setembro 5, 2018, http://www.oecd.org/brazil/economic-survey-of-brazil-2018-pt.htm.
③ Banco Central do Brasil, "Relatório de Inflação," Setembro 5, 2018, https://www.bcb.gov.br/htms/relinf/port/2018/03/ri201803P.pdf.
④ ESTADÃO, "A economia brasileira em 2018," Agosto 15, 2018, https://economia.estadao.com.br/noticias/geral,a-economia-brasileira-em-2018,70002129913.
⑤ Banco Central do Brasil, "Revisão da projeção do PIB para 2018," Agosto 15, 2018, https://www.bcb.gov.br/htms/relinf/port/2018/06/ri201806b1p.pdf.
⑥ VEJA, "Governo derruba projeção do PIB em 2018 de 2,5% para 1,6%," Setembro 3, 2018, https://veja.abril.com.br/economia/projecao-de-alta-do-pib-em-2018-cai-de-250-para-160/.

增长数据贡献最大的是对外贸易，进口同比增长7.3%，出口同比增长1.3%；固定投资和家庭消费也较上年同期有较大增幅（分别增长3.6%和2.3%），而唯一出现负增长的是政府采购（-0.3%）。第二季度，巴西服务业增长最快（1.2%）；农业增长与上一季度相比保持稳定，但与2017年同期相比略微下降了0.4%；工业方面，虽然工业产值环比增幅有所减缓，但同比增长1.2%，且加工业表现强劲（1.8%）。从GDP构成的角度看，2018年第二季度家庭消费和政府采购两项表现较优，分别取得了环比0.1%和0.5%的增长，其中家庭消费同比增长1.7%；对外贸易则表现不佳：与上季度相比，出口下降了5.5%，进口下降了2.1%；与2017年同期相比，出口下降了2.9%，而进口则上升了6.8%，这也是该季度巴西外贸余额出现锐减的主要原因。投资率在GDP中的占比为16%，较上年同期的15.3%有小幅增长；储蓄率为16.4%，也略高于上年同期的15.7%。第三季度，巴西经济全面复苏，所有部分均有不同程度的增长（农业0.7%，建筑业0.7%，服务业0.5%，工业0.4%）。从GDP构成的角度看，表现最强劲的是进出口部门（其中进口增长10.2%，出口增长6.7%）和投资领域（6.6%），这在很大程度上得益于特梅尔政府的特许权转让项目进入实质施行阶段。第四季度，巴西服务业和农业和畜牧业各增长0.2%，但前期表现较好的工业却出现了0.3%的负增长，而这主要是受加工业部门后劲不足的拖累（-1.0%）。

综合分析全年数据可以发现：第一，农业部门在2018年上半年的表现平平，与上年同期相比甚至有小幅下降，说明曾经在2017年担当巴西GDP增长主要功臣的农业部门，在2018年对经济增长的拉动作用减弱；第二，工业部门稳中有进，特别是能源部门增幅较上年同期有较大提升，虽然加工业部门表现波动较大，但工业部门总体回暖趋势不变；第三，服务业获得小幅增长，且即使受到运输业全国大罢工的影响，总体上仍然呈现平稳增长态势，说明在投资和家庭消费增长的刺激下，巴西服务业有望在房地产、通信及金融行业的带领下走出阴霾；第四，工业与服务业占GDP比重有所回升，说明巴西经济的增长结构较上年有一定的优化。

2. 外资投资

2017年，巴西一度成为仅次于美国的全球第二大最受欢迎的投资目的地国，但进入2018年后，外资对投资巴西的热度有所减弱。巴西央行的数据显示，2018年1~4月，巴西的直接投资收入（IDP）同比下降了30%，4月外国资本在巴西的生产性投资仅为26亿美元，是2006年以来的同月最低值。[①] 巴西外资投资量锐减的原因主要有三：第一，巴西国内的政治不稳定因素使国际资本持谨慎态度；第二，美国加息和税制改革使美国在巴西的直接投资减少；第三，2017年巴西的外资投资量达到历史峰值，因此2018年投资数据相对变化为负。不过，国际金融协会认为，尽管巴西大选会给吸引外资带来一定的风险，但特梅尔政府的各项长期措施有利于拉动投资，所以巴西2018年仍将跻身吸引外国投资最多的新兴国家之列。

3. 通货膨胀

2017年，巴西的通货膨胀压力得到了大幅缓解，通胀率从2016年的6.29%降至2017年的2.95%。[②] 2018年1~5月，以消费者物价指数核算的巴西国家通货膨胀官方指数（IPCA指数）分别为0.29%、0.32%、0.09%、0.22%和0.4%，均处于较低水平；但受5月末开始的卡车司机全国性罢工影响，6月的通胀率大幅度攀升至1.26%。2018年上半年的累计通胀率为2.58%左右，全年通胀率高于2017年的2.95%，但不超过央行设定的3%~6%的阈值。因此，大体来说，特梅尔政府将通货膨胀保持在可控水平。

4. 利率

受通胀降低的影响，巴西的基准利率（Selic）在2017年几乎减半，

[①] Folha de São Paulo, "Investimentos estrangeiros caem 30% de janeiro a abril," Agosto 15, 2018, https://www1.folha.uol.com.br/mercado/2018/06/investimentos-estrangeiros-caem-30-de-janeiro-a-abril.shtml.

[②] Globo, "Inflação oficial fecha 2017 em 2, 95%," Agosto 15, 2018, https://g1.globo.com/economia/noticia/inflacao-oficial-fecha-2017-em-295.ghtml.

从年初的13.75%下调至年底的7%。2018年，虽然受到5月和6月通货膨胀率回升的压力，但巴西央行仍保持了降息的步伐，基准利率从1月的7%下调到2~3月的6.75%，3月22日又再次下调到6.5%，并一直维持在该水平，这也是其自1997年以来的最低点。① 虽然美联储加息及美元走强给新兴经济体货币带来了较大的负面冲击，但在通胀率低于目标值的情况下，巴西央行货币委员会（Copom）还是决定维持基准利率在6.5%不变，这显示出巴西政府在全球经济波动面前持有坚决而审慎的态度。巴西利率的下调符合特梅尔政府降低巴西本土的融资成本、改善国际贸易收支状况、稳定汇率和缩小企业所面临的"巴西成本"等政策目标。

5. 汇率

2018年以来，巴西雷亚尔币呈现缓慢贬值趋势。根据巴西央行的数据②，美元对雷亚尔汇率从1月的3.25左右缓慢升至4月的3.45左右。5月开始，巴西雷亚尔走势持续疲软，5月汇率升至3.7左右；6月继续升至3.8左右，2018年上半年巴西雷亚尔对美元平均汇率同比贬值7.2%。7月和8月，雷亚尔贬值幅度继续加大，8月21日，美元对雷亚尔汇率收于4.033，这是自2016年3月以来，雷亚尔首次"破4"。9月，雷亚尔开始缓慢复苏，10~12月均在3.8~3.9浮动。

乍一看，雷亚尔的数据令人担忧，但是从近三年的总体走势来看，雷亚尔在5~8月的大幅贬值属于不可预测变量，与其说是经济改革不力，不如说是政治条件不佳。5月的全国大罢工引起短期通货膨胀，进而导致雷亚尔出现短期内市场操作性贬值；大选调查中支持率领跑的竞选者大多持较为保守的经济主张也给国际投资者对巴西金融市场的信心造成消极影响；雷亚尔在2018年的走向还受2015年雷亚尔贬值过猛、2016年央行屡屡救市的因

---

① Banco Central do Brasil, "Taxas de juros básicas – Histórico," Setembro 5, 2018, https://www.bcb.gov.br/Pec/Copom/Port/taxaSelic.asp.

② Banco Central do Brasil, "Cotações e boletins," Setembro 5, 2018, https://www4.bcb.gov.br/pec/taxas/port/ptaxnpesq.asp?id=txcotacao.

素影响。① 然而，这种利用外汇储备干预市场的方式成本极高，不可持续，因此2017年的雷亚尔缓慢贬值其实属于对2016年以前巴西汇率政策的系统性纠正。

6. 失业率

根据巴西地理统计局发布的全国连续家庭样本调查（PNAD）的数据②，2018年巴西的失业率呈现稳步下降的态势。特别是第二季度（5～7月）的失业率较上一季度（12.9%）相比下降0.6个百分点（12.3%），与2017年同期（12.8%）相比也有下降（-0.5%）；失业人口（1290万人）与上一季度（1340万人）相比下降3.7%，与上年同期相比下降3.0%（1330万人）；就业人口（9170万人）比上一季度增长了1.0%（92.8万人），与上年同期（9070万人）相比增长1.1%。第三季度，失业率继续降至12.1%，失业人口降至1270万。失业率的缓慢下降有望促进巴西劳动力市场结构的优化，增加工人的实际工资收入，从而拉动国内投资和消费，助力经济的进一步复苏。

7. 消费者信心指数③

2018年1月，巴西消费者信心指数处于2014年以来的最高值88.8；3月，该指数再次强势上升至92.0，与上年同期相比上涨8.1点，显示出巴西国内市场信心的极大提升。然而，5月，受大罢工、通货膨胀上升和失业率上升影响，该指数降至86.9；6月，随着罢工事件继续发酵，该指数再次下滑4.8点，降至2018年该指数的最低点82.1。从7月开

---

① 2015年雷亚尔币值发生塌跌，美元对雷亚尔汇率从年初的2.7左右飙升到年末的3.9左右，所以2016年全年巴西央行不断出手干预汇市，使雷亚尔币值在2016年1～5月回升了约31%，美元对雷亚尔汇率一度降至3.1左右，收于年底3.3左右的较高点。
② IBGE, "Pesquisa Nacional por Amostra de Domicílios Contínua," Setembro 10, 2018, https://ww2.ibge.gov.br/home/estatistica/indicadores/trabalhoerendimento/pnad_continua/default.shtm.
③ 由巴西经济研究机构瓦加斯基金会（FGV）发布的巴西消费者信心指数（ICC）是综合反映并量化消费者对巴西当前经济形势评价和对经济前景、收入水平、收入预期以及消费心理状态的主观感受，也是预测经济走势的一个先行指标。该指标取值为0～200，1996～2018年均值为106.62，曾于1999年3月录得纪录低点89.41，于2010年10月录得纪录高点120.70。

始,该指数一直稳步回升,11月甚至冲至2014年7月以来的历史最高点——93.2。① 可以看出,2018年底,巴西经济表现全面向好,巴西消费者的信心稳步回升。

综上所述,2018年上半年巴西经济各项指标虽表现略逊于预期,但稳稳保持住了复苏的势头。可以看出,巴西经济基本恢复了元气,但其改革红利能否得到有效释放,还要取决于政局的走向。

四 特梅尔政府经济改革举措成效评估:政治学视角

从前面的论述可以看出,米歇尔·特梅尔虽"临危受命"担任巴西总统一职,但在两年多的执政期内却接连推出了多项重要的经济改革且获得了一定的成效。然而,这些经济改革没有改善特梅尔个人及其政府的执政局面,巴西民众对特梅尔个人及其政府的执政能力和效果的评价也不甚满意。

(一)特梅尔政府的民意支持率持续下降

自正式执政以来,特梅尔的民意支持率一直很低,"上位"之时的民众支持率仅为13%。② 然而,随着特梅尔政府颁布各项经济改革措施,他的支持率不升反降,且呈现急剧恶化的态势。根据巴西民调机构Datafolha在2017年4月进行的调查,8.9%的受访者认为特梅尔政府执政效果"良好";60%的受访者认为特梅尔政府执政效果"糟糕/非常糟糕";27.7%的受访者认为特梅尔政府"表现平平"。2017年7月,认为特梅尔政府执政效果"良好"的受访者占比下降到6.9%,而认为特梅尔政府执政效果"糟糕/非常糟糕"的受访者占比则上升到68.3%。9月,该团队完成的第三次调查结

---

① Fundação Getúlio Vargas, "Sondagens e Índices de Confiança," Janeiro 7, 2019, http://portalibre.fgv.br/main.jsp?lumChannelI d=402880811D8E34B9011D92BA032B198D.
② 周志伟:《总统弹劾后的巴西政治生态及外交走势》,《当代世界》2016年第10期,第66~69页。

果显示,只有5%的受访者仍认为特梅尔政府执政效果"良好";73%受访者认为特梅尔政府执政效果"糟糕"。①

除 Datafolha 以外,巴西另一民调机构 Ibope/CNI 也于特梅尔任期内进行了多次政府支持率民意调查。2016年6月,特梅尔刚刚接任总统职位的时候,特梅尔政府的支持率(即对政府评价"正面"的调查者占比)为13%,而不支持率(即对政府评价"负面/极其负面"的调查者占比)为39%;2016年12月,特梅尔政府的支持率虽仍保持在13%,但不支持率却上升至46%;2017年3月,特梅尔政府的支持率下降至10%,不支持率升至55%;2017年7月,特梅尔政府的支持率进一步下降至5%,而不支持率则飙升至70%。② 2017年9月调查结果显示,特梅尔政府的支持率已跌至3%,而不支持率则高达77%,创下自1986年巴西结束军事独裁政体、重回民主化以来政府支持率的最差纪录。③

可以看出,特梅尔政府所颁布的几项重大改革虽都以促进巴西经济重回发展正轨为基本导向,从经济学角度修正了上一任政府的某些政策失误,且在短期内对促进巴西经济复苏起到了一定的效果,但其在政治领域取得的正面影响却微乎其微,甚至可以说使特梅尔民心尽失。民众不仅对政府的各项改革措施拒不买账,还将巴西经济前期积攒下来的结构性问题归因于特梅尔政府的"施政不力"。这说明,特梅尔政府过于关注经济领域的改革,急于在经济数据方面收到成效,而忽视了对巴西民众的安抚、解释和意见争取等工作,从而使自己的施政环境不断恶化。

---

① Globo, "Governo Temer tem aprovação de 5% e reprovação de 73%, diz Datafolha," Setembro 20, 2018, https://g1.globo.com/politica/noticia/governo-temer-tem-aprovacao-de-5-e-reprovacao-de-73-diz-datafolha.ghtml.

② Globo, "Governo Temer é aprovado por apenas 5%, diz CNI/Ibope," Setembro 20, 2018, https://oglobo.globo.com/brasil/governo-temer-aprovado-por-apenas-5-diz-cniibope-21636705.

③ Globo, "Governo Temer é aprovado por 3% e reprovado por 77%, diz Ibope," Setembro 20, 2018, https://g1.globo.com/politica/noticia/governo-temer-e-aprovado-por-3-e-reprovado-por-77-diz-ibope.ghtml.

（二）特梅尔政府经济改革接连引起抗议浪潮

自就任以来，特梅尔政府一直是民众抗议和示威的目标。从2016年10月开始，随着特梅尔政府提交的为联邦公共支出设限的宪法修正案公布于世，圣保罗州、巴西利亚联邦区和许多其他州市都爆发了反对该法案的抗议活动。特别是2016年11月29日，该法案在参议院进行第一轮投票的当天，在巴西利亚爆发了大规模抗议。最初，特梅尔政府决定淡化事件影响，不就抗议做出任何回应；然而此举却进一步激怒了抗议者，最后迫使特梅尔无奈地表示将抗议活动视为"民主的自然产物，是巴西政府尊重人民话语权的反映"。2017年3月15日，随着养老金改革方案的公布，抗议浪潮愈演愈烈。巴西各大城市的公务员、银行业从业者和大学生纷纷组织上街游行示威。同时，巴西工人团结中心（CUT）、无地农民运动（MST）和巴西全国总工会等还陆续组织了全国范围的总罢工。

虽然巴西经济在2017年末取得了不俗的表现，但随着劳工党"由守转攻"，集中火力对特梅尔提出各项腐败指控，2018年巴西民众对特梅尔政府的抗议不减反增。5月21日，由于油价上涨，巴西各地的卡车司机开始罢工。由于巴西高度依赖公路运输，此次罢工展现了强大的破坏性，一些地区出现了严重的食品、汽油和药品短缺，造成超过159亿雷亚尔的直接经济损失。特梅尔一方面反复申明无罪，决不辞职；另一方面，他却在5月24日下令联邦军队开进首都巴西利亚，保卫受到抗议人潮攻击的总统府和政府各机关，此举进一步激怒了群众。

接连不断的抗议使巴西的政局变得异常复杂，不仅拖累了巴西经济复苏的脚步，使特梅尔政府的各项公共政策难以推进，还影响了国际投资者对巴西市场的信心，使巴西未来的发展前景面临严重挑战。随着巴西进入选举准备期，特梅尔政府的执政基础已经彻底瓦解。

（三）特梅尔所属政党在2018年总统大选中全面落败

眼看大势已去，特梅尔早于2018年5月便宣布放弃竞选，并支持其财政部部长恩里克·梅雷莱斯（Henrique Meirelles）作为民运党总统候选人。可以推想，特梅尔并不想让自己政府糟糕的民众支持率影响自己所属政党未来的权力争夺，但梅雷莱斯是特梅尔的心腹和坚定的政治伙伴，注定将继承民众对特梅尔的负面印象。特梅尔的"谦让"不仅没有成功挽回选民对民运党的支持，还将他们推向了反对党的怀抱。2018年10月的第一次大选投票结果印证了上述推断：梅莱雷斯仅获1.2%的选票，是传统大党民运党在总统大选中的历史最差表现。这充分说明，特梅尔上台执政对其政党在巴西权力分野中的作用"过大于功"，作为党主席的特梅尔给自己的政党留下的消极政治遗产远大于积极政治遗产。

五 特梅尔政府经济改革成效总体不佳的原因分析

那么，为什么特梅尔政府在经济领域的"务实主义"未能转化为巴西民众对其政府的认可和支持？下面，我们将从特梅尔政府的合法性、特梅尔及其政党在巴西国会的实力、特梅尔的个人政治形象以及特梅尔政府实施的经济政策对巴西民生福利产生的不利影响几方面，对特梅尔政权在政治领域遭到严重挑战的深层次原因进行解读。

（一）政府合法性不足

特梅尔政府本身合法性不足的问题是其无法将经济改革成果有效转化的主要因素。首先，与通过正常选举途径获得政权不同，特梅尔的职权是基于上任总统被弹劾后法律所赋予的继任权力，而并非民主投票的结果，因此，特梅尔本就缺乏执政的民意基础。其次，在有惊无险地登上总统宝座后，特梅尔曾因涉嫌腐败犯罪多次面临下台危险，包括被最高选举法院指控"违法筹集选举资金"、被众议院指控涉嫌贪污及妨碍司法以及执政初期反对党向国会提交总统弹劾议案等。巴西司法机构对特梅尔提出收受贿赂、阻碍司法调查、有组织犯罪等多项罪名的指控。虽然最终调查的结果对特梅尔有利，各项指控都以"不成立"告终，但是这些久拖不决的指控大大挫伤了民众对特梅尔政府的信任感。最后，虽然特梅尔本人"完好无损"，但其内阁的高官们却一直丑闻不断——仅在特梅尔开始执政的最初半年内，因受腐败指控而辞职或被革职的部级官员多达6名，这不得不让巴西民众将其视为"廉政的敌人"，从而对他的各项改革无动于衷，进而漠视其政府在经济领域取得的成就。

（二）特梅尔及其政党在国会力量薄弱

巴西奉行三权分立，掌握立法权的国会对执政者的支持力度往往决定了一届政府所倡导的政策能否得到有效推行。然而，特梅尔及其政党在巴西国会的力量非常薄弱，无法有效推动政府核心改革方案的实施，这也给巴西民众造成了其施政不力的印象。首先，虽然特梅尔所属政党民主运动党在巴西参众两院席位数都位于所有政党之首，但是领先优势却很微弱。其次，2017年5月，原本被认为是特梅尔执政联盟重要组成部分的近几年实力大涨的小党——巴西社会党、社会主义人民党等宣布决定脱离执政联盟，使他在国会中的支持者一下减少了65人。此后，特梅尔执政联盟中最重要的力量——社会民主党的态度也发生微妙转变，该党2018总统候选人阿尔克明（Geraldo Alckmin）曾公开表示该党"没有留在执政联盟中的必要"。[1] 最后，由于巴西政治生态的独特性，巴西政党制度本就呈现严重的碎片化，政党数量过多且常常各自为营，执政党很难在国会取得压倒性优势。再加上2018年是大选年，各党都摩拳擦掌、跃跃欲试地准备推出各自的候选人参加总统竞选，因此权力处于激烈的变动、转移、此消彼长甚至深度洗牌之中，这也是国会议员们比往常更争执不下，导致特梅尔政府的许多经济改革提案屡屡受阻甚至以破产告终的原因。

---

[1] GLOBO, "Alckmin diz que não há 'razão' para PSDB ficar no governo Temer após aprovação de reformas," Setembro 21, 2018, https://g1.globo.com/sao-paulo/noticia/alckmin-diz-que-psdb-deve-deixar-governo-temer-apos-aprovacao-de-reformas.ghtml.

巴西黄皮书

（三）特梅尔个人政治形象不佳

特梅尔是一位政治经验极其丰富、以善用权术著称的巴西"政坛老手"。他自1983年起，历任圣保罗州检察官、检察长、州政府公共安全局局长；1997~2000年、2009~2011年多次担任众议长，直至2011年2月作为副总统参加大选并成功当选。然而，自从他2011年由巴西政治的"隐形巨人"转为"焦点人物"后，他的个人政治形象不佳的缺点开始暴露。首先，他依靠罗塞夫的弹劾案而"上位"，并为了维持自己在巴西政府中的地位不惜与自己的"一把手"决裂，被巴西民众特别是劳工党的支持者称为"叛徒"；其次，由于劳工党和其他左翼盟党与特梅尔政府彻底决裂，并通过巴西媒体和公关渠道对其进行尖锐攻击，进一步加深了巴西民众对特梅尔政府的不信任感；再次，特梅尔任用自己年轻貌美的夫人作为其政府推出的重要民生计划的"代言人"，有任人唯亲的嫌疑，这进一步引起了巴西民众对他的方案的不满；最后，特梅尔面临多项腐败控告却总能设法脱身，这也让巴西民众对他的政治手腕充满了忌惮，甚至相信有关他能呼风唤雨任意操纵巴西政局的"阴谋论"。特梅尔不受民众欢迎，有反对党刻意攻击的因素，但更多的是他个人及其团队对其个人政治形象塑造的失败而导致的。

（四）特梅尔的各项经济改革对巴西民生福利造成的短期不利影响

从我们的分析中可以看出，特梅尔的各项改革政策均以企业界和资本界为主要关注对象，其采取的自由主义经济政策虽然获得了国内和国际投资者的好评，却缺乏对国内普通劳动者和底层人民的考虑，这就是特梅尔出现的场合往往一边是大企业家赔笑站场、一边是普通民众大声抗议的原因。再者，特梅尔政府的各项经济改革操之过急且野心太大，可谓对巴西经济"伤筋动骨"，因此"见效期"较长。由于特梅尔只有两年多的任期，因此许多改革成果根本来不及有效转化为民众福利，反而在短期内伤害了巴西广大低收入者的切身利益，从而在政治领域引起大规模的抵触情绪。

六 结论

综上所述，特梅尔政府在任期内大刀阔斧地推出了一系列经济改革举措，但受制于其政府的合法性不足、国会阻力大、特梅尔的个人政治形象不佳以及各项经济改革短期内对巴西普通民众的福利造成损害等因素的影响，这些改革政策或中途夭折，或推进速度缓慢，这又反过来"印证"了民众对其政府执政能力低下的揣测。可以说，特梅尔政府具有大力改革的意愿，也成功推出了一系列的经济改革计划，但由于缺乏实施这些改革的必要政治条件，这些经济领域的成效未能有效转化为巴西民众对特梅尔政府的执政成效的正面评价。

一个国家的经济发展与政治局势密不可分，任何经济改革成功与否，首先取决于一个政府执政的民意基础是否扎实，其次才是改革内容本身的经济学合理性。过于关注经济领域的"技术性"而忽视民意的"反弹性"不仅会使经济改革收不到成效，还会造成政治领域的全盘皆输。因此，巴西接下来能否打破经济缺乏内生力和政治缺乏延续性的结构桎梏，还要取决于下一任政府能否同时兼具牢固的政治基础和非凡的经济改革智慧，将政治稳定、经济增长与国家发展统筹起来，使政府和公民社会各领域良性互动，从而将巴西经济彻底带出泥潭。

Y.8 巴西新政府经济与社会政策走向分析

熊芳华*

摘　要： 新年伊始，博索纳罗正式宣誓就任巴西总统。博索纳罗政府在经济和社会政策上，分别以改革和调整为其执政初期的工作重点。在经济政策方面，新政府经济团队将推动养老金改革、国有企业私有化和税制改革等计划。在社会政策方面，新政府一方面对社会补助计划，如家庭补助金计划（Bolsa Família）、基础教育发展和维护基金（Fundeb）等做出调整，另一方面适度收紧钱袋子，削减社会民生项目的公共支出。不论是养老金改革、国有企业私有化还是税制改革，均牵涉广泛、内容庞杂，新政府能否顺利推动以上改革计划以及改革效果如何还有待观察。

关键词： 巴西　博索纳罗　新政府　经济与社会政策

一　博索纳罗政府的上台

在2018年10月28日结束的巴西总统大选第二轮投票中，隶属于巴西社会自由党（PSL）的雅伊尔·博索纳罗（Jair Bolsonaro）获得了55.63%

---

* 熊芳华，湖北大学巴西研究中心研究人员、外国语学院葡语系教师，主要研究领域为巴西研究。

的选票，当选为新一任巴西总统。① 现年 63 岁的博索纳罗曾是一名陆军上尉，自 1991 年成为巴西国会议员以来已近 30 年。竞选期间博索纳罗提出了"巴西高于一切"的口号，主张政治上打击腐败，经济上推行私有化，社会治安上强化警察权力，提倡尊重传统价值观。作为此次大选中唯一一位身份清白、没有受到腐败指控的候选人，博索纳罗的当选打破了巴西劳工党（PT）自 2002 年以来连续四届的胜选。随着 2018 年巴西大选结果的尘埃落定，博索纳罗接手的是一个近 30 年来最为分裂的巴西社会。②

这位在社交网站上拥有百万粉丝的"网红"总统性格果敢，在竞选期间经常语出惊人，其就女性、黑人及同性恋等社会议题发表的言论引发了不少争议，但他坚定的反腐决心依然为他赢得了许多选民的支持。关于未来如何提振经济、带领巴西走出经济增长缓慢的怪圈，博索纳罗一反其在面对反腐时鲜明的态度，未给出一个明确、细化的经济领域的施政纲领。尽管如此，市场对博索纳罗的当选做出了积极的回应。据路透社报道，巴西股指 BVSP 在 2018 年 10 月 29 日当天开盘后大涨 1%，冲击至年内高点 88377.1 点，随后迅速回落至 85200 点。③巴西瓦加斯基金会的调查显示，自大选第二轮结束以来市场和消费者信心已升至四年多以来的最高水平。巴西各大银行也纷纷修改了对 2019 年 GDP 增长的预测，Bradesco 银行将预测从 2.5% 上调至 2.8%，Itaú 银行从 2% 上调至 2.5%（见图 1）。④ 然而，从市场和巴西民众中释放出的积极信号能否持续，在很大程度上取决于新政府能否在执政"蜜月期"尽快推行此前承诺的养老金改革和大型国有企业私有化等一系列不受欢迎的经济和社会领域的改革。

---

① 新华社：《巴西 2018 总统大选结果出炉，右翼候选人博索纳罗当选》，2018 年 10 月 29 日，http://world.huanqiu.com/article/2018-10/13387303.html?agt=1。
② 潘寅茹：《博索纳罗："局外人"入主巴西》，第一财经，2018 年 11 月 5 日，https://baijiahao.baidu.com/s?id=1616303022633643798&wfr=spider&for=pc。
③ Reuters, "B3 SA Brasil Bolsa Balcao (.BVSP)," Outubro 29, 2018, https://www.reuters.com/finance/stocks/overview/.BVSP.
④ Globo, "Brasil deve ter crescimento moderado a partir de 2019, dizem analistas," Janeiro 5, 2019, https://g1.globo.com/economia/noticia/2018/11/30/brasil-deve-ter-crescimento-moderado-a-partir-de-2019-dizem-analistas.ghtml.

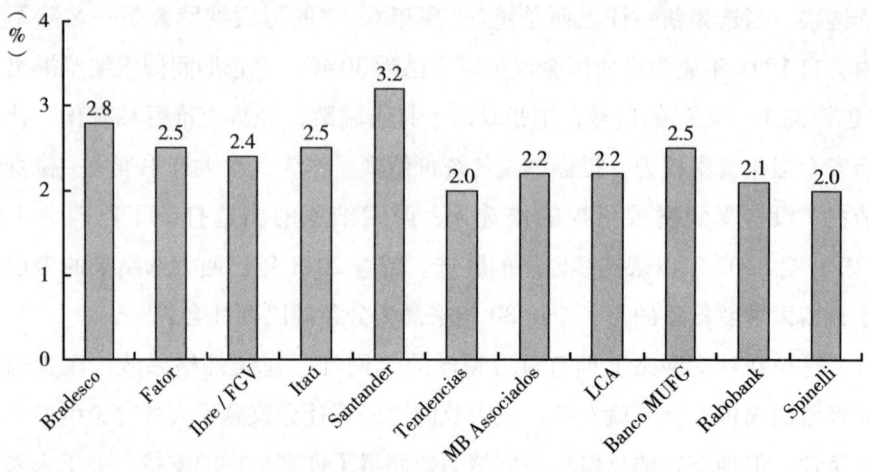

图 1　2019 年巴西经济增长预期

资料来源：巴西各大银行及咨询公司，"Expectativas de crescimento em 2019"。

新年伊始，博索纳罗正式宣誓就任巴西第 38 任总统。博索纳罗在就职演说中强调新政府在经济领域的首要任务是进行结构性改革、平衡财政预算和提振巴西经济。从其在候任期发表的言论及新政府内阁的构成可以看出这位自称政治"局外人"总统的新政端倪。在经济施政纲领方面，博索纳罗青睐新自由主义的经济政策，将大力推行"私有化、自由化和市场化"的经济政策。在社会政策方面，博索纳罗政府将在收支平衡的基础上延续前任政府受民众欢迎的社会政策，如家庭补助金计划、基础教育发展和维护基金等。

二　新政府在经济与社会领域面临的挑战及相关新政的出台

（一）新政府在经济与社会领域面临的挑战

如前所述，尽管博索纳罗在 2018 年总统大选中如同一匹黑马，一路过关斩将，最终击败劳工党候选人费尔南多·阿达成功当选新一任巴西总统，博索纳罗接手的巴西在经济发展道路上困难重重。巴西经济在罗塞夫第二任期时经历了前所未有的经济衰退，罗塞夫也因此被迫下台。代总统特梅尔的经济团队采取了一系列财政紧缩政策以抑制通货膨胀、恢复经济增长。一方面，通货膨胀在特梅尔政府经济政策的作用下得到了有效抑制。2017年巴西官方通货膨胀率为2.95%，低于政府设定的3%。这也是巴西自1999年采取以广义消费者物价指数（IPCA）衡量通货膨胀率以来，实际通货膨胀率首次低于官方目标。① 另一方面，巴西似乎陷入了经济低速增长的陷阱。如图2所示，在经历了连续两年的衰退后，巴西经济在2017年开始实现增长，但这次触底之后的反弹表现显然远未达到经济学家的预期。据巴西地理统计局（IBGE）发布的数据，2017年巴西GDP增速为1%，2018年第一季度的GDP增速为0.4%。② 这些统计数据不容乐观，新政府上台后工作的重中之重应是提振经济、实现经济的快速增长。除此以外，新政府在经济与社会领域还面临政府财政赤字、政府债务连年攀升、失业率高涨、贫困加剧和社会治安等诸多困难与挑战。

（二）新政府经济与社会领域新政的出台

巴西联邦政府于2019年1月2日公布的巴西官方公报详述了博索纳罗政府关于新内阁的构成、在国会增设联邦政府新职位、土著土地划界权的归属以及2019年最低工资的调整等新政。③ 以下将具体阐述新政府上台伊始颁布的经济、社会领域的新政及其主要实施情况。

1. 组建新内阁

为减少行政支出、提高效率，博索纳罗对新内阁人员进行了裁减，

---

① IBGE, "Índice Nacional de Preços ao Consumidor Amplo – IPCA," Janeiro 15, 2019, https://www.ibge.gov.br/estatisticas – novoportal/economicas/precos – e – custos/9256 – indice – nacional – de – precos – ao – consumidor – amplo.html? = &t = o – que – e.

② IBGE, "PIB cresce 0, 4% no 1° tri de 2018 frente ao 4° tri de 2017," Janeiro 15, 2019, https://agenciadenoticias.ibge.gov.br/agencia – sala – de – imprensa/2013 – agencia – de – noticias/releases/21312 – pib – cresce – 0 – 4 – no – 1 – tri – de – 2018 – frente – ao – 4 – tri – de – 2017.

③ BBC, "Governo Bolsonaro: Quais são as primeiras e principais medidas já tomadas pelo novo governo," Janeiro 2, 2019, https://www.bbc.com/portuguese/brasil – 46875873.

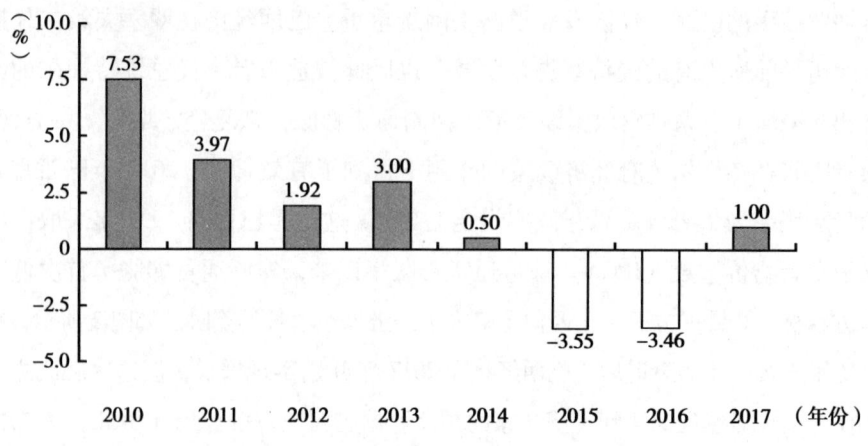

图2 2010~2017年巴西GDP增长情况

资料来源：IBGE,"Taxa de variação real do PIB em %"。

从特梅尔执政时期的26名部长减至22名部长,高于其在竞选时期承诺的15名,其中女性部长2名。新内阁由16个政府部级单位、2个秘书处和4个与政府部门级别相同的机构构成。① 新政府取消了劳工党倚重的劳工部,将其职能分散至经济部和司法部。经济部是由财政部、计划和预算部、发展和工贸部合并而成的超级部门。博索纳罗经济团队的领头人、新政府经济部部长由毕业于美国芝加哥大学的经济学家保罗·格德斯（Paulo Guedes）担任。格德斯是博尔索纳罗私有化计划坚定的拥护者,相信由他带领的这支由多位毕业于芝加哥大学的自由派经济学家构成的超级经济团队,将不遗余力地推动新政府在经济领域进行结构性改革。

2. 在国会增设联邦政府新职位

博索纳罗1月1日签署的第870号临时措施规定将在国会增设特别秘书处一职。根据该条款,总统府民事办公室主任奥尼斯·洛伦佐尼（Onyx Lorenzoni）在众议院和参议院分别有一名特别秘书。卡洛斯·马纳托

---

① UOL, "Bolsonaro dá posse a 22 novos ministros," Janeiro 2, 2019, https：//economia. uol. com. br/noticias/reuters/2019/01/01/bolsonaro - da - posse - a - 22 - novos - ministros. htm? cmpid = copiaecola.

（Carlos Manato，社会自由党）将任众议院特别秘书，莱昂纳多·金唐（Leonardo Quintão，民主运动党）任参议院特别秘书。① 新政府此举有利于增大其在立法机构的话语权，拉拢国会进而获得国会多数席位的支持是新政府为今后成功推行经济、社会领域各项改革走出的重要一步。

3. 将2019年的最低工资设定为998雷亚尔

博索纳罗在就职典礼当天签署了一项条款，将2019年的最低工资设定为998雷亚尔，比前一年的954雷亚尔高出了4.61%（见图3），但低于特梅尔政府2018年8月向国会提交预算时的1006雷亚尔预估值。据巴西统计和社会经济研究部（Dieese）的数据，最低工资标准可作为巴西约4800万名劳工收入的参考。最低工资的调整会对新政府的财政产生影响，因为巴西国家社会保障局（INSS）向退休人员支付的退休金不能低于最低工资。最低工资每增加1雷亚尔，政府每年的支出将增加约3亿雷亚尔。② 这对于本就财政吃紧的联邦政府而言无疑是

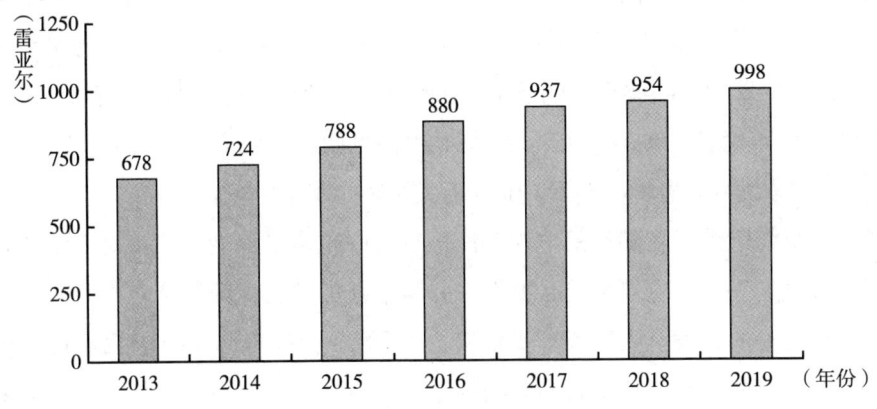

图3　2013~2019年巴西最低工资

资料来源：巴西联邦政府，"Salário mínimo em 2019"。

---

① UOL, "Sob Bolsonaro, Planalto publica MP que reestrutura governo," Janeiro 14, 2019, https://www1.folha.uol.com.br/poder/2019/01/sob-bolsonaro-planalto-publica-mp-que-reestrutura-governo.shtml.

② Globo, "Bolsonaro assina decreto que fixa salário mínimo em R\$998 em 2019," Janeiro 14, 2019, https://g1.globo.com/economia/noticia/2019/01/01/bolsonaro-assina-decreto-que-fixa-salario-minimo-em-r-998-em-2019.ghtml.

一记重拳。为保证强制性支出,政府不得不对可自由支配支出进行削减,可自由支配支出的进一步缩减最终会导致政府陷入瘫痪。近年来巴西联邦政府一直深陷巨额财政缺口的泥淖无法自拔,为避免越陷越深,新政府的当务之急是应尽快推行养老金改革。

三 新政府经济与社会政策走向

(一)新政府经济政策走向

1. 养老金改革

对于博索纳罗的经济团队来说,逐步消除财政赤字、缩减财政缺口、减少政府公共支出的第一步是养老金改革。据巴西《环球报》报道,总统博索纳罗已于1月20日正式向国会提交了养老金改革提案。该提案规定最低退休年龄为男性65岁、女性62岁,过渡期为12年。此外,员工(私营企业及公务员)必须缴纳至少20年的养老金才能退休并开始领取养老金,此项规定比特梅尔政府提出的21年稍短。该提案涵盖了国家社会保障局的私营部门工作人员和公务员。此外,博索纳罗政府将在30天内提交有关军队的社保改革提案。①

总统博索纳罗在随后的电视和广播发言中重申了养老金改革对于维持政府财政收支平衡的重要性与必要性,并表示新的社会保障制度对于所有人来说都是公平的,没有人能够享受特权。"新的社会保障制度要求我们每一个人都做出一些让步。这是我们共同的事业,将造福全巴西和我们下一代的未来。"博索纳罗认为有必要确保每一个人都"按时"退休以减少公共支出、提高政府投资能力进而改善人民的生活质量。②

---

① Globo, "Proposta para Previdência Social prevê mudança na idade mínima e abrange setores público e privado," Fevereiro 5, 2019, https：/gl. globo. com/economia/noticia/2019/02/20/proposta - para - previdencia - p reve - idade - minima - e - abrange - setor - publico - e - privado. ghtml.

② Globo, "Bolsonaro vai ao Congresso e entrega proposta de reforma da Previdência," Fevereiro 5, 2019, https：//gl. globo. com/politica/noticia/2019/02/20/bolsonaro - chega - ao - congresso - para - entregar - proposta - de - reforma - da - previdencia. ghtml.

博索纳罗经济团队还提出了对养老金实施资本化制度的想法，员工可以通过存入自己账户对养老金进行管理，但具体操作细节未来才会公布。通过此项改革提案，政府希望在未来十年内节省1.16万亿雷亚尔，这相当于国家社会保障局预计将达到的赤字的三分之一。① 由于政府未对公务员和军队的养老金缺口披露过多细节，这两项支出缺口未被纳入该计算公式中。从短期来看，博索纳罗政府此举并不可能将社保赤字降为零，但未来几年会逐步缩减财政缺口，减少对政府财政状况的影响。此外，未来几年在减少公共支出的同时也将避免政府债务的进一步攀升。2018年巴西债务总额达到该国GDP的76.7%。巴西财政部门预测，此项改革提案获得通过后，巴西债务总额将在2022年达到GDP的80%，之后开始回落。② 据《环球报》报道，巴西股指BVSP在1月20日当天上涨0.4%，收盘涨至96932点。③ 尽管资本市场对新政府向国会递交养老金改革提案的反应较为积极，但是由于新政府21日提交的提案暂未将军队改革提案纳入其中，最终能否获得国会通过，还有待观察。

2. 国有企业私有化

巴西近几年逐渐升级的政治危机伴随着新总统的当选也逐渐告一段落。在当前政局相对稳定的形势下，新政府应采取务实有效的经济政策以解决经济固有的结构性问题。博索纳罗及其经济团队未来在经济领域的另一出重头戏，是延续特梅尔政府的私有化计划并进一步扩大其规模。自特梅尔推行私有化计划以来到他卸任总统职务，前任政府已开展了共计69个投资伙伴计划（PPI）项目，政府从这些项目的投资中预计将获得1136

---

① Globo, "Proposta para Previdência Social prevê mudança na idade mínima e abrange setores público e privado," Fevereiro 21, 2019, https: //g1. globo. com/economia/noticia/2019/02/20/proposta - para - previdencia - preve - idade - minima - e - abrange - setor - publico - e - privado. ghtml.

② Globo, "Dívida pública deve ultrapassar 80% do PIB em 2020, prevê governo," Janeiro 15, 2019, https: //g1. globo. com/economia/noticia/2018/09/07/divida - publica - deve - ultrapassar - 80 - do - pib - em - 2020 - preve - governo. ghtml.

③ Globo, "Bovespa 'vira' no final do pregão e fecha em alta," Fevereiro 22, 2019, https: //g1. globo. com/economia/noticia/2019/02/21/bovespa - 21022019. ghtml.

巴西黄皮书

亿雷亚尔的资金。博索纳罗政府承诺将继续推行这69个项目，此外还将进一步扩大私有化规模，基础设施领域、出售国有企业及子公司也将被纳入一揽子私有化计划中。这些项目包括巴西电力公司、国家造币公司和米纳斯吉拉斯州供给中心公司的私有化，巴西机场基建公司在瓜鲁柳斯、巴西利亚和康芬斯机场的剩余股权以及十几个高速公路、铁路和港口终端项目。①

博索纳罗政府PPI项目隶属于政府国务秘书处，阿达贝尔托·瓦斯康塞洛斯（Adalberto Vasconcelos）任PPI项目特别秘书。阿达贝尔托在接受《环球报》采访时称，新政府不仅专注于如何加强PPI项目，PPI项目业已成为新政府国家机构之一。新政府通过出售特许经营权极有可能改变巴西在基础设施领域落后的现状。据预计，在博索纳罗执政百天内，将至少完成25个开始于特梅尔时期的PPI项目。新政府通过对机场股权和南北铁路的拍卖以及10个港口终端的租赁，将获得约69亿雷亚尔的资金。②

据巴西《消息报》（Gazeta do Povo）报道，巴西现有大型国企138家，其中91家分别属于巴西石油公司、巴西电力公司、巴西银行、巴西联邦储蓄银行、巴西邮政和巴西国家开发银行的子公司。③ 这些企业中有不少都与近期的政府腐败丑闻有所牵连，如震惊巴西政坛的"豪宅门丑闻"（前总统卢拉因此被捕入狱）以及巴西石油公司深陷其中的"洗车行动"。博索纳罗不论是在竞选期间还是在发表就职演说时都显示出其打击腐败的坚定决心。巴西国有企业自20世纪30年代瓦加斯时期发展至今，已成为滋生政府腐

---

① Globo, "Bolsonaro herda 69 projetos do PPI de Temer e quer ampliar privatizações," Janeiro 22, 2019, https：//gl. globo. com/economia/noticia/2019/01/21/bolsonaro – herda – 69 – projetos – do – ppi – de – temer – e – quer – ampliar – privatizacoes. ghtml.

② Globo, "Bolsonaro herda 69 projetos do PPI de Temer e quer ampliar privatizações," Janeiro 22, 2019, https：//gl. globo. com/economia/noticia/2019/01/21/bolsonaro – herda – 69 – projetos – do – ppi – de – temer – e – quer – ampliar – privatizacoes. ghtml.

③ Gazeta do Povo, "Bolsonaro promete privatizar estatais. É mais difícil do que parece," Janeiro 5, 2019, https：//www. gaze tadopovo. com. br/politica/republica/bolsonaro – promete – privatizar – estatais – e – mais – dificil – do – que – parece – cuctajpy05e6zrw3nsncomrgu/.

败的温床之一,延续上任政府对大型国有企业的私有化计划,一方面在一定程度上彰显了现任政府打击腐败的决心,另一方面也是新政府希冀增强企业竞争力、提高生产率、创造新增就业机会的一剂良方。通过国有企业私有化计划、出售特许经营权及公共财产,预计将为政府减少约20%的公共债务。①

出售铁路和高速公路特许经营权将是新政府在2019年私有化的工作重心,其中正在推进的69个PPI项目中有12个铁路项目、8个高速公路项目。②市场分析人士认为在当前政治不确定性减少的背景下,低利率和低通货膨胀率的宏观经济条件也有利于吸引国内外投资者对PPI项目的投资。新政府此前酝酿通过出售公路特许权以贴补对联邦专用公路以及路程较短、货物运输量较低的铁路线项目的投资做出改变和创新。尽管新政府经济团队还未对私有化计划做出详尽的规划,无论这些项目能否顺利推进、将面临哪些困难和阻力、能否达到预期成效,这都已成为新政府为振兴巴西经济必须走出的第一步。

3. 税制改革,取消对投资的限制

正如博索纳罗在向最高选举法院(TSE)申请选举登记时所提供的政府计划中所述,新政府要简化、降低和消除妨碍企业和个人生活中所得税、费率和捐税的负担③,新政府正在酝酿推动对税收制度的改革。据巴西 *EXAME* 杂志报道,博索纳罗经济团队正在研究对税收制度的改革,目前已重点研究了两个方案。其中一个方案是建立一种单一的联邦税(IUF)。新的 IUF 将适用于所有金融交易活动,类似于经济学家马科斯·

---

① Gazeta do Povo, "Bolsonaro promete privatizar estatais. É mais difícil do que parece," Janeiro 5, 2019, https://www.gaze tadopovo.com.br/politica/republica/bolsonaro – promete – privatizar – estatais – e – mais – dificil – do – que – parece – cuctajpy05e6zrw3nsncomrgu/.
② DCI, "Privatizações serão prioridade do governo de Jair Bolsonaro," Janeiro 5, 2019, https://www.dci.com.br/economia/privatizac – es – ser – o – prioridade – do – governo – de – jair – bolsonaro – 1.769637.
③ Exame, "Paulo Guedes fala em imposto federal único," Janeiro 5, 2019, https://exame.abril.com.br/economia/paulo – guedes – fala – em – imposto – federal – unico/.

辛特拉在1990年提出的临时金融流通税（CPMF）。新经济团队尚未确定IUF的税率，但每笔金融交易的税率预计将达到1%。在面临当前财政困境的形势下，新政府希望通过此举维持当前的税收负担约达到GDP的34%，同时推动税收制度向更进步、更公平的方向前进。另一方案是由财政部前经济政策秘书、经济学家贝纳尔德·艾比（Bernard Appy）提出的，由商品和服务税（IBS）、替代流转税（ICMS）、服务税（ISS）、工业产品税（IPI）、社会一体化税（PIS）和社会保障税（Cofins）五项税收，这一方案将减少出口和投资的税收，将重点放在消费上。①

巴西现行的税收制度开始于1965年，至今已经半个多世纪，在经济和社会日新月异的今天显然不太合时宜。根据世界银行2018年《营商环境报告》公布的数据，在巴西，公司每年平均需要花1958小时支付税收，在年度税收支付时间排名中巴西排在第189位，位居倒数第一。每年在巴西支付税收所花的时间是排在倒数第二位玻利维亚的2倍，也是拉丁美洲和加勒比国家平均332小时的6倍。② 巴西税收名目繁多、规章制度严苛死板、官僚体系效率低下，这些都极大地制约了巴西经济的发展。要想改善在巴西的营商环境、吸引投资，推动税制改革也应成为新政府经济领域工作的重中之重。

（二）新政府社会政策走向

在距离任期结束还有四个月时，前总统特梅尔向国会提交了2019年预算，其中包括2580亿雷亚尔计划支出的财政缺口，这项缺口将由新政府来填补。根据2019年年度预算法案，2019年可自由裁量支出资金为1025亿雷亚尔，加上146亿雷亚尔应急储备金，2019年新政府可自由裁

---

① Exame, "Paulo Guedes fala em imposto federal único," Janeiro 5, 2019, https：//exame.abril.com.br/economia/paulo-guedes-fala-em-imposto-federal-unico/.

② Portal da Indústria, "Simplificação tributária abre espaço para aumentar investimentos, emprego e renda," Janeiro 14, 2019, http：//www.portaldaindustria.com.br/cni/canais/mapa-estrategico-da-industria/reportagem-especial/capitulo-9-simplificacao-tributaria-abre-espaco-para-aumentar-investimentos-emprego-e-renda/.

量支出资金为1171亿雷亚尔。根据2018年第四季度收入和开支报告,2018年政府可自由裁量支出资金为1295亿雷亚尔。① 由此可看出博索纳罗政府在2019年可自由支配支出的空间更小,为过去十年中的最低值。这意味着新政府的工作将更加受限,包括政府投资活动的可持续性、政府部门的日常工作及民生工程的投入等。此外,在"黄金准则"(Regra de Ouro)和支出上限法案的双重压力下,新政府在社会政策上,一方面将继续推行深受民众欢迎的民生项目,如家庭补助金计划、基础教育发展和维护基金等并做出相应规则调整,另一方面也将适度收紧钱袋子,实施紧缩政策。

1. 家庭补助金计划受益人资格审核更加严格

博索纳罗当选后,在里约热内卢参加降落伞步兵旅成立73周年庆祝活动,在之后举行的新闻发布会上证实将不会摈弃诸如家庭补助金等社会福利项目,但表示新政府将对家庭补助金计划受益人资格进行审核。新政府此举是希望鼓励更多有能力者摆脱对政府的依赖,进入劳动力市场,正如博索纳罗所述,"社会福利项目存在的目的是让人们摆脱贫困,而不是让人们陷入对政府的依赖"。② 据巴西媒体UOL报道,2019年1月领取家庭补助金计划补贴的家庭数量与2018年12月相比减少了38.1万户,这也证实了此前博索纳罗提到的新政府对受益人资格的审核制度,不少家庭因"不够资格"或自愿放弃而被取消了领取该补助的资格。在支出方面,新政府1月家庭补助金的支出为25亿雷亚尔,较2018年12月的26亿雷亚尔减少了1亿雷亚尔,平均每户领取187雷亚尔。③

---

① Fazenda, "Panorama Fiscal Brasileiro," Janeiro 15, 2019, http://www.fazenda.gov.br/balanco-e-perspectivas/artigos-e-analises/panorama-fiscal-brasileiro.pdf.
② Globo, "Bolsonaro afirma que programas sociais serão submetidos a auditoria," Janeiro 10, 2019, https://g1.globo.com/rj/rio-de-janeiro/noticia/2018/11/24/bolsonaro-afirma-que-programas-sociais-serao-submetidos-a-auditoria.ghtml.
③ UOL, "Sob Bolsonaro, Bolsa Família corta 381 mil benefícios no 1° mês do ano," Fevereiro 5, 2019, https://noticias.uol.com.br/politica/ultimas-noticias/2019/01/27/cortes-bolsa-familia-primeiro-mes-governo-bolsonaro.htm?cmpid=copiaecola.

此外，博索纳罗在竞选时承诺为家庭补助金计划受益人提供第13个月额外补贴，但该补贴是否发放、何时发放尚未正式公布。

2. 教育事业预算有减有增，基础教育发展和维护基金或成永久机制

教育事业预算中可自由支配支出经费恐遭削减。根据巴西联邦规划部2018年8月公布的数据，2019年联邦政府在教育事业的预算为1220亿雷亚尔，比2018年预算多出220亿雷亚尔。① 然而，近年来由于政府财政吃紧，为保证教育支出中逐年上涨的强制性支出例如支付联邦大学教师薪酬，教育事业支出中大部分属于可自由支配的基本支出比例在逐年下降。遭削减的部分包括举行巴西国家中等教育考试（Enem）、研究人员奖学金、日托中心建设、教材分发、大学校医院运作以及联邦大学电费、水费和维护费等支出。2019年尽管规划部对教育事业的预算增加，但新政府为遵循公共支出上限、平衡财政，这部分支出预计仍将遭到削减。

新政府对基础教育阶段投入预计将增加。在2018年的总统竞选期间，博索纳罗竞选团队在接受《环球报》关于教育事业预算的提问时表示，未来将优先考虑基础教育。"我们需要将金字塔倒过来。需要我们投入最大努力的应该是学前教育、初等教育和中等教育。我们的学生越早学会享受学习，他们成功的概率越大。"② 根据经合组织2018年9月发布的《经济合作发展组织教育概览》，尽管巴西政府对教育的投入水平居经合组织国家平均值，对基础教育阶段的投入远低于高等教育。以学前教育为例，公立日托中心儿童人均年度经费仅为3800美元，在经合组织成员国中排名倒数。③

---

① Globo，"Orçamento da Educação em 2019 terá R $51 bi a mais do que mínino constitucional，" Janeiro 10，2019，https：//oglobo.globo.com/economia/orcamento－da－educacao－em－2019－tera－51－bi－mais－do－que－min ino－constitucional－23028351.

② Globo，"Propostas das campanhas dos presidenciáveis para a educação：financiamento，" Janeiro 9，2019，https：//g1.globo.com/politica/eleicoes/2018/noticia/2018/10/03/propostas－das－campanhas－dos－presidenciaveis－para－a－educacao－financiamento.ghtml.

③ Agenciabrasil，"Brasil amplia investimento em educação infantil，diz OCDE，" Janeiro 20，2019，http：//agenciabrasil.ebc.com.br/educacao/noticia/2018－09/brasil－amplia－investimento－em－educacao－infantil－diz－ocde.

新政府已经意识到教育经费分配失衡问题，预计将加大对基础教育阶段的投入。

修订基础教育发展和维护基金（Fundeb），该基金或成永久机制。作为巴西基础教育主要的财政体制，Fundeb 的宗旨是推动基础教育的普及、改善基础教育质量、促进教育公平，其工作重点在于提高教师待遇和职业水平，其现有模式将于 2020 年到期。关于如何修订并进一步完善该基金，政治家、专家和非政府组织纷纷建言献策。当前讨论的重点主要集中在联邦政府的投入增加五倍、推动 Fundeb 成为永久体制以及改善教育经费的分配标准，这一点将有利于财力困难的地区。由于 Fundeb 的资金主要来源于联邦政府对州政府和市政府的转移支付，以及州税中最重要的商品服务流通税，其修订必将成为新政府重要的立法指导方针之一。

3. 可持续性福利待遇（BPC）计划调整引争议

根据新政府向国会提交的养老金改革提案，老年人须等到 70 岁才能领取津贴。根据现行的 BPC 计划，巴西政府向 65 岁以上的老年人和家庭贫困的残疾人每月发放补助福利，标准为最低工资。新政府提议将对 60～69 岁人均收入低于最低工资四分之一的老年人每月发放 400 雷亚尔的津贴。新政府此次对 BPC 计划的调整不包括残疾人。根据最新发布的《社会保障统计公报》，在巴西有 205 万人领取 BPC 补助，政府每月约支出 19 亿雷亚尔。事实上，在特梅尔政府提出的养老金改革方案中也曾计划对 BPC 计划进行调整，但最终选择从方案中剔除。新政府虽然提议对 60～69 岁贫困老年人发放补助，但此次养老金改革一旦通过，这一规定将不再受宪法保障，基本等于形同虚设，低收入老年人的权益将难以得到保障。根据 UOL 报道，巴西众议院议长罗德里戈·马亚（Rodrigo Maia）表示不赞同新政府对 BPC 计划的调整，认为该调整侵害了低收入老年人的权益。[①]

---

① UOL, "Previdência: Maia critica mudança no BPC e transição rápida para rurais," Fevereiro 26, 2019, https://economia.uol.com.br/noticias/redacao/2019/02/25/bpc-reforma-da-previdencia-maia.htm?cmpid=copiaecola.

巴西黄皮书

四 新政府经济与社会政策评析

巴西新政府在经济和社会政策方面，分别以改革和调整为其执政初期的工作重点。不论是推行养老金改革、国有企业私有化还是税制改革等改革计划，新政府要想成功都离不开国会的支持。巴西法律规定，政府提案需获得众议院和参议院两轮投票超过五分之三的支持率才能得以通过。博索纳罗政府日前向国会提交了养老金改革提案虽是意料之中，却还是引起了不少争议，争议的焦点主要集中在对 BPC 计划的调整以及对军队养老金改革的提案。正如博索纳罗所述，新政府此次养老金改革是针对所有人的改革，没有任何人拥有特权。但针对军队的养老金改革方案新政府却迟迟没有提交，这对新政府的公信力在一定程度上有所削弱。此外，当新政府释放出将推动养老金、国有企业和税制改革的信号时，资本市场做出的反应是积极的，这意味着市场也认同这一系列经济改革的必要性。尽管如此，不论是养老金改革、国有企业私有化还是税制改革，均牵涉广泛、内容庞杂，这些改革提案在进入国会讨论阶段时必然引起广泛讨论甚至是争议，可以预见新政府的改革之路将会是漫长且充满阻力的。新政府为获取国会支持做出妥协、让步，修改甚至是放弃原提案中的部分内容也是极有可能发生的情形。值得一提的是，就在新政府向国会提交养老金改革提案几天前，博索纳罗总统府秘书长古斯塔沃·贝比亚诺被曝在大选期间曾将 40 万雷亚尔的党内公款转移到某"橙子候选人"名下。这一丑闻迅速发酵，为防止事态进一步扩大，博索纳罗在 2 月 18 日宣布解雇贝比亚诺。[①] "橙子候选人事件" 丑闻的曝光在一定程度上反映了执政党党内团队的混乱，也将或多或少影响国会对养老金改革法案的决策。

博索纳罗经济团队为降低政府赤字、减少政府债务总额下定决心进行养老金改革，但面对既得利益者和反对党派在国会的阻挠，养老金改革法案能

[①] Folha de S. Paulo, "Partido de Bolsonaro criou candidata laranja para usar verba pública de R $400 mil," Fevereiro 16, 2019, https：//www1. folha. uol. com. br/poder/2019/02/partido－de－bolsonaro－criou－candidata－laranja－para－usar－verba－publica－de－r－400－mil. shtml.

否顺利通过还有待观察。假设养老金改革法案顺利推行，此项改革能否产生预期效果？答案应是肯定的。据巴西财政部提供的最新数据，2018 年巴西中央政府连续第五年出现财政赤字，2018 年的赤字累计将达 1590 亿雷亚尔，金融机构预测 2019 年中央财政赤字将达 1232.88 亿雷亚尔，其中财政缺口的大部分来自社会保障系统。① 近年来由于财政状况的不断恶化，巴西公共部门的总债务也在逐年增长。巴西央行的数据显示，2018 年 8 月巴西债务总额达 5.224 万亿雷亚尔，相当于 GDP 的 77.3%，创历史新高。② 如果不进行当前的改革且任由债务继续攀升，将导致外国投资者们从本国撤资。与此同时，如果不及时扭转当前的高负债率，政府将被迫提高债券利率以吸引投资者们购买，而这些高利率的成本将转嫁到普通家庭和企业，并最终限制经济增长和就业机会的增加。从当下情形来看，逐年扩大的财政缺口正是巴西经济的致命弱点，犹如脚踝之于阿喀琉斯，养老金改革虽称不上"灵丹妙药"，但改革一旦成功，财政赤字和债务问题都将得到缓解。换言之，若财政问题得不到解决，巴西经济的振兴也就无从谈起。

新政府在经济领域将要推行的国有企业私有化改革以及税制改革也会在国会面临相同的阻力，能否顺利推行也有待观察。与养老金改革不同的是，新政府经济团队还未提出全面、具体的私有化和税制方案。即便私有化和税制改革顺利推进，能否达到预期目的也并不确定。此外，新政府在社会政策方面的调整将导致新政府在民生领域的投入减少，这势必影响社会弱势群体的福利与保障，社会不公平将进一步加剧。新政府要想带领巴西人民走出经济低速增长的怪圈，解决现有的经济和社会问题，发展才是硬道理。新政府在推动改革的同时，发展本国工业、提升工业竞争力、通过出口带动经济结构调整是当前巴西走出困境的必经之路。

---

① IG, "Contas públicas devem fechar 2018 com déficit de R $148, 171 bilhões," Janeiro 12, 2019, https: //economia. ig. com. br/2018 – 08 – 16/deficit – nas – contas – publicas – em – 2018. html.

② Valor, "BC: Dívida bruta soma R $5, 2 trilhões em agosto e bate 77, 3% do PIB," Janeiro 14, 2019, https: //www. valor. com. br/brasil/5891689/bc – divida – bruta – soma – r – 52 – trilhoes – em – agosto – e – bate – 773 – do – pib.

Y.9
2018年巴西社会形势评析及面临的主要挑战

叶桂平 许创颖*

摘　要： 2018年，国际局势风云变幻，美国奉行的单边主义和挑起的"中美贸易战"对全球经济一体化和贸易秩序产生严重影响，给世界经济的增长蒙上了一层阴影，巴西在这场贸易战中也不能独善其身，对其经济和社会的影响不容忽视。同时，巴西国内政局不稳、民众"求变"意愿强烈；养老金制度改革盘根错节，复杂性和紧迫性并存；劳资纠纷数量惊人，失业率连年上升；卡车司机罢工导致全国瘫痪，社会治安依旧动荡；巴西国内教育水平较低，教育成本和教育福利相差甚远，这几大社会议题导致巴西整个社会发展举步维艰，改革迫在眉睫。2019年，博索纳罗新政府上台后，巴西面临的社会形势依然严峻。新政府需要解决好养老金改革、劳工改革、社会治安和教育改革等主要社会问题。

关键词： 巴西　博索纳罗　社会形势　社会改革

---

* 叶桂平，澳门城市大学协理副校长，葡语国家研究院院长、教授，澳门国际法及国际关系学会理事长，中国拉美学会理事，澳门亚太拉美交流促进会常务理事，主要研究方向为中国与葡语国家关系问题；许创颖，澳门城市大学葡语国家研究院博士生，主要研究方向为中国与葡语国家关系问题。

一 引言

巴西政坛自20世纪90年代以来一直是社会民主党和劳工党占据竞争席位的政治态势，但是在2018年的巴西大选中，中小政党特别是博索纳罗所在的社会自由党脱颖而出，其他中小政党也崭露头角，巴西的政治格局面临重新洗牌。随着特梅尔政府推出较为有力的经济措施，巴西经济自2018年开始逐渐复苏，但是在国内外经济、政治特别是总统大选和国内卡车司机罢工等诸多因素的影响下，巴西经济恢复仍然任重而道远。就社会形势而言，巴西政局不稳、民众"求变"意愿强烈；养老金制度改革盘根错节，复杂性和紧迫性并存；劳资纠纷数量惊人，失业率连年上升；卡车司机罢工导致全国交通瘫痪，社会治安依旧动荡；巴西国内教育水平较低，教育成本和教育福利与发达国家相差甚远，这几大社会议题导致巴西整个社会发展举步维艰，改革迫在眉睫。

二 2018年巴西社会形势评析

经过特梅尔政府的调整和改革，巴西经济自2017年下半年开始呈现回升迹象。尽管特梅尔政府在2017年采取了多种开源节流的政策措施，但是2018年，巴西财政赤字和经常账户赤字占GDP的比例分别为7.1%和1.6%，2019年基本预算赤字达1390亿雷亚尔。[①] 国内金融市场动荡，货币汇率大幅波动，经济增长乏力，经济问题导致巴西社会形势依旧动荡。

（一）政治生态明显"右转"，民众"求变"意愿强烈

新总统博索纳罗的政治履历可以反映出两个问题：一是政治资历较浅。

---

① "Limites para a Dívida Pública Federal em 2019 vão de R \$4,1 trilhões a R \$4,3 trilhões," January 29, 2019, http://www.fazenda.gov.br/noticias/2019/janeiro/limites-para-a-divida-publica-federal-em-2019-vao-de-r-4-1-trilhoes-a-r-4-3-trilhoes.

虽然博索纳罗自20世纪80年代末期正式步入政坛，从市政议员做起，但是在长达26年的众议员生涯中，提案被立法的数量屈指可数。二是政党资历较浅。博索纳罗所在的社会自由党是1998年注册的新党，加之博索纳罗自步入政坛以来，先后更换过8个政党且均是有别于劳工党和社会民主党等传统主流大党的中小政党。从这两个方面来看，舆论将博索纳罗称为政治"局外人"乃名副其实。

博索纳罗的当选，使劳工党和社会民主党两党主导的政治竞争格局被重构，传统政党逐渐衰落。首先，回顾巴西民主发展史，自1994年至今，民主选举一共经历了6次。在本届政府之前，劳工党和社会民主党一直是主流政党，把持着巴西的政治格局。[1] 尤其是自2002年以来，劳工党在与社会民主党多次的选举竞争中占得上风，先后4次在大选中胜出，但劳工党在执政期间，丑闻不断，导致在近几次的选举中，民众的支持率陡然下降，特别是在巴西经济发展条件较好的地区，中产阶级对该党更是嗤之以鼻。其次，在2018年总统大选中，劳工党候选人阿达的竞选纲领并未深入民心。阿达片面强调社会支出，企图赢得中产阶级的支持，但从巴西政府连年赤字的财政现状来看，这样的竞选纲领显然无法征服民众，更没有实施的可能。再次，左翼力量内部存在较大分歧、无法整合，这也是传统政党失势的另一原因所在。在卢拉的总统竞选资格丧失之后，劳工党候选人阿达要想在大选中胜出，最佳途径是与其他左翼力量联合，但民主工党候选人戈麦斯和可持续党候选人玛丽娜都未能在投票的关键时刻给予阿达绝对支持，而是以"批判性支持阿达"的态度示人，甚至戈麦斯在首轮选举投票失势后果断去欧洲闭门谢客，其回避阿达拉拢的用意不言自明，左翼内部的分歧现状显而易见。最后，劳工党失势之后，社会民主党的表现不尽如人意，未能征服民众，受政治腐败和内部分歧的影响，右翼力量在首轮选举中便匆匆败下阵来，其民意支持率竟然跌至1989年以来的最低点。在传统主流大党失势的

---

[1] 《巴西国家概况》，中华人民共和国外交部，https：//www.fmprc.gov.cn/web/gjhdq_676201/gj_676203/nmz_680924/1206_680974/1206x0_680976/，2019年1月。

背景下，巴西中小政党如社会自由党、民主社会党和社会党迅速崛起，1994年以来社会民主党和劳工党两党竞争的政治局面结束，新的政治力量登场，特别是博索纳罗所在的社会自由党在众议院的席位达到 52 个，参议院的席位从无到有，增至 4 个。

巴西民众对博索纳罗的支持反映出民众"求变"的心理。博索纳罗自参选以来发表的观点经常引发争议，更有媒体为其贴上了"法西斯分子""独裁狂热者"的标签，但支持他的民众似乎对此并不买账。在经历了多年的腐败丑闻和财政问题后，巴西民众对传统的政治力量和治理模式产生了怀疑，转而寄希望于拥有极端主张的政坛新星。从博索纳罗的个人情况来看，作为劳工党的强烈反对者，其主张迎合了民众"求变"的心理需求，也争取到了其他中小党派的支持。同时，在巴西政治腐败问题成为民众关切的核心问题之时，博索纳罗对腐败的强硬态度深得民心，并且就目前来看，其政治履历上并没有腐败污点，更坚定了民众的信心。此外，在其极富争议的枪支管理问题上，虽然博索纳罗放宽枪支管理的主张引发了强烈的争议，但是其强化公共安全的决心和维护社会稳定的出发点，特别是近段时间来巴西社会的骚乱和罢工游行此起彼伏，强调公共安全问题迎合了民众的关切。因此，巴西民众并不是对一些极富争议的问题持强烈的支持态度，也不是抛弃传统价值观，而是在目前令人失望的政局面前，民众强烈的"求变"心理超过了对于极端主张的隐忧。

（二）养老金改革盘根错节，复杂性和紧迫性并存

巴西的养老金改革举步维艰。截至 2018 年 1 月，巴西总人口为 2.08 亿人左右。[①] 而巴西 60 岁以上的人口数量急剧攀升，已经达到 3000 万以上。根据巴西地理统计局（IBGE）的预测，到 2060 年，巴西 60 岁以上的人口比例将增加一倍以上，如果按照现在人口老龄化的速度，在不考虑养老金上涨的情况下，巴西 2060 年的 GDP 增速需要达到现在的数倍才能弥补养老金

---

① 香港环亚经济数据（CEIC），https://www.ceicdata.com/pt/indicator/brazil/population。

赤字的现状，假如考虑养老金上涨的因素，巴西年均 GDP 增长至少需要达到 4.7%（2018 年巴西 GDP 增长 1.1%），养老问题不容忽视。① 但现实是，近几年巴西财政捉襟见肘，虽然 GDP 有小幅度增长，但是财政赤字持续飙升，社会养老能力严重不足。为此，2016 年以来，特梅尔政府推出了养老金改革。巴西的养老金制度素有全球"最慷慨"的养老金制度之称。按照以往规定，巴西公民只需缴纳 15 年的养老金就可以在男性 65 岁、女性 60 岁时领取全额养老金；如果男性缴纳养老金年限达到 30 年，就可以在 53 岁时提前退休；女性缴纳养老金年限达到 25 年，就可以在 48 岁时提前退休。特梅尔执政以后，为了减少公共开支、减轻政府的财政压力，特梅尔政府对养老金制度进行了改革，提出了推迟退休年龄、延长养老金缴纳年限等关乎民生的改革方案，引发了民众的强烈反对，罢工此起彼伏。根据巴西一项民意调查，71% 的巴西民众反对养老金制度改革。对于特梅尔政府而言，财政赤字严重，进行养老金改革是维持巴西政府财政可持续发展的"抓手"。巴西财政部部长曾说如果不进行养老金改革，沉重的养老金负担将使政府无暇也无力在国防、教育、医疗等关系国计民生的其他方面进行投入。虽然特梅尔政府在举国反对养老金改革的情况下对养老金改革方案进行了相应的妥协和修改，但是最终的整个改革方案，无论是政府还是民众都一时难以接受。

新一届政府对于养老金改革态度鲜明，早改早得益。博索纳罗表示，养老金改革是政府工作的"重中之重"，将"优先解决"，养老金改革被巴西博索纳罗政府定位为最优先的领域。② 考虑到国内复杂的形势和政治方面的诸多牵制因素，博索纳罗政府提出了养老金改革的具体方案，并且准备了为期 12 年的过渡期。在博索纳罗的经济团队将养老金改革方案交付国会后，需要得到国会参议院和众议院两院的批准。其中，在众议院 513 个席位中需要得到 308 票支持才能获得批准并送交参议院投票。特梅尔政府时期，养老

---

① 巴西地理统计局（IBGE），https：//www.ibge.gov.br/en/home-eng.html。
② "Presidencia da Republica Federativa do Brasil，" 2019, http：//www2.planalto.gov.br/acompanhe-o-planalto/porta-voz/2019/declaracao-a-imprensa-do-senhor-porta-voz-general-rego-barros-palacio-do-planalto-2.

金制度改革方案修改版在众议院投票时仅获得了251票的支持,而此前未曾修改的养老金改革方案的支持票数更低,未到100票。当然,博索纳罗意识到了特梅尔政府养老金改革在众议院的惨败表现。2018年11月,博索纳罗表示通过宪法修正来达到养老金改革的推进是无望的,他可能选择其他办法来推进改革。但是,在2018年,此项改革显然无法实施。

(三)劳资纠纷数量惊人,失业率连年下降

劳动力市场效率低下的问题长期困扰巴西。巴西的劳动保护规定比较复杂,每年有超过300万件的劳动争议,居世界第一位。目前的劳动法一直没有妥善解决劳资纠纷,也没有解决收入分配差距过大的问题。巴西的基尼系数很长一段时间一直在0.5上下徘徊,削弱了投资和创业的积极性。目前,政府主导的转移支付和二次分配、实现收入平等,不仅效率低,而且容易滋生腐败和寻租。在劳资纠纷越来越多的现实情况下,2018年随着巴西经济的逐渐复苏,巴西就业率逐步提升,失业率连年下降。根据巴西地理统计局(IBGE)公布的数据,巴西2018年第一季度的失业率为12.7%,第二季度为12.4%。第一季度的就业人口为9054万人,第二季度的就业人口为9120万人,比上年同期增加了100万人,增幅达到1.1%,就业的增加主要得益于巴西兼职人员数量的增加。第二季度失业人数为1300万人,比上年同期减少了52万人,降幅达到3.8%,巴西自2017年底以来失业率连续下降。①

(四)卡车司机罢工导致全国瘫痪,社会治安依旧动荡

2018年5月,为了抗议燃料价格暴涨,巴西全国卡车司机举行了大罢工,以卡车占领交通要道,阻碍人车往来。除了卡车司机罢工外,位于巴西南部、堪称拉美最大港口的桑托斯港也爆发了装卸工人无限期的罢工②,以

---

① 巴西国家地理统计局(IBGE),https://www.ibge.gov.br/en/home-eng.html。
② 《政策不确定+卡车司机罢工 经合组织调低今明两年巴西经济预期》,南美侨报网,http://www.br-cn.com/news/br_news/20180921/116131.html,2018年9月21日。

遏制失业，导致桑托斯港托运工作陷入混乱，港口的治安环境日趋恶化，给2018年的巴西经济带来隐患。桑托斯港的吞吐量逐渐上升，甚至已经超过了布宜诺斯艾利斯的港口吞吐量，成为南美洲集装箱港口的龙头老大，治安问题会不会成为悬在桑托斯港身上的达摩克利斯之剑，需要时间去检验。

自2017年以来，巴西国内社会一直动荡不安。为了确保大选年国内社会的稳定，2018年8月24日，巴西警方在全国范围内开展了声势浩大的治安整治行动。此次治安行动在全国17个州和巴西利亚联邦特区展开，共出动约6600名警察，持续一天的行动共逮捕了1000多名嫌疑人，主要是针对恶性犯罪，如凶杀抢劫和袭击女性的犯罪等。①

博索纳罗在2018年竞选期间曾经对影响治安的枪支问题做了令人担忧的陈述，提倡以暴制暴，主张人民持枪自卫并且放宽了正当防卫的标准。一项调查显示，越来越多的巴西民众支持持有枪支。面对日益严峻的治安环境，他们渴望拥有枪支来自卫，这个调查显示，民众对于持枪的支持率已经从2013年的30%上升到了40%。②

（五）巴西高考缺考率连续降低

2018年的巴西国家中等教育考试（Enem）如期举行，有550万考生参加了这次"巴西高考"，此外约有25%的考生缺考，缺考率是2009年以来的最低。③ 在亚马孙州的官方统计中，考生缺考率约为18.5%。缺考率的下降得益于巴西教育部的新规：如果报考学生在报考系统中无法说明缺考的具体原因，其来年参加考试就必须缴纳注册费（贫困学生等除外）。

---

① 《巴西警方一天逮捕上千名犯罪嫌疑人》，新华网，http：//www.xinhuanet.com/world/2018-08/25/c_1123327972.htm，2018年8月25日。

② Bernardo Barbosa, "Ter arma garante legítima defesa?" https：//noticias.uol.com.br/cotidiano/ultimas-noticias/2019/01/17/legitima-defesa-o-que-especialistas-dizem-sobre-ter-uma-arma-em-casa.html.

③ 《巴西"高考"首日：缺考率2009年来最低》，南美侨报网，http：//www.br-cn.com/news/br_news/20181105/118611.html，2018年11月5日。

由于国内教育水平相对较低，巴西家庭经济水平较高的学生中很多人选择去国外留学深造。根据巴西教育文化交流处的统计数据，从 2011 年起巴西出国留学人数稳步增长，特别是 2015 年以来呈现井喷式增长。① 这一方面是为了寻求更好的教育条件和教学质量，另一方面巴西国内的教育环境和社会环境也促使有能力的家庭把孩子送到国外，去国外享有更为安全的学习环境。

三 2019年巴西社会发展面临的挑战

2019 年，博索纳罗政府的全方面执政开始。根据博索纳罗竞选时提交的执政方案内容，民众期待的诸多改革将付诸实施。博索纳罗政府能否在复杂的社会局势中拨云见日，关键在于打破政治壁垒，赢得民众支持。

（一）养老金改革

巴西前总统卢拉曾公开反对养老金改革，认为养老金没必要进行改革，政府要做的是稳定经济增长，创造和提供更多的就业岗位，逐步提高工人工资和待遇。他还强调特梅尔发动的政变不再是针对迪尔玛和左翼政党了，已经开始把矛头对准了广大劳动者，特梅尔是在阻挡巴西人享受。由此可见，养老金改革并不局限于民众层面，更有政治因素参与其中，使养老金改革的实施举步维艰。

按照巴西法律的规定，养老金改革想要获得国会的通过，必须在两院——众议院和参议院中均获得批准。其中，在众议院 513 个席位中，养老金改革草案至少需要五分之三的席位，即 308 票才能获得批准并送交参议院。然而，博索纳罗所在的社会自由党在众议院中拥有 52 席，在参议院中仅占 5 席，在众议院和参议院中均不占优势。此种情况下，博索纳罗想要在

---

① 《寻求更好教育 巴西大学生出国留学需求高》，南美侨报网，http://www.br-cn.com/news/br_news/20180628/111164.html，2018 年 6 月 28 日。

两院中获得其他党派的支持来推行其养老金改革将十分困难。当然,在博索纳罗竞选过程中,并未与其他党派结盟,并且得到了中间派的支持,因此在养老金改革问题上,巴西尚有希望。

另外,养老金改革的阻力来自巴西社会的不平等现象。20%的公共部门、军队阶层享受了35%的养老金福利,而40%的贫困人口却只能享受18%的养老金福利。正如海通银行经济学者雅科尔·桑托斯所说,如果按照现在的养老金现状,同样缴纳100元养老金,巴西普通劳动者可以得到10元,而军队、政府以及其他公共部门却可以拿到100元甚至更多。①

(二)劳工改革

从巴西改革的历史来看,政治家的目光往往集中在如何切蛋糕的问题上,而较少考虑如何让蛋糕大起来。2018年,巴西劳工制度和养老金制度的改革直接触动了社会福利分配的敏感点,体现了政府做大蛋糕、促进共同福祉的决心。

巴西劳工改革的重要环节是对劳工法进行修改。改革初衷是规范劳工制度,让劳资双方在法律框架内实现良性互动,进一步提振经济、增加就业、保障劳资双方的权益。但是在司法层面,巴西社会仍然面临诸多不确定因素,劳工制度改革的初衷能否实现,效果能否达到预期,还是未知数。以上不确定性主要体现在两个方面:第一,劳工法改革中的"间歇性工作"——公司可以雇用以时薪计算的员工,可能会导致中小公司并不愿意雇用全职员工,或者大公司在不愿支付全职员工加班工资时选择雇用兼职员工,因而创造就业的预期可能会大打折扣。第二,劳工法改革中关于灵活上班时间和假期安排的举措以及强化雇员合约中雇主和雇员之间的协商对话等措施应该会受到雇员们的欢迎。但是,如果公司不遵守改革的要求,改革将无法得到有效实施,而且随着政治环境的变化,司法部门如何监管、督促相关法案落地执行仍是未知数。

---

① 《盘根错节的巴西养老金制度改革》,http://www.caff50.net/c/13/991.html。

（三）社会治安

近年来，巴西社会治安状况日益严峻，枪击案数量增多。2016 年，巴西枪击犯罪导致的死亡人数比美国还要多 1 万余人，成为世界上枪击案死亡人数最多的国家。圣保罗军警上校小何塞·文森特·达·席尔瓦（José Vicente da Silva Júnior）认为，面对犯罪或威胁时，人们会由于压力而变得十分紧张，很少有人能迅速做出正确的反应：视觉捕获、瞄准并射击歹徒，从而成功地进行自我防御。他还表示巴西有 71% 的凶杀案涉及枪支，所以持枪的规定应该和这个大背景结合起来看。[①] 放眼全世界，这个持枪犯罪的比例都是灾难性的，因此政府应该竭尽全力从民众手中收回枪支。

面对每况愈下的社会治安，巴西民众人人自危。为了保护自身生命和财产安全，巴西民众开始寻求自我防护措施：防弹玻璃、防弹汽车，甚至寻求购买枪支来保护自身安全。2003 年卢拉政府曾经提出"禁枪令"，通过强化对于枪支的管控来达到提高社会治安管理水平的目标，并在众议院通过了限制使用武器的法案，但是众议院称该项改革需要进行全民公投来决定，最终在 2005 年举行的全民公投中，限制使用武器的民众支持率仅有 35%，半数以上的巴西民众反对该项改革，因此巴西的"禁枪令"最终夭折。

新总统博索纳罗上台以后，提出了放宽枪支管理的举措。该举措能否达到"以暴制暴"的社会期待，效果到底如何，还需要时间检验。如果国内治安不能提供稳定的发展环境，那么对于政府的综合治理能力则提出了更大的挑战。

（四）教育改革

巴西的教育水平虽然在过去十年中呈现发展态势，但是仍然无法跟上全球先进水平。首先，在教育理念上，巴西的学生父母不像亚洲国家的学生父

[①] Bernardo Barbosa, "Ter arma garante legítima defesa?" https://noticias.uol.com.br/cotidiano/ultimas – noticias/2019/01/17/legitima – defesa – o – que – especialistas – dizem – sobre – ter – uma – arma – em – casa.html.

母那样重视教育。其次，政府对于教育的投资有限。虽然2018年巴西政府提高了教育投资在GDP中的比重，尽管如此，经合组织公布的报告显示，巴西政府在教育领域的支出仍然低于全球平均水平。受财政紧张的影响，巴西在教育领域的投资逐年下跌。虽然博索纳罗政府推出了国家教师培训计划和奖学金计划，并准备对巴西的教学设备进行更新换代，但是具体实施情况如何还有待观察。最后，巴西学生的出身阶层较低。巴西网站的调查显示，有30个国家和地区的学生在文科和理科方面的能力超过了全球教育的平均水平，有31个国家和地区的学生在自然科学方面的能力超过了全球教育的平均水平，其中40%的学生来自社会经济地位较低的家庭。但是，在巴西，82%的学生出身社会经济地位较低的家庭。[1] 根据国际学生评估项目研究所的研究，教育的平等问题是一项巨大的挑战，来自社会经济地位较低的家庭的学生获得教育的途径相对较少。巴西的教育现状和其他国家最大的区别就是来自社会经济地位较低的家庭的学生数量巨大，需要靠知识改变命运，但是又没有良好的教育环境和平等氛围，将来产生的教育问题会更多。[2]

此外，亟待解决的巴西高中教育体制是制约巴西教育发展的症结之一。提高学生对于学习的兴趣，让更多18～22岁的年轻人能够在学校里接受更多的教育，而不是离开学校参加工作。同时，社会问题和少女怀孕问题也是导致巴西年轻人无法参加大学教育的又一重要原因。加强远程教育和网络作用是解决巴西教育问题的有利抓手，因为此类教育投入低见效快，但是也有评论认为巴西的经济无法支撑庞大的教育资源网络。在没有外资进入的情况下，很难灵活地改变当下巴西的教育困境。

综上所述，2019年，巴西博索纳罗新政府面临的社会形势严峻，需要解决好养老金改革、劳工改革、社会治安和教育改革等主要社会问题。关于养老金改革议题，政府需要稳定经济增长，创造更多的就业岗位，逐步提高

---

[1] 《巴西学生受教育水平低于经合组织平均水平》，南美侨报网，http://www.br-cn.com/news/br_news/20181119/119508.html。

[2] 《巴西学生受教育水平低于经合组织平均水平》，南美侨报网，http://www.br-cn.com/news/br_news/20181119/119508.html。

工人的工资和待遇，处理好社会的不平等现象，建立一个遵循世界标准的社会保障体系，打击政治家的特殊养老权，并减少对穷人的征税；关于劳工改革议题，政府需要制定相关的法律制度和劳动力市场机制，打击经济腐败，营造良好的经济环境，做大经济蛋糕，促进共同福祉，改善就业；关于社会治安议题，巴西社会治安每况愈下，博索纳罗提出的放宽枪支管理的举措能否达到"以暴制暴"的效果，还需要时间检验；关于教育改革议题，巴西政府应该加大对教育的投资，尤其是需要重视高等人才的培养和公民教育平等，完善教育体制。

四 结语

2018年，巴西国内政局不稳、民众"求变"意愿强烈；养老金制度改革盘根错节；失业率连年下降；卡车司机罢工导致全国瘫痪，社会治安动荡；教育水平低下，教育成本和教育福利相差甚远，这几大社会问题导致了整个巴西社会发展举步维艰，改革任务迫在眉睫。2019年是博索纳罗当选总统的第一年，上任后如何烧好"三把火"令世人瞩目。博索纳罗以其激进的竞选主张赢得风头，特别是国内的政策措施更是吸引了选民的眼球。当前巴西政府面临诸多亟待解决的社会、经济和政治问题，复杂性和紧迫性并存，巴西民众对解决这些国内问题期望强烈。巴西社会保障性支出连年增加，政府为支付养老金而肩负的财政压力越来越重；社会治安状况每况愈下，博索纳罗提出的放宽枪支管理的举措对于新政府而言是一把双刃剑；劳工制度改革敏感而脆弱，政治角力暗流涌动，各方利益盘根错节；教育改革受制于经济发展，民众反对改革的呼声此消彼长，巴西各项改革的前景不容乐观。理顺国家治理思路、顺利推进改革、平衡各方利益是摆在博索纳罗新政府面前的重要问题。

Y.10
巴西劳工法改革与劳动关系评析：历史与现状

〔巴西〕Marcos Costa Lima　〔巴西〕Everaldo Gaspar Andrade*
孙怡　程晶　缴洁译

摘　要： 1930年巴西工人组织发展初期即无政府工团出现以来，巴西劳工法和劳动关系经历了社团主义、工人组织立法发展、工会统一化发展、劳工法改革等不同发展阶段。其中，特梅尔执政时期（2016~2018年），政府进行的劳工法改革存在一些违背宪法之处，严重地损害了劳动者的利益，雇主的利益公开地凌驾于劳动者的利益之上。另外，我们仍然不能忽视司法部门在解决个人和集体劳动争议方面的重要作用。2019年博索纳罗新政府上台以后，巴西工薪阶层的前景并不乐观。

关键词： 巴西　劳工法改革　劳动关系

本文主要运用政治学、经济学相关理论以及劳动法、司法实践的研究方法，重点梳理1930年巴西工人组织发展初期即无政府工团出现以来，巴西劳工法和劳动关系的演变历程，对1930年以来巴西劳工法和劳动关系的不同演变阶段进行批判性的审视。在此基础上，评析特梅尔政府及博索纳罗新

---

* Marcos Costa Lima，博士，巴西伯南布哥联邦大学政治系教授、亚洲研究所负责人，巴西国际关系协会理事会成员；Everaldo Gaspar Andrade，博士，巴西伯南布哥联邦大学法学系助理教授。

政府的劳工法改革与劳动关系，揭示司法机关在巴西劳工法改革进程中的角色及其对劳动关系的影响。

一 无政府工团主义：巴西工人组织发展的初期阶段

整个19世纪在巴西虽然发生了一些工人冲突事件，但是直到19世纪最后10年，在移民运动的基础上，巴西的工人组织才最终得以形成。由此，工人组织开始登上巴西现代历史舞台，并持续至20世纪第一个10年。① 这一时期的经典劳动法理论，在关于工人团体这一主题上几乎是空白。② 随着1917年俄国革命的爆发，巴西无政府工团主义开始走向衰落。安德拉德（Andrade）、里拉和安吉洛（Lira e D'Angelo）对此描述道：

> 在持续三个世纪后，巴西的奴隶制度开始走向衰落。19世纪80年代，在圣保罗州政府政策的支持下，巴西的移民运动得到进一步加强。巴西政府希望通过发放津贴的方式吸引更多国家的移民前来巴西，以此应对因奴隶制度的衰落而引发的咖啡种植园劳动力危机。巴西招募大量的外国人，尤其是西班牙人、意大利人和葡萄牙人。他们大多来自这些国家的农村地区，乘坐大船、长途跋涉，带着创造财富的许诺来到巴西。然后，他们被火车载往移民旅馆，在那里受雇为咖啡种植园劳动力。③

然而，面对老板固有的对待奴隶的心态，这些外国移民建立财富的错觉

---

① 1890~1920年，巴西当无政府主义者蓬勃发展并掌权，主要是因为来自欧洲移民的大量涌入。
② 参见 Ariston Flávio Freitas da Costa, *Os Anarquista e os Imigrantes, no Contexto do Sindicalismo Brasileiro: o resgate do anarco-sindicalismo e as tendências contemporâneas*, Recife: Programa de Pós-graduação em Direito da UFPE, 2016, Texto Avulso。
③ Andrade, Lira e D'angelo, "A História da Formação Operária e do Sindicalismo Brasileiros," *Revista do Direito do Trabalho*, Vol. 41, No. 163, junho 2015, p. 76.

很快消失。对于这些新劳工而言,他们面临冗长的劳动时间以及十分恶劣的住房和劳动条件。费尔南达·里拉(Fernanda Lira)记录下了这一历史过程。① 米歇尔·扎伊丹(Michel Zaidan)认为,直到俄国革命的爆发和巴西共产党的出现,无政府主义者构成了巴西工人运动中最具"革命性"的力量。

二 从20世纪30年代革命到军人独裁政权

(一)巴西工人运动的第二个发展阶段:工人组织的政治立法

如果不审视1930年革命运动所扮演的角色,就无法理解巴西劳工法的历史。因为从那时起,国家明显加强了对劳动条件的规定,并颁布了大量的劳工法律法规。1930年革命对巴西劳工法产生了重要且深远的影响,为建立"社团主义"(corporativismo)的法律模式奠定了基础,而这种模式在巴西持续了80余年之久,其影响持续至今。②

1929年,纽约证券交易大崩盘给巴西带来了灾难性的影响。当时巴西还处于工业化初级阶段,国民经济体系完全依赖咖啡出口。主要出口产品在国际市场价格的下跌,使巴西经济处于脆弱状态。在政治领域,以"咖啡加牛奶"著称的政治制度——由圣保罗的咖啡种植园主和米纳斯吉纳斯的养牛牧场主轮流主导的寡头政体共和国制度,开始走向终结。1929年资本主义经济危机带来的经济问题,与巴西新国家政权建立的政治运动同时爆发。随着1930年革命的爆发,巴西开始逐渐扭转农业出口经济的颓势。1930~1980年,巴西国内生产总值增长了18.2倍(平均每年增长6%),为推进巴西社会薪酬结构的调整创造了条件。③

---

① Fernanda Barreto Lira, *A Greve e os Novos Movimentos Sociais*, São Paulo:LTR, 2009.
② Otávio Pinto e Silva, "A Revolução de 1930 e o direito do trabalho no Brasil," Agosto de 1999, http://www.revistas.usp.br/rfdusp/article/download/67462/70072/.
③ Marcio Pochmann, *Desenvolvimento, trabalho e renda no Brasil:avanços recentes no emprego e na distribuição dos rendimentos*, São Paulo:Editora Fundação Perseu Abramo, 2010, p. 17.

瓦加斯担任总统后不久,于1930年11月26日颁布了第19433号法令,创建了劳动、工业和商业部。1931年2月4日,巴西通过了第19667号法令,成立了国家监管和信息机构——国家劳工局。同年3月,巴西通过了第19770号法令,颁布了巴西第一部工会法。瓦加斯还陆续批准了多项保障劳动者权益的措施,如实行银行和商业从业人员的带薪年假制度,初步建立了社保制度,禁止雇用12岁以下童工等。[1] 根据埃瓦里斯托·德·莫赖斯·菲略(Evaristo de Moraes Filho)的观点,这些"新劳工法所规定的内容在执行和监督"方面存在较大的困难。1930~1934年在新联邦宪法颁布之前,巴西在劳动关系方面建立了一个新的法律与行政框架:工会组织、退休和养老金机构改革、劳动取得国籍、劳动时长、混合调解委员会、调解和审判委员会、行业协会、集体协议、妇女和儿童劳动、休假、全国劳动委员会改革、海事劳动局、建立首批社会保障机构等。虽然劳工部被许多人误解为法西斯或共产主义,但是它在奠定社会法治、保障劳工福利方面发挥了非常重要的作用。当然,它也存在一定的局限性,并给国家带来了灾难性的后果。[2]

随后,1937年宪法进一步巩固了社团主义观念,主要通过以下途径进行:(1)设立经济社团组织,即金字塔形结构的资本家及劳工代表机构,并受国家监督;(2)授权这些机构成为行业代表,负责谈判、签订集体劳动合同;(3)创建"行业"概念,成立根据国家政治需求而运作的经济行业小组;(4)抑制社会冲突,特别是罢工,成立劳动法庭,并赋予其法治权力。

在此背景下,1943年颁布了《统一劳动法》(Consolidação das Leis do Trabalho – CLT),将当时存在的各种劳动法律法规重新进行了编纂。

因此,我们可以得出这样一个结论:巴西所有的工会组织都是在1930年革命之后产生的,并且社团主义观念影响了巴西劳动法的演变。现在巴西

---

[1] D'ARAÚJO, Celina M.(Org.), *As Instituições da Era Vargas*, Rio de Janeiro: Ed. FGV, 1999, p. 26.
[2] MORAES FILHO, Evaristo, *Introdução ao Direito do Trabalho*, São Paulo: Editora LTr, 1986, pp. 20 – 21.

的劳动关系结构仍然具有明显的社团主义特征，可以说社团主义观念影响深远，持续至今。①

最终，巴西社会选择了瓦加斯式的单一化、官僚化、由国家管控的工会模式。毫无疑问，瓦加斯政府希望肯定劳动者，特别是在当地的奴隶制传统中，劳动一直被视为不高尚的活动。② 通过城市立法来认可劳动者，使瓦加斯政府进一步加强了政治统治，并引入了由国家提供劳动法的文化。③ 随后，国家出现了一种最低限度尊重工人权利的新传统，但是这与巴西那时所经历的政治自由限制是并行的。④ 在很多部门，劳工和工会立法支持或促进了工人的动员和组织。最终，国家无意间促进了工人组织权力空间的形成与发展，但是这并不意味着没有博弈就赢得了这个权力空间。工会与劳工部的合作关系（一直持续到1988年宪法的颁布）以及军政府时期的工会立法，阻碍但没有阻止工人组织的发展，根本问题在于《统一劳动法》的有效性以及国家、雇主和劳动法庭对该法律的遵守情况。劳工法曾经具有并且现今仍具有这一重要作用：创造一种属于劳工的"法律"或"合法"文化。

《统一劳动法》经常用来约束雇主对劳工的侵权行为。毕竟，劳动者只要求遵守法律。争取劳工权利最终与承认劳动者的尊严有关。⑤ 通过这种方式，有效地构建起了巴西工会的结构：官僚化、纵向化、从属于国家。在这

---

① Pinto e Silva, Otávio, "A Revolução de 1930 e o direito do trabalho no Brasil," http://www.revistas.usp.br/rfdusp/article/download/67462/70072/.
② Costa Lima, Marcos, "A Assessoria Econômica do segundo goveno Vargas e a construção do Estado brasileiro," in Marcos Costa Lima (org.), *Os boêmios Cívicos, A Assessoria econômico política de Vargas (1951 - 54)*, Rio de Janeiro: Centro Internacional Celso Furtado, Coleção Pensamento Crítico, 2013, p. 45.
③ D'araújo, "Estado, classe Trabalhadora e Políticas Sociais", in Ferreira Jorge, Delgado, Lucilia de Almeida Neves (org.), *O Brasil Republicano. O tempo do nacional - estatismo (1930 - 1945)*, v. 2, Rio de Janeiro: Civilização Brasileira, 2003, p. 234.
④ Batistella, Alessandro, "A Era Vargas e o movimento operário e sindical brasileiro (1930 - 1945)," *Unoesc & Ciência - ACHS Joaçaba*, v. 6, n. 1, jan./jun 2015, p. 29.
⑤ Bercovici, G.; Massonetto, "Os Direitos Sociais e as Constituições Democráticas Brsileiras: Breve Ensaio Histórico," in David Sánchez Rúbio, Joaquín Herrera Flores, Salo de Carvalho (org.), *Direitos humanos e globalização: fundamentos e possibilidades desde a teoria crítica*, Porto Alegre: EDIPUCRS, 2010, p. 520.

种结构的基础上，工会可以代表市、州甚至联邦政府层面。工会之上是联合工会，可以覆盖一个地区、一个州甚至整个国家同一职业的劳动者。最后，还有全国联合工会，这些联合会将来自工业、商业、农业等各个部门的劳动者汇聚在一起。这种结构的重要特征是纵向化，不允许建立横向工会组织，例如直接代表所有工会基层的工会中心。[1] 学者安德拉德将独裁的意识形态与新国家在工会运动中的立法结构联系起来。《统一劳动法》第533条d款要求工会"与国家合作，作为技术和咨询机构，研究和解决与工会各自层级或行业相关的问题"。该法第544条a款将工会作为"在社会团结发展方面与公共当局合作的"机构。[2] 从这种意识形态的背景来看，新国家控制了工会生活。为了建立一个工会，首先必须建立一个可以成为工会的工会协会，而这需要申请国家的授权。该申请应附有章程副本。同时，章程中应包含（根据《统一劳动法》第518条c款规定）"确保协会将与公共当局合作，且其经济利益和行业利益应服从国家利益"的说明。作为工会运作的必要条件（第521条d款），"禁止宣传任何违反国家制度和利益的意识形态，以及与工会无关的职位竞选"。国家干预是绝对的，自工会选举开始，劳工部参与表格收集（第522条第1款）并负责唱票（第522条第3款）。如果各级工会组织不遵守这一命令，即拒绝与公共当局合作，试图表达与"国家制度和利益"不相容的意识形态，不向公共当局提交其活动记录，则依法将受到处罚，包括第553条：a. 罚款；b. 暂停工会领导职务；c. 撤销工会领导或领导委员会成员职务；d. 关闭工会、联合工会和全国联合会；e. 取消授权书。[3]

这种戴着口罩般的工会模式成为一种辅助性的社团机构。要维持这种官僚辅助制度，不能仅依靠工会成员自发给予的捐赠，即所谓的社会捐赠，还

---

[1] Antunes, Ricardo, *O que é sindicalismo*, São Paulo: Brasiliense, 2003, pp. 49–50.

[2] Andrade, Everaldo Gaspar Lopes de, "As antinomias do artigo 8.° da Constituição Federal. Um contraponto à doutrina dominante," *Revista do TRT da 8ª, Região*, vol. 44, n. 86, 2011, p. 110.

[3] Andrade, Everaldo Gaspar Lopes de, "As antinomias do artigo 8.° da Constituição Federal. Um contraponto à doutrina dominante," *Revista do TRT da 8ª, Região*, vol. 44, n. 86, 2011, p. 110.

应该创造一种具有强制性的收入来源,即"工会税",直到最近被称为"强制性纳税"。此外,值得一提的是,根据《统一劳动法》第 592 条,由雇主工会、自由劳动者工会、雇员工会推动的集体申请还包括医疗、牙科、医院和药品援助、产妇援助、殡葬援助、安置机构、体育和社交活动、教育和职业培训、奖学金、法律援助等,这是联合工会的目的所在。①

(二)军政府时期工人组织的发展(1964~1985年)

值得注意的是,在军政府时期(1964~1985 年),巴西建立了军人独裁政权,军人主导国家政治,国会被迫关闭,工会和民众的言论自由受到了严格控制。从劳动关系的角度来看,1966 年,军事独裁巩固了政府在劳动关系领域的主要计划,即工龄保障基金(FGTS),其重要影响一直持续至今。② 同样在 1966 年,巴西成立了国家社会保障机构(Instituto Nacional de Previdência Social – INPS),合并退休及养老金机构,使养老金、退休和医疗等福利标准化,标志着工会对退休和养老金影响力的终结,国家社会保障机构权力扩大,社会保障从此被纳入国家官僚机构的控制。此外,国家社会保障机构还负责处理工伤事故,而之前一直由私营公司提供服务。

1967 年宪法规定禁止公共服务部门以及法律规定的重要经济活动部门的罢工行为。宪法第 5 条规定:参与或支持罢工的公务员被视为严重违纪,可被撤职或停职。1978 年,盖泽尔政府进一步禁止主要服务领域的罢工行为,并增加了重要基础经济活动部门的数量。从军政府时期的社会发展来看,劳动收入占国民收入的比重下降至 50%。同时,衡量居民收入差距的基尼系数升高至 0.6。③

---

① Andrade, Everaldo Gaspar Lopes de, "As antinomias do artigo 8.° da Constituição Federal. Um contraponto à doutrina dominante," *Revista do TRT da 8ª, Região*, vol. 44, n. 86, 2011, p. 111.

② Miranda, Agenor Gabriel Chaves, "O Direito do Trabalho na Ditadura Civil – Militar," Conteudo Juridico, Brasilia – DF, 13 set. 2016, http://www.conteudojuridico.com.br/?artigos&ver = 2.56747&seo = 1.

③ Pochmann, Marcio, "Brasil: segunda grande transformação no trabalho?" *Estudos Avançados*, 28 (81), 2010, p. 21.

三 1988年宪法和再民主化

1988年宪法虽然具有进步之处，如废除工会章程等，但是也存在一些重大问题，如宪法第8条的内在矛盾为日后的司法实践带来了障碍。宪法第8条第1款指出，工会组织是自由的，废除了国家通过颁发授权书来认可工会活动的"权力"。同时规定，禁止国家对工会组织进行干涉和干预。但是，这一条款还规定，为了保证工会的正常运行，工会必须在主管部门进行登记，这是劳工部所依据的主要法律理论和判例。学者安德拉德认为，1988年宪法从一开始就明确了"职业协会"和"工会"是自由的，并在后续行文中规定"法律不能要求工会的成立需要国家授权"，取消了授权书要求或是从职业协会过渡到工会的要求，并在最后明确提出，禁止公共权力部门干涉和干预工会生活。① 但是，宪法赋予在工会自由、不干涉和不干预权利的同时，仍要求工会需要在主管部门登记注册，从而造成了内在矛盾。如果1988年宪法想要消除国家在工会组织中的存在，既接受严格的自由、不干涉和不干预要求，又要向主管机构登记——这是一种得到宪法认可的"干涉"和"干预"，从而产生了明显的自相矛盾。根据亚里士多德的逻辑，在同一范畴内，任一事物不能同时既具有某属性又不具有某属性。② 因此，要么存在组织运作上的自由，而这必然意味着不干涉和不干预；要么不存在这种自由，工会活动受到登记注册的影响。所谓的登记是违背宪法的，因为这是一种公共权力对工会自由的过分干预。

此外，1988年宪法第8条第2款规定，实行工会联合统一，禁止在特定区域内存在一个以上的工会实体。这个立法理念与第87号《国际劳工组织公约》相违背。安德拉德指出，宪法规范不应该选择任何替代方案，否

---

① Andrade, Everaldo Gaspar Lopes de, "As antinomias do artigo 8.° da Constituição Federal. Um contraponto à doutrina dominante," *Revista do TRT da 8ª Região*, vol. 44, n. 86, 2011, p. 111.
② Andrade, Everaldo Gaspar Lopes de, "As antinomias do artigo 8.° da Constituição Federal. Um contraponto à doutrina dominante," *Revista do TRT da 8ª Região*, vol. 44, n. 86, 2011, p. 111.

则将陷入专制；如果目前的立法立场是专制的，那么多元主义的替代也是专制的。为了建立与自由原则相对应的民主选择，宪法应该简单地规定：工会组织是自由的，工人社团可自行制定他们认为最为合适的工会模式。①

虽然宪法强制工会统一化，但是在金字塔的顶端却采用了一种多元化的方式。可以说，巴西的工会主义像一个未完成的金字塔，其顶部不是封闭的。为什么不是封闭的？因为如果封闭，应该只存在一个工会中心，而不是几个。几个工会中心的存在意味着金字塔顶端的多元化。但是，1988年宪法第8条第2款明确规定："禁止在任何层级建立一个以上的工会组织。"除非工会中心不适用于巴西工会主义的背景，否则根据工会组织系统的联合机制，金字塔的最后一级将由全国联合工会组成。此种情况下，它们甚至应该被重新命名，可以被称为其他事物的中心，但不能被称作工会中心，除非它们的出现不是为了封闭金字塔的顶端。

1988年宪法带来了一些进步，特别是在第8条第1款中规定："法律不能要求工会的成立需要国家授权，除向国家主管机关办理登记手续外，禁止公共当局干涉和干预工会组织。"但是，从上面的论述中可以看出，宪法无法克服内部的矛盾和倒退，特别是在司法实践中。我们将在后面讨论这个问题。

1988年宪法标志着巴西民主的回归，遵循了1934年和1946年宪法的原则，在争取社会权利方面取得了重大进步。在经济和金融秩序下，建立了对人类劳动价值和自由主义价值的认可。② 这部宪法引起了影响深远的劳动变革，特别是宪法第7条规定了劳动用工制度。鉴于劳动者向雇主提供体力劳动或智力劳动，对这种不平等进行法律干预，为劳动者提供了更强的法律

---

① Andrade, Everaldo Gaspar Lopes de, "As antinomias do artigo 8.° da Constituição Federal. Um contraponto à doutrina dominante," *Revista do TRT da 8ª, Região*, vol. 44, n. 86, 2011, p. 113.

② Bercovici, G; Massonetto, "Os Direitos Sociais e as Constituições Democráticas Brsileiras: Breve Ensaio Histórico," in David Sánchez Rúbio, Joaquín Herrera Flores, Salo de Carvalho (org.), *Direitos humanos e globalização: fundamentos e possibilidades desde a teoria crítica*, Porto Alegre: EDIPUCRS, 2010, p. 578.

保护，为获得合理的劳动条件提供了更加有力的保障。① 鉴于此，许多法学家称赞1988年宪法是巴西民主复兴的里程碑，是拉开巴西政治和社会变革序幕的象征。例如，厄洛斯·罗伯托·格劳（Eros Roberto Grau）在分析1988年宪法的经济秩序时，强调了宪法作为社会变革工具的可能性。②

有关宪法的理论认为，宪法不仅是对当下的保证，更是对未来的计划，为政治提供行动路线，而不是替代政治，强调国家与社会之间的相互依存关系。从根本而言，治理型宪法的理念是通过法律捍卫社会变革。③ 1988年巴西宪法是一部治理型宪法，其在第3条引入了实行经济社会变革方案所依据的一系列政治、社会和经济原则，而这些原则必须由国家执行。④

此外，在社会保障方面，1988年宪法也取得了相应的进步，包括对健康、福利和社会援助系统的整合和协调。例如，取消只对有编制的劳动者提供医疗和社会保障的公民管理制度，因为其将大部分自由职业者和没有正式合同的劳动者排除在外。这些行动的重点是权力下放、医保的普及化、城乡工人社会保障福利的同质化以及将社会援助以外的部分人群纳入其中（如儿童、青少年、残障人士、老年人等）。在资金来源方面，除了传统的劳动者和雇主纳税之外，有了新的资金来源的支持，从而使社会保障预算的建立具有可行性。宪法规定减少劳动时间，从每周48小时降至44小时，并保证年假期间获得相当于薪金三分之一的额外报酬。同时，确认罢工权，并赋予工会自由和自治权。⑤

---

① Pinho, Luana C; Bezerra, Marília S., " Direitos Trabalhistas no Brasil: uma aproximação crítica," *II Seminário Nacional de Serviço Social*, Trabalho e Políticas Sociais Universidade Federal de Santa Catarina Florianópolis, 23 a 25 de outubro 2017, p. 4.

② Grau, Eros, *A Ordem Econômica na Constituição de 1988*, São Paulo: Revista dos Tribunais, 1991, pp. 198 – 199, 319 – 322.

③ Bello, Enzo; Bercovici, Gilberto; Lima, Martonio Mont'Alverne Barreto, "O Fim das Ilusões Constitucionais de 1988?" *Revista Direito e Práxis*, Vol. 10, No. 3, 2019, p. 3.

④ Bello, Enzo; Bercovici, Gilberto; Lima, Martonio Mont'Alverne Barreto, "O Fim das Ilusões Constitucionais de 1988?" *Revista Direito e Práxis*, Vol. 10, No. 3, 2019, p. 3.

⑤ Pochmann, Marcio, *Desenvolvimento, trabalho e renda no Brasil: avanços recentes no emprego e na distribuição dos rendimentos*, São Paulo: Editora Fundação Perseu Abramo, 2010, pp. 24 – 26.

但是，这些规定是建立在新自由主义财政紧缩政策的基础之上，使劳动关系领域产生了一种新的依附逻辑，增大了劳动关系的不稳定性，从而导致了20世纪90年代大规模失业浪潮的爆发。从那时起，国家发展计划的中断造成了劳动者权益的受损。在此种背景下，国家社会被重新规划，表现为推进反工会政策以及加强劳动力市场的灵活性。① 经济学家马尔西奥·波查曼（Márcio Pochamnn）强调，基于20世纪80年代出口导向型政策和20世纪90年代新自由主义政策的影响，巴西进入经济和社会的倒退阶段：国民经济排名从全球第8位降至第13位，失业率排名从全球第13位上升至第3位，工资收入在国民收入中的份额从50%下降至39%。②

四 从科洛尔政府到卢拉政府时期的劳工法改革（1990～2010年）

（一）从科洛尔政府到卡多佐政府时期的劳工法改革（1990～2003年）

20世纪80年代末以来，巴西国内关于劳工法改革的讨论持续进行，并且近十年有所加强。从科洛尔政府开始，减少国家对经济的干预主导了政府的经济、社会改革议程并影响了各行业企业生存战略的制定，特别是在劳动关系领域，不确定性增强，竞争加剧且分化日益明显。③

卡多佐政府不仅延续了科洛尔政府时期的劳工改革议程，还放弃了佛朗哥政府起草的劳工领域的机构对话机制，重新采取单边措施或是单独与政府

---

① Pochmann, Marcio, *Desenvolvimento, trabalho e renda no Brasil：avanços recentes no emprego e na distribuição dos rendimentos*, São Paulo: Editora Fundação Perseu Abramo, 2010, p. 16.

② Pochmann, Marcio, "Brasil: segunda grande transformação no trabalho?" *Estudos Avançados*, 28 (81), 2014, p. 23.

③ Krein, Josedari; de Oliveira, Marco Antônio, "Mudanças Institucionais e relações de trabalho: as iniciativas do governo FHC no período 1995–1998," *Revista do Tribunal Regional do Trabalho da 15ª Região*, No. 22, jan./jun. 2003, pp. 241–242.

偏好的"中间人"进行对话。虽然卡多佐政府没有推行社团系统的全面改革，但是采取了一系列调整劳工法的具体措施，且大部分措施为临时措施、法令和条例。换句话说，政府从阻力最小的方面展开行动，试图在1988年宪法的基础上，引入不改变现行制度的局部措施。然而，这些措施显示出放松社会权利管制的趋势，并进一步提升了劳动关系的灵活程度，特别是在雇佣和解雇条件以及公司职工岗位流动方面。

一些学者的研究指出，卡多佐政府劳工改革议程的重点是修订那些符合灵活的劳动关系的目标同时又与行政部门推行的改革措施形成强烈共鸣的法律条款。[①] 事实上，这些立法削减了个人劳动权利，将社会保护减少到政治上可行的程度，其维持和扩大集体劳动立法的目的只是尽可能地限制工会行动、集体谈判和罢工权利。当要求减少个人劳动权利的压力增大时，要求限制工会权力的压力也随之增大，以此限制集体谈判的空间和罢工的权利。[②] 此外，针对劳工法的批判和调整是在社会保护失信、集体价值观念缺失的背景下产生的。

（二）从卢拉政府到罗塞夫政府时期的劳工法改革（2003~2016年）

2002年，作为总统候选人的卢拉提出了劳动监管领域的三项提案：其一，提高最低工资标准；其二，将劳动时间减少至每周40小时；其三，建立国家劳工论坛（FNT），其功能是重新设计巴西工会和劳工组织体系，在社会行为人（雇主和劳动者）和国家代表之间建立三方对话机制。自2005年以来，提高最低工资标准是这三项提案中唯一被实施的政策。[③] 这些提案

[①] Krein, Josedari; de Oliveira, Marco Antônio, "Mudanças Institucionais e relações de trabalho: as iniciativas do governo FHC no período 1995-1998," *Revista do Tribunal Regional do Trabalho da 15ª Região*, No. 22, jan./jun. 2003, p. 263.

[②] Krein, Josedari; de Oliveira, Marco Antônio, "Mudanças Institucionais e relações de trabalho: as iniciativas do governo FHC no período 1995-1998," *Revista do Tribunal Regional do Trabalho da 15ª Região*, No. 22, jan./jun. 2003, p. 263.

[③] Krein, Josedari e Al, "Trabalho no governo Lula: avanços e contradições," *Revista Abet*, No. 2, Jul./Dez. 2011, pp. 49-50.

的假设是，立法和政策领域的灵活性仍然存在。但是，在卢拉总统第二任期内，特别是在全球经济危机的背景下，其实施的政策空间不断缩小。因此，从卢拉总统的第一个任期到第二个任期，政府的宏观经济政策逐渐变得越来越不具备保守主义特征，而是更多地以促进发展的公共政策为主。尽管极端保守的货币政策仍在继续，但是从政治改革的视角来看，只有在考虑营造更好的外部环境和财政状况时，才能理解公共政策在对抗2008年全球经济危机中所起到的决定性作用，而在当时显然是发展主义者或凯恩斯主义者在经济团队中占据了优势。

巴西较高的国内生产总值增长率，再加上一系列公共政策的扶持（提高最低工资、家庭补助金、更多信贷渠道、支持家庭农业、增加国家开发银行信贷）以及劳工在集体谈判中所取得的成就，促进了巴西劳动力市场的复苏和劳动关系的重新构建，2006～2010年这一趋势有所加强。① 马尔西奥·波查曼（Márcio Pochmann）认为，卢拉政府通过分配差异优先保护了国内市场，从而成功地刺激了国内消费以及公共、私人投资。② 收入政策主要表现为三种形式。

第一，不断调整国家最低工资标准。2003～2010年，巴西低收入群体的工资实际累计增长了53.5%，并且这一增长没有影响通货膨胀水平，对非正规就业、公共财政恶化以及失业的影响更是微乎其微。自"雷亚尔计划"实施以来，巴西年通货膨胀率处于历史最低水平。失业率从2002年的11.7%下降至2009年的7.9%，非正规就业率在同一时期也有所下降。例如，由于最低工资标准的提高，2003～2010年，约有1万亿雷亚尔通过基本工资的形式发放到劳动者手中。

第二，支持收入转移，特别是转移到金字塔形社会的底层部分。例如，提升社会福利政策的重要性，新增受益人数近500万，并且提高了最

---

① Krein, Josedari e Al, "Trabalho no governo Lula: avanços e contradições," *Revista ABET*, No. 2, Jul./Dez. 2011, pp. 49–50.
② 以下数据均出自 Pochmann, Márcio, *Desenvolvimento, trabalho e renda no Brasil: avanços recentes no emprego e na distribuição dos rendimentos*, São Paulo: Editora Fundação Perseu Abramo, 2010.

低收入标准，使2008年近2014亿雷亚尔转移到低收入阶层，而在2002年这一数字仅为866亿雷亚尔。巴西经济学家还强调通过失业保险和工资补助等方式实现收入转移。其中，失业保险从2002年的58亿雷亚尔增至2008年的138亿雷亚尔，工资补助从2002年的13亿雷亚尔增至2008年的72亿雷亚尔（针对正式就业且月收入不超过最低工资标准两倍的人群）。这些情况说明，收入转移增长的实现同样依赖于劳动力市场的正规化，既有助于提高受益人群的覆盖率，也有助于提升全国最低工资的实际金额。同时，社会援助领域保障性收入群体也不断扩大。在《老年人权利法》（Estatuto do Idoso）获批以及"持续福利计划"（Benefício de Prestação Continuada）的推动下，更多老年人和有特殊需要的低收入人群被纳入受益范围（金额从2002年的52亿雷亚尔增至2010年的156亿雷亚尔）。此外，"家庭补助金计划"（Bolsa Família）也十分成功，不仅合并了前任政府推行的多项福利计划，还进一步增加了福利金额（从2002年的17亿雷亚尔增至2009年的110亿雷亚尔）和受援家庭数量（至今已有1200万个家庭从中受益）。

总之，2002～2008年，巴西政府通过各种方式向巴西社会结构底层的民众增加了1700亿雷亚尔的收入转移，其中社会保障收入约1382亿雷亚尔，失业保险金及工资补助（针对收入不超过最低工资标准两倍的人群）约138亿雷亚尔，社会援助约104亿雷亚尔，其他政府福利计划约80亿雷亚尔。

第三，采取一系列扩大信贷业务的措施，特别是针对个人的信贷业务。例如，2002～2008年，巴西政府划拨给信贷业务的资金从905亿雷亚尔增至4441亿雷亚尔，另外通过信贷机构发放给就业人员和无业人员共计3536亿雷亚尔。此外，政府不仅通过多种方式增加了1700亿雷亚尔的收入转移，还通过住房金融推动了信贷业务，增加了家庭贷款资源，从而进一步刺激了国内消费市场，对劳动力市场所产生的利好作用也是不可忽视的。

解决贫困和收入不平等问题主要考虑的是实现增加国民就业的政治承

诺,优化国民收入的分配格局,特别是关注最脆弱的贫困人口群体。提高国民经济创造就业的能力能够吸纳准备就业的劳动者以及部分失业者,同时重视社会保障政策和劳动保护政策也能有效地应对社会问题。马尔西奥·波查曼认为,最好的例证是巴西绝对贫困人口和相对贫困人口的下降。2002年3月至2009年7月,巴西六个大都市区的贫困率下降了28%。具体而言,巴西大都市的贫困人口减少了430万人(-23.2%),从2002年3月的1850万人减少到2009年7月的1420万。在脱贫人口中,有310万人是经济活动人口(EAP),占脱贫困人口总数的72.1%,只有120万脱贫者(27.9%)是非经济活动人口(如儿童、学生、老人、家庭主妇等)。在比较经济活跃人口的变化时,穷人的数量减少了40.0%(300万),从750万(2002年3月)减至450万(2009年7月),而由非贫困人口组成的经济活跃人口增长了61.2%(710万),从1160万(2002年3月)增至1870万(2009年7月)。同一时期,巴西贫困人口的失业人数减少了55.4万(-35%),从158.3万(2002年3月)下降到102.9万(2009年7月);非贫困人口的失业人数减少了11.86万人(-12.6%),从94.27万人(2002年3月)下降到82.41万人(2009年7月)。由此可见,2002年3月至2009年7月,巴西的绝对贫困率和相对贫困率均有所下降,此期间巴西六大都市区的贫困率下降了28%。

从巴西个人收入分配不平等的情况来看,数据显示,自1990年以来(除1993年外),个人收入分配不平等基本上保持了持续下降的趋势。例如,2008年,巴西的基尼系数为0.54,远低于1990年的0.60。但是,在不同时期,基尼系数下降的路径不同,例如,20世纪90年代,主要是由于最高薪酬水平下降幅度较大;而最近一段时期,则是由于各阶层的收入都有所增长,而最贫困人口的收入增长幅度最大。其中,1995~2002年,巴西最贫困的10%人口的家庭月收入年均增长了1.8%,而最富裕的10%人口家庭月收入年均减少了0.4%。此外,2003~2008年,巴西人均家庭收入实现了实质性的增长,特别是处于社会结构的底层部分。对于最贫困的10%人口而言,人均家庭收入年均增长了9.1%,而最富裕的10%人口的家庭收入年均增长了1.6%。① 总体来看，卢拉政府在扩大劳动关系正规化和减少不平等方面均取得了积极成果。

五 特梅尔政府和博索纳罗政府时期的劳动关系（2016~2019年）

（一）特梅尔政府时期的劳动关系（2016~2018年）

特梅尔政府时期，巴西的贫困人口比例有所增加，劳动收入不平等程度以及婴儿死亡率也有所增加。经济衰退使巴西失业率从2014年的6.8%增至2017年的12.7%。

在劳动关系领域，特梅尔政府批准了无限制外包政策，即第4302/98号法令，这是卡多佐时期曾经采取的举措。此项政策的批准意味着劳动关系的削弱，表明劳动岗位会更加灵活，并存在各种形式的不稳定性。此外，劳动者还遭遇了劳工法改革（第1367/17号法令），使雇主的利益公开地凌驾于劳动者之上，劳动者的前景变得模糊。②

（二）博索纳罗新政府时期的劳动关系（2019年）

虽然博索纳罗政府于2019年刚履职，但是工薪阶层的前景并不乐观。例如，最低工资几乎没有任何上调，同时不断上调最低工资实际金额的政策也宣告结束。2007年，时任卢拉总统制定了一项最低工资标准政策，旨在长期调整国家底层收入，该政策拟持续到2023年。然而，博索纳罗总统于2019年1月1日签署了一项行政法令，将2019年的最低工资标准定为998雷亚尔。上届政府递交给国会的预算方案中设定的是1006雷亚尔。这一调

---

① Pochmann, Márcio, *Desenvolvimento, trabalho e renda no Brasil：avanços recentes no emprego e na distribuição dos rendimentos*, São Paulo：Editora Fundação Perseu Abramo, 2010, p. 104.
② Pinho, Luana C., Bezerra, Marília S.,"Direitos Trabalhistas no Brasil：uma aproximação crítica," *II Seminário Nacional de Serviço Social*, Trabalho e Políticas Sociais Universidade Federal de Santa Catarina Florianópolis, 23 a 25 de outubro 2017, p. 99.

整标志着所谓的持续上调最低工资标准政策的终结,这一政策已经维持了11年之久。

此外,博索纳罗在竞选期间曾提出要取消劳工部。2019年初,博索纳罗上台以后,劳工部最终被取消。劳工部负责制定就业和收入准则,并发布相关领域的政策文件,监督劳资关系,调查强迫劳动、非法雇用童工等指控以及雇主遵守法规的情况。取消劳工部将会给劳动者造成巨大损失。[1] 如前文所述,当1930年11月劳工部出现时,其设想是成立一个负责调解劳动者和雇主之间关系的机构,而在这以前是由农业部负责的,"在当时而言,这是一项用来显示国家作为集团和个人之间调解者角色的政策"。就博索纳罗取消劳工部而言,分析人士认为,"未来的效果将会使工会非政治化"。[2] 2018年11月8日,劳工部的公务员聚集在政府大楼前做象征性的拥抱,抗议该部门的取消。巴西利亚大学社会学家、劳动关系领域研究专家萨迪·德尔·罗素(Sadi Dal Rosso)认为,取消劳工部将极大地影响"劳务税务审计服务。在没有劳工部的情况下,这方面的监管将缺失,从而使私营部门获益,因为给予了他们采取不正当行为的空间"。[3]

关于"劳工证"审批问题,萨迪·德尔·罗素认为,如果没有审计服务,通过劳工证使劳动与权利挂钩的空间将会失去,接下来将会导致非正规就业在国内的扩大。当被问及为什么博索纳罗总统决定取消劳工部时,萨迪·德尔·罗素指出,总统所谓的经济学、社会学新自由主义是一种激进的

---

[1] Rosso, Sadi Dal, "Fim do Ministério do Trabalho aprofunda prejuízos Trabalhistas e impede desenvolvimento do Brasil," 13 de novembro de 2018, https://www.sinprodf.org.br/fim-do-ministerio-do-trabalho-aprofunda-prejuizos-trabalhistas-e-impede-desenvolvimento-do-brasil/.

[2] Rosso, Sadi Dal, "Fim do Ministério do Trabalho aprofunda prejuízos Trabalhistas e impede desenvolvimento do Brasil," 13 de novembro de 2018, https://www.sinprodf.org.br/fim-do-ministerio-do-trabalho-aprofunda-prejuizos-trabalhistas-e-impede-desenvolvimento-do-brasil/.

[3] Rosso, Sadi Dal, "Fim do Ministério do Trabalho aprofunda prejuízos Trabalhistas e impede desenvolvimento do Brasil," 13 de novembro de 2018, https://www.sinprodf.org.br/fim-do-ministerio-do-trabalho-aprofunda-prejuizos-trabalhistas-e-impede-desenvolvimento-do-brasil/.

新自由主义学派，自特梅尔执政以来在巴西大力推行，其目的是尽可能地减少国家对经济的干预，它与劳动法相违背，却被巴西经济部部长保罗·盖德斯（Paulo Guedes）极力推崇。

博索纳罗总统对媒体表示，劳动者必须在"'减少权利但有工作'和'保留全部权利但面临失业'两者中进行抉择"，他还表示"（高昂的）劳动力成本使大约5000万名劳动者处于非正规就业状态"。他暗指尚未实行的"绿黄"①新劳工证。显然，那些选择"蓝色"劳工证的劳动者将面临失去正式工作的可能，因为雇主们更倾向于签订"绿黄"劳工证制度下的劳动合同，这种劳动合同将打破一些原有的劳工权利，如保留职位、休假、加班等。

然而，影响劳动者的不仅仅是劳动关系的灵活性和不稳定性，也包括政府进行的一系列养老金、卫生和教育等社会领域的改革。博索纳罗政府将启动养老金改革，以减少退休金。此外，特梅尔政府时期推出的所谓公共支出限制措施（PEC 241）目前仍在执行，从而为公共支出的增长设定了上限。该措施在2016年政府预算的基础上，从2017年开始，对联邦政府未来20年内的公共支出做出了限制。卫生和教育领域的公共支出限制从2018年开始生效。可以说，所有这些社会改革措施都对劳动者的生活产生了一定的影响。

参考国际劳工组织发布的最新报告，我们可以看到，2018年，全球失业人口已超过1.9亿人，失业率居高不下，更为严重的是就业的脆弱性正在大幅增长。2017年，世界上约有42%的劳动者（14亿）处于就业脆弱处境，特别是在新兴国家和发展中国家。国际劳工组织的预测令人担忧，2019年处于就业脆弱处境的劳工人数将增加1700万。② 按照博索纳罗新政府的

---

① 博索纳罗竞选时承诺，将设立一种与现行"劳工证"并行的"新劳工证"，因封面颜色不同，被分别称为"蓝色"劳工证和"绿黄"劳工证。新进入职场的劳工可自行选择：基于传统雇佣关系的"蓝色"劳工证或是基于个人劳工合同更加灵活的"绿黄"劳工证。——译者注

② International Labour Office, *World Employment and Social Outlook: Trends 2018*, Geneva: ILO, 2018, p. 1.

政策设计，这一数字在巴西也将增长。根据巴西地理统计局（IBGE）的统计数据，2018年前三个月巴西失业人数已经达到1370万人。①

六 结语

劳工法规定了不对称的合同关系。一方面，雇主认可、雇用和指导劳动关系；另一方面，劳动者在法律、经济和心理上处于从属地位。由此，出现了一套旨在保护劳动者的理论、学说和法律，以尽量减少这种不对称关系的影响。在法律学科的总体框架内，形成了这一领域的法律基本原则。其中，保护原则要求劳工法具有以下特征：不可撤销、不可克减、不可利用和公共秩序。

《统一劳动法》在第444条规定劳动合同自由的同时，要求这种自由不能违反劳动保护的相关规定及其所适用的集体协议和政府机构的决定。在修改劳动合同（第444条）时，要求其取决于劳动者的意愿并且不会对其造成伤害，否则将被视为无效。最后，《统一劳动法》第9条规定：任何歪曲和阻碍遵守本法律的行为都将被视为无效。任何从劳工改革中产生的违反劳动法原则的规则，尤其是违反劳动法的保护原则、违法劳动者保护的宪法原则和《国际劳工组织公约》的规定，都不能适用。

当前，巴西进行的劳工法改革存在一些违背宪法之处，使谈判者在集体谈判中面对立法者的优势发生了逆转，另一个重要方面是劳动法庭在针对罢工审判时所持有的保守立场。法庭因工会没有遵守官僚程序而一直认为罢工被滥用。但是，未能履行相关条款或条件的罢工，甚至是在出现能够阻止集体谈判的事实情况下的罢工，都不能被认定是违法的。因此，当前，第六区域法院所遵循的审判原则是没有说服力的，而该法院在军事独裁时期则采取了截然不同的审判方式。根据伯南布哥农村工人联合会律师罗密欧·达·丰

---

① IBGE, "Desemprego volta a crescer no primeiro trimestre de 2018," https：//agenciadenoticias. ibge. gov. br/agencia – noticias/2012 – agencia – de – noticias/noticias/20995 – desemprego – volta – a – crescer – no – primeiro – trimestre – de – 2018.

得（Romeu da Fonte）的表述："1979年伯南布哥甘蔗种植者罢工是巴西劳工运动历史上的一个里程碑。"① 这次罢工发生在军事独裁统治的关键时刻。在那个充满镇压的年代，这一罢工先例激起了持续的斗争，"巩固并（逐年）扩大了甘蔗劳动者的权益，这要归功于地区法院和劳工部的清醒认识和所肩负的社会责任"。② 因此，尽管当前的劳工法改革存在一些违背宪法之处，我们仍然不能忽视司法部门在解决个人和集体劳动争议方面的重要作用。

---

① Fonte, Romeu da, *DR. ROMEU*, Recife：FacForm, 2009, p. 129.
② Fonte, Romeu da, *DR. ROMEU*, Recife：FacForm, 2009, p. 131.

人文科技篇

Culture and Technology

Y.11
优化医疗资源配置　创建惠民医疗体系
——记巴西统一医疗体系建立30周年

吴志华*

摘　要： 1988年10月，巴西依据新颁布的宪法，对国家医疗卫生体制进行全面改革，优化医疗资源配置，实行统一管理，强化监督机制，建立了面向全国、惠及全民的统一医疗体系。30年来，统一医疗体系的服务网络逐步延伸到全国各地，为民医疗卫生服务项目日益增多，为改善民众生活质量、提高民众健康水平发挥了重要作用。"健康是公民的权利，也是国家的责任"，巴西统一医疗体系从民众实际需求出发，在提高医疗服务质量和实行科学管理上探索和积累一些成功经验和案例，同时，也遇到了发展进程中所出现的一些矛盾和问题。巴西

＊ 吴志华，《人民日报》国际部高级记者，原《人民日报》驻巴西分社首席记者。

统一医疗体系为发展中国家如何建立或完善公共医疗卫生服务体系提供了一种路径或样板，其实践经验和存在的问题都值得深入研究和借鉴。

关键词： 巴西　统一医疗体系　公共卫生　家庭医生

1988年巴西颁布新宪法，这是巴西医疗体制改革进程中具有划时代意义的事件。这部宪法不仅为巴西建立新型医疗卫生制度制定了明确的指导原则，而且为创建全民免费的公共医疗服务体系提供了法律基础，有力地促进了巴西医疗卫生事业的发展，为改善民众生活质量、提高民众健康水平发挥了积极的作用。

根据宪法规定，巴西政府自1988年10月起着手创建由国家出资、为全民免费服务的统一医疗体系（Sistema Único de Saúde – SUS）。30年里，统一医疗体系提供的服务逐步覆盖全国各地，使全国2亿多人口都能享受免费医疗服务，其中75%的人口看病就医完全依靠统一医疗体系。2017年，统一医疗体系所属医疗机构接待39亿人次就诊[1]，成为全球受益民众最多、规模最大的公共医疗卫生网络。巴西全国98%的疫苗免费接种由统一医疗体系承担，疫苗品种涵盖了世界卫生组织所提议的所有疫苗。统一医疗体系还承担了全国90%的器官移植手术，成为全球最大的器官移植公共医疗机构。统一医疗体系还为艾滋病毒携带者和艾滋病患者、慢性肾功能衰竭患者、癌症病人、肺结核和麻风病人提供全面、免费的治疗服务。[2]

---

[1] Luiza Damé, "Sistema de saúde atende 75% dos brasileiros," http：//agenciabrasil. ebc. com. br/saude/noticia/2018 – 09/futuro – presidente – tera – de – enfrentar – financiamento – do – sus.

[2] Cláudia Collucci, "Subfinanciamento limita expansão do SUS, maior sistema público de saúde do mundo, publicado," https：//www1. folha. uol. com. br/seminariosfolha/2018/04/subfinanciamento – limita – expansao – do – sus – maior – sistema – publico – de – saude – do – mundo. shtml.

巴西黄皮书

巴西全国卫生理事会前主席罗纳尔多·多斯桑托斯对此评价说，统一医疗体系不谋营利，关注的是降低死亡率和提高治愈率，"统一医疗体系将人的生命置于核心地位，而不是做生意。统一医疗体系的目标就是减少病患者的痛苦，让他们生活得更好、活得更久"。①

一 巴西早期的医疗卫生制度

巴西有 26 个州、1 个联邦区和 5569 个市，是实行联邦制的国家。行政机构由联邦政府、州政府（包括联邦区）和市政府组成，但是各级政府之间不存在行政隶属关系，各级政府按照宪法规定的职权，独立施政，各司其职。另外，各个地区在人口、面积、经济以及社会发展水平上存在很大差距。圣保罗市人口超过 1000 万，但是，有 80% 的城市人口不到 2 万。在这样一个面积辽阔、人口众多、行政权分散、地区差异大的国家，保障民众身心健康、满足民众看病就医需求，一直是各级政府面临的艰巨任务。

统一医疗体系建立前，巴西公费医疗服务被纳入"社会保障"范畴，全国大约有 3000 万缴纳社会保障税的人享受公费医疗服务，医疗费可以在社会保障部报销。经济收入较好的家庭到私人医院或诊所自费看病治疗，得到较好的医疗服务。非正式就业的民众、低收入民众或是居住偏远地区的民众，不仅看病难，而且看不起病，更谈不上享受优质服务。圣保罗大学教授鲁本斯·贝萨克说，那时的公立医院服务能力有限，医疗条件较差，而且公民也不了解享有健康的权利。② 此外，受到传统政治和文化观念的阻挠，巴西医疗卫生还面临资金匮乏、设施不足、管理落后，分布不均等众多问题。

---

① Agencia e Rádio do Senado, "Na saúde, governo deve enfrentar desafio de financiar o SUS," https：//www12. senado. leg. br/noticias/materias/2019/01/25/na‑saude‑governo‑deve‑enfrentar‑desafio‑de‑financiar‑o‑sus.
② Rubens Beçak, "Todos que estão em solo brasileiro têm direito ao SUS," 20 de junho de 2018, https：//jornal. usp. br/atualidades/todos‑que‑estao‑em‑solo‑brasileiro‑tem‑direito‑ao‑sus/.

20世纪70年代和80年代，巴西开始探索医疗卫生制度的改革并在实践中不断丰富公共医疗卫生的理念，提出许多创新的建议和计划。1974年，巴西社会保障部推出"立即行动计划"（Plano de Pronta Ação – PPA），即任何人在遇到生命危险时，不管其是否缴纳社会保障税，都可以得到国家提供的免费急救治疗服务。此举为日后建立全国急救医疗网络奠定了基础。1976年，巴西政府制订了"内地卫生行动计划"（Programa de Interiorização de Ações de Saúde e Saneamento – PIASS），加强内地和偏远地区的卫生基础设施和基本医疗服务，加强卫生部和社会保障部的协调行动并下放权力，将医疗卫生资金直接拨给地方政府使用，为日后统一医疗体系向内陆和偏远地区的延伸提供了经验。此外，巴西政府还陆续推出"家庭健康计划"（Programa Saúde da Família – PSF）、"国家免疫计划"（Programa Nacional de Imunização – PNI）、"急救服务"（Serviço de Atendimento Móvel de Urgência – SAMU）以及为民众提供牙科服务的"微笑计划"（Brasil Sorriso）等。巴西政府还为艾滋病毒携带者和艾滋病人免费提供药品治疗，为病患者免费做器官移植手术、实施公共场所禁烟令等。[1] 上述计划的实施和实践为创建统一医疗体系提供了思路，奠定了基础，积累了经验。

二　统一医疗体系的目标和指导原则

巴西1988年宪法对国家医疗卫生制度提出了新的理念，首次强调"健康是公民的权利，也是国家的责任"。所有公民，不分性别、年龄、种族、肤色、信仰、经济状况和社会地位，都有权得到医疗卫生服务，国家有责任保障所有公民享受免费的公共医疗卫生服务。宪法还强调了公共医疗为主、私人医疗为辅的方针，并对建立统一医疗体系提出了指导原则。这些指导原则包括以下几个方面。

---

[1] Instituto de Pesquisa Economia Aplicada do Brasil, *Políticas Sociais: Acompanhamento e Analíse*, Volume 1, 2008, p.98.

第一,"普遍性"(Universalidade)原则,即公共医疗卫生为全体民众服务。统一医疗体系面向全体公民,所有公民都能享受统一医疗体系免费的医疗卫生服务。

第二,"全面"(Integralidade)原则。统一医疗体系要为民众提供全面的医疗服务。挂号门诊、化验检查、接种疫苗、急诊抢救、疾病医治、住院手术、器官移植等,病患者享受全流程的免费医疗服务。

第三,"公道"(Equidade)原则。这一原则是指尊重每个人享受医疗服务的权利,不歧视、无特权,不是说所有的人都能享受同等的医疗待遇。在实际医疗服务中,统一医疗体系根据每个人的病情提供不同的治疗手段。需要住院治疗,还是做外科手术,都要依据患者病情确定,不受患者家庭经济条件或社会地位的影响。

第四,"分权"(Descentralização)原则。根据这一原则,联邦政府不再从事医疗卫生服务,将其管辖的公共医疗机构全部"下放",纳入统一医疗体系,由州政府和市政府管理。联邦政府的职责主要是制定国家医疗卫生政策、法规、条例和发展规划,评估和监管统一医疗体系工作,并通过"国家卫生基金"提供联邦政府承担的统一医疗体系预算资金。州政府(包括联邦区)和市政府负责为当地民众提供医疗卫生服务。州政府的职责是实施国家医疗卫生政策,依照法规和条例,对州内统一医疗体系进行管理、协调和规划,帮助市级医疗卫生单位解决治疗癌症、肿瘤等复杂疑难疾病上遇到的问题,提供州政府应承担的统一医疗体系预算开支。市政府负责本市医疗服务和卫生宣传教育,对本市统一医疗体系所属医疗卫生单位进行管理,提供市政府应承担的统一医疗体系预算开支等。①

第五,"社会参与"(Participação Social)原则。根据这个原则,建立由政府、医疗机构、非政府组织和社区居民代表组成的"卫生理事会",对统

---

① Ministerio de Saúde do Brasil:"O que é o Sistema Único de Saúde (SUS)?" http://portalms.saude.gov.br/sistema-unico-de-saude.

一医疗体系实行社会化监督。

根据上述原则,巴西卫生部将建立统一医疗体系的目标概括为"保障巴西人得到全民、全面、公道和免费的医疗卫生服务"。

三 统一医疗体系的运营管理

巴西国会和联邦政府依据宪法精神,从1988年起就建立统一医疗体系陆续出台了相关的法规和实施细则。联邦政府还与州政府和市政府频繁协商,明确各级政府的职权和义务,想方设法解决建立统一医疗体系过程中所面临的难题。1990年9月19日,巴西颁布第8080号法(Lei n°. 8.080/1990),对统一医疗体系的组织、职能、资金、运营、监管等做出具体规定。

(一)组建全国统一的公共医疗卫生服务体系

巴西政府将原先分别隶属于联邦政府和地方政府的公立医院(综合医院、专科医院、社区卫生院、公立大学附属医院、急救中心等)、非营利性的慈善医院(由教会或慈善机构创办的医院)、国家医疗实验室、国家血库、卫生检疫机构、传染病和流行病监控中心、医学研究机构(奥斯瓦尔多·克鲁斯基金会、巴西生命研究所等)全部纳入统一医疗体系,实行统一管理,提供全面的医疗卫生服务。

为扩大医疗资源,政府还以签署合约的形式,吸收私人医院和私人诊所加盟统一医疗体系。病患者到这些私人医院或诊所看病时,同样享受统一医疗体系待遇,所需费用由私人医院或诊所按合约规定与统一医疗体系结算,个人不必再支付治疗费。

目前,统一医疗体系下的公立医院和慈善医院以及签约私人医院一共有4705家,拥有病床436887张、初级医疗单位(Unidades Básicas de Saúde - UBS)42606家、急诊中心(UPS)596家、救护车3307辆、母乳库220个、社会心理关怀中心(CAPs)2552家、精神疾病医院1355家、街头医疗车

133 辆。① 此外，还建立了43267支家庭医生服务队。② 统一医疗体系所属医疗卫生机构由所在地的市政府负责管理，医疗卫生服务则由市级卫生理事会（Conselho Municipal de Saúde）和州级卫生理事会（Conselho Estadual de Saúde）监管。

（二）明确统一医疗体系预算来源和资金使用的监管

统一医疗体系建立之初，预算资金主要来自联邦政府。2000年之后，依据第29号宪法修正案，统一医疗体系资金由联邦政府、州政府（包括联邦区）和市政府共同承担。州政府必须将至少12%的财政收入、市政府至少将15%的财政收入、联邦区政府至少将12%~15%的财政收入用于统一医疗体系。2000年联邦政府拨给统一医疗体系的预算是在1999年的基础上增加5%，此后每年依据国内生产总值增长指数调整。联邦政府统一医疗体系预算资金拨给"国家卫生基金"（Fundo Nacional de Saúde – FNS），由"国家卫生基金"每月一次按人口比例把资金分配给州、联邦区和市卫生部门，用于统一医疗体系。统一医疗体系的预算制度调整后，联邦政府出资的比重从30年前的72%下降到如今的43%。州政府和市政府在统一医疗体系中的开支比重增加了25.8%，达到57%。③

统一医疗体系的运营被称为"医疗卫生的公共服务与行动"（Ações e Serviços Públicos de Saúde – ASPS）。2018年12月，巴西实用经济研究所发

---

① Luiza Damé, "Futuro presidente terá de enfrentar financiamento do SUS," http：//agenciabrasil. ebc. com. br/saude/noticia/2018 – 09/futuro – presidente – tera – de – enfrentar – financiamento – do – sus.

② Cláudia Collucci, "Programa de saúde da família soma resultados, mas é deficiente nos grandes centros," https：//www1. folha. uol. com. br/seminariosfolha/2018/04/programa – de – saude – da – familia – soma – resultados – mas – e – deficiente – nos – grandes – centros. shtml.

③ Agência Brasil, "Brasil perdeu mais de 40 mil leitos do SUS nos últimos dez anos," https：// www. otempo. com. br/capa/brasil/brasil – perdeu – mais – de – 40 – mil – leitos – do – sus – nos – % C3% BAltimos – dez – anos – 1. 2058574.

表的研究报告显示①，以2017年不变价格计算，2003年统一医疗体系ASPS开支为1210亿雷亚尔，以后逐年增加到2017年的2656亿雷亚尔（见表1）。ASPS开支在国内生产总值中的比重从2003年的3.16%逐步提高到2017年的4.05%（见图1）。每年人均ASPS开支从2003年的670雷亚尔逐步提高到2017年的1279雷亚尔（见图2）。统一医疗体系设施建设与维护的资金，如增加医疗器材、新建医院和医疗点等，不列入ASPS开支范畴，而是从各级政府医疗卫生投资预算中支出。

为加强对ASPS开支的监管，巴西在2000年建立了"医疗卫生公共预算信息系统"（Informações Sobre Orçamentos Públicos em Saúde – Siops），统一医疗体系的预算和ASPS开支情况都可以通过这个系统查询。② 国家审计法院（Tribunal de Contas da União – TCU）、州审计法院（Tribunal de Contas do Estado – TCE）、市审计法院（Tribunal de Contas de Municipio – TCM）以及国家财务管理总局（Controladoria Geral da União – CGU）通过这个信息系统监督审核统一医疗体系的开支情况。另外，"卫生理事会"也有权监督统一医疗体系的资金使用，并对卫生部有关统一医疗体系的年度报告进行审核。③

表1　巴西三级政府公共医疗卫生开支统计（2003~2017年）

单位：亿雷亚尔，%

年份	总额	联邦政府		州政府		市政府	
		出资	比重	出资	比重	出资	比重
2003	1210	606	50.1	297	24.5	307	25.4
2004	1388	684	49.3	361	26.0	343	24.7

---

① Sergio Fracisco Piola, Rodrigo Pucci de Sá e Benevides, Fabiola Sulpino Viera, "Consolidação do Gasto com Ações e Serviços Públicos de Saúde：Trajetória e Percalços no Período de 2003 a 2017," Texto para Discussão 2439 do Ipea, Brasilia, dezembro de 2018, http：//www. ipea. gov. br/portal/index. php? option = com_ content&view = article&id = 34529.

② Fabiola Sulpino Vieira, "Evolução do Gasto com Medicamentos do Sistema Único de Saúde no Período de 2010 A 2016," Texto Para Discussão do Ipea, p. 8.

③ Jairnilson Silva Paim, "Como funciona o SUS？" https：//drauziovarella. uol. com. br/o – sistema/como – funciona – o – sus/.

续表

年份	总额	联邦政府		州政府		市政府	
		出资	比重	出资	比重	出资	比重
2005	1509	72.7	48.2	385	25.5	397	26.3
2006	1640	765	46.7	432	26.3	443	27.0
2007	1753	803	45.8	471	26.9	479	27.3
2008	1923	835	43.4	531	27.6	557	29.0
2009	2045	953	46.6	528	25.8	565	27.6
2010	2157	965	44.7	581	26.9	612	28.4
2011	2334	1056	45.3	606	26.0	672	28.8
2012	2450	1109	45.3	621	25.3	721	29.4
2013	2544	1083	42.6	680	26.7	781	30.7
2014	2656	1127	42.4	703	26.5	826	31.1
2015	2623	1130	43.1	681	26.0	812	31.0
2016	2566	1099	42.8	655	25.5	812	31.6
2017	2656	1147	43.2	683	25.7	825	31.1

资料来源：SPO/MS para a despesa federal；SIOPS para as despesas estaduais e municipais，http：//www.ipea.gov.br/portal/index.php?option=com_content&view=article&id=34529。

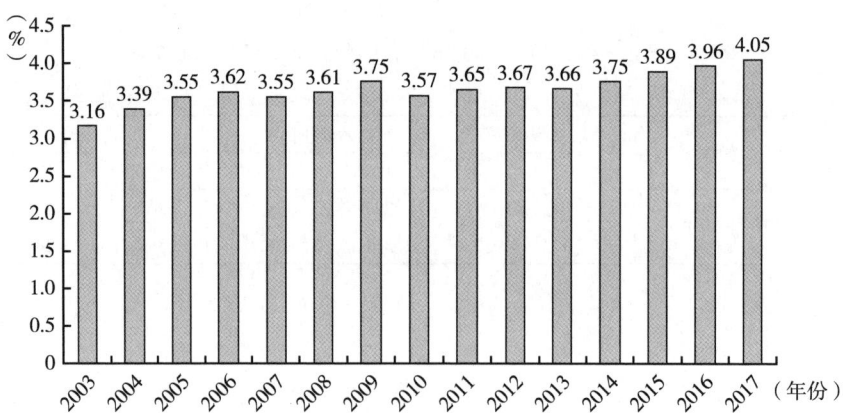

图1 巴西各级政府公共医疗开支在国内生产总值中的占比

资料来源：SPO/MS para a despesa federal；SIOPS para as despesas estaduais e municipais，http：//www.ipea.gov.br/portal/index.php?option=com_content&view=article&id=34529。

优化医疗资源配置　创建惠民医疗体系

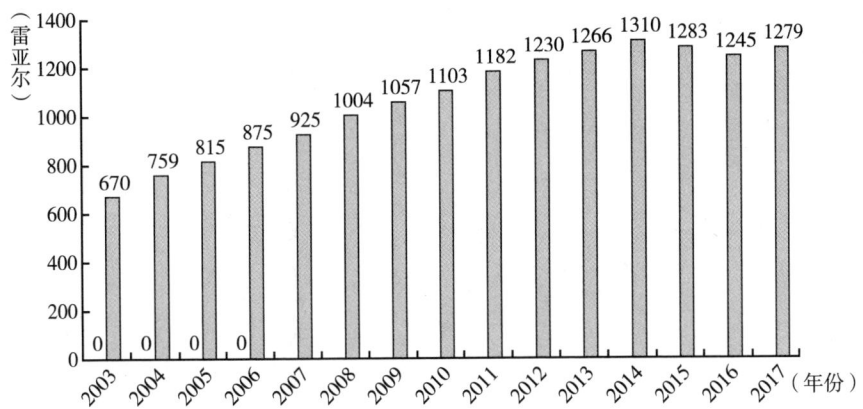

图2　巴西统一医疗体系每年人均医疗开支统计

资料来源：SPO/MS para a despesa federal；SIOPS para as despesas estaduais e municipais，http：//www.ipea.gov.br/portal/index.php?option=com_content&view=article&id=34529。

（三）建立统一管理、分级就诊的制度

从2012年起，巴西民众在统一医疗体系就诊时需要出示个人医疗证（Cartão SUS）。医疗证可以在卫生部网站上申请，只要在表格中输入自己的姓名、纳税号、出生年月、出生地和母亲姓名等信息就可以领取医疗卡。使用医疗卡是为了记录和保存个人健康信息档案，以便为医生诊断和治疗提供参考，同时也可以调查了解民众健康状况，为政府制定医疗卫生政策提供科学依据。

居民日常看病就诊是在住家附近的统一医疗体系"初级医疗单位"（UBS），如社区医院、卫生所、医疗点或家庭医疗服务队（Equipe de Saúde da Família）。初级医疗单位设有普通门诊、儿科和妇科门诊，为就诊者提供疾病诊断、开具处方、做常规化验、打针换药、接种疫苗等服务。常见病一般在初级医疗单位就能得到治疗。病患者到初级医疗单位看病无须事先预约，随到随诊。根据患者病情，初级医疗单位的医生通过网上预约，负责将患者转到指定的综合医院或专科医院去做进一步的检查或治疗。

在综合医院或专科医院就诊须事先预约。综合医院科室众多、设施齐

全，设有重症监护室、病房、CT检查室、急诊中心（UPA）等，必要时对病患者实施手术治疗。但是，做手术、做体检都要在统一医疗体系计算机系统登记，按病情轻重缓急，分类排队等候。1997年，巴西制定了人体器官捐献和实施器官移植手术的法规。到2000年11月，统一医疗体系已经在全国24个州的医院内设立了器官移植中心，接受器官捐献，施行器官移植手术。2000~2008年，统一医疗体系每年实施的心脏、肾脏、肝脏、肺等器官移植手术近1万例。① 专科医院则针对专项疾病、疑难疾病或针对特定人群提供门诊和治疗，如妇女怀孕后的产前检查、住院接生都是在产科医院。

（四）实行药品分类管理，严格控制药费开支

治病需要药物。国家既要保障民众能得到安全、有效的药品，又要保障统一医疗体系可持续发展。为此，巴西对药品供应实行分类管理。作为非营利的医疗机构，统一医疗体系不出售任何药品，对病患者实行免费治疗，也就是说，在统一医疗体系看病治疗时的用药都是免费的，如手术和住院时所用的针剂和药品。但是，门诊或出院后，病患者回家用药只能凭医生处方去药店买。为减轻民众买药负担，同时又能控制用药量，巴西卫生部门制定了"全国基本药物目录"（A Relação Nacional de Medicamentos Essenciais – Rename）。这个目录每两年更新一次。2017年版的"全国基本药物目录"中列有869种基本药物，比2014年增加27种。② 目录中的药物大部分为免费药，其余有部分自费药和自费药。免费药主要是治疗慢性病的常用药，如高血压、糖尿病、哮喘病、帕金森氏症、骨质疏松症和青光眼等。2004年，巴西政府在全国各地建立以优惠价格供应常用药的"人民药房"。一些被确诊有慢性病的患者不必每次拿药都去医院开处方，只要凭医疗卡就可以在"人民药房"免费领药。但是，每次药量有严格限制，而且患者每个季度需

---

① Editora Abril, *Almanhaque Abril de 2011*, p. 150.
② Heloisa Cristalda, da Agência Brasil, "Pacientes crônicos relatam dificuldades no acesso a medicamento," 8 de setembro de 2017, http：//agenciabrasil.ebc.com.br/geral/noticia/2017 – 09/pacientes – cronicos – relatam – dificuldades – no – acesso – medicamentos.

到初级医疗单位复查,更新处方,以保障用药安全。其他药物需患者承担部分费用或全部费用。

统一医疗体系使用的药物或药房免费为患者供应的药物,由州和市卫生部门通过招标统一采购,分配给医院和药房。治疗艾滋病和疑难杂症的药物由卫生部负责采购,然后分配给需要药物的州、市卫生部门。此外,巴西疫苗全部实行免费接种。统一医疗体系定期为民众免费接种脊髓灰质炎、麻疹、黄热病等19种疫苗。①

随着医疗服务需求的增长,统一医疗体系每年药费开支也不断增长。2010~2016年,统一医疗体系在药物上的开支增长了30%,从2010年的143亿雷亚尔增加到2015年的200亿雷亚尔,2016年下降到186亿雷亚尔。②

为加强药物管理,巴西卫生部2017年10月启用"全国药品数据中心"(Base Nacional de Dados da Assistência Farmacêutica)。通过这个数据中心,实时了解各地药品库存、消费、个人药品使用量、库存药品有效期等信息。相关单位通过数据中心及时采购药物、补充库存和防止药品浪费和损失。州和市卫生部门有义务将药品信息汇总到数据中心。对不能如实报告药品信息的单位,卫生部将停发采购药物的资金。巴西卫生部认为,数据中心的启用可以把采购药物和消费药品的开支节省30%左右。③

(五)建立效率高、覆盖广的急救医疗网络

在巴西,任何人处于生命危险时都可以呼叫急救医疗服务,如患心肌梗死和脑出血,遭遇车祸受伤致残等。为提高急救医疗的效率,2003年统一

---

① Gilberto Occhi, "Vacinação, proteção necessária para todos," https://www1.folha.uol.com.br/opiniao/2018/07/vacinacao-protecao-necessaria-para-todos.shtml.
② Fabiola Sulpino Vieira, "Evolução do Gasto com Medicamentos do Sistema Único de Saúde no Período de 2010 A 2016," Texto Para Discussão do Ipea, p. 9.
③ Mariana Tokarnia, Agência Brasil, "Ministério vai integrar informações sobre oferta de medicamentos em todo o país," http://agenciabrasil.ebc.com.br/geral/noticia/2017-10/ministerio-vai-integrar-informacoes-sobre-oferta-de-medicamentos-em-todo-o.

医疗体系对急救医疗制度进行改革，建立了"移动式急救服务体系"（Serviço Atendimento Móvel Urgência - SAMU）。SAMU 拥有救护车、救护船、救护直升机以及负责急救的专业医护人员，并与医院的急诊中心组成急救治疗的服务网络。例如，巴西圣保罗市的 SAMU 拥有 122 辆救护车、65 个急诊中心和 1309 名医护人员。隶属 SAMU 的急诊中心每天 24 小时、全年无休假地为民众提供免费的医疗服务。在地广人稀的地区或遇到突发、危急的情况，SAMU 可以调动直升机、船只等实施远程救护。近年来，在一些道路日益拥挤的城市，SAMU 配备了急救摩托车。摩托车机动灵活，行驶速度快，有利于提高急救医疗效率。遇到交通阻塞，SAMU 先派医生乘急救摩托车赶赴现场，对病伤者检查或抢救。如果病情或伤势较重，医生再呼叫 SAMU 派救护车或直升机将病伤者转送到附近医院抢救治疗。

（六）鼓励家庭医生深入农村、社区和偏远地区为民服务

1994 年，统一医疗体系制定了"家庭健康战略"（Estratégia Saúde da Família），开始在全国逐步推广实施家庭医生服务。家庭医生服务队以 1 名家庭医生为核心，配备 1 名护士、1 名辅助工或技术工和 1 名社区卫生员。家庭医生服务队每周工作 40 小时，负责为 1000 个家庭（3500~4000 人）提供基本医疗卫生服务。[1] 家庭医生服务队在指定区域开展工作，其职责是关注民众健康状况，宣传预防疾病常识，组织卫生教育活动，对病患者诊断和治疗。家庭医生还要根据病情，指导和联系安排病患者前往专科医院或综合医院做进一步治疗。目前，全国约有 65% 的人被纳入"家庭健康战略"计划，家庭医生服务队活跃在初级医疗单位和居民社区，成为当地民众享受统一医疗体系服务的"领路人"。家庭医生的队伍也在不断地扩大。为鼓励青年医生加盟"家庭健康战略"，巴西法律规定，医学院本科毕业生要到农村或者偏远地区服务 2 年以上才能到城市医院就职或开私人诊所，因此，不

---

[1] Agencia do Senado, "Sugestão legislativa quer incluir psicólogo na equipe de Saúde da Família," https://www12.senado.leg.br/noticias/materias/2018/08/21/sugestao-legislativa-quer-incluir-psicologo-na-equipe-de-saude-da-familia.

少毕业生就业之初就是做"家庭医生"。另外,巴西政府推出"更多医生计划",鼓励刚参加工作的年轻医生到初级医疗单位工作。在巴西圣保罗市,统一医疗体系专业医护人员有4万多人,其中家庭医生就有1200人。"更多医生计划"推出后,在初级医疗单位工作的医生人数增加了16%,门诊量增长了7%。[1]

巴西米纳斯州联邦大学教授莫尼卡·维埃加斯(Mônica Viegas)评价统一医疗体系"是巴西最大的社会政策和收入分配转移政策,远远超过了家庭奖励金计划"。[2]

四 统一医疗体系的成就与有益经验

统一医疗体系在30年里取得了重要的成就,创造了不少有益的经验和案例。

(一)重视公共医疗卫生服务普惠于全体民众

为了让全体民众都能享受免费的医疗卫生服务,统一医疗体系创建"家庭医疗服务队",深入农村和偏远内陆为居民看病治疗。在河道纵横、交通不便的亚马孙地区,建立了"水上巡回医疗船",定期走访亚马孙河两岸散居的印第安人部落,为他们检查身体、接种疫苗和治疗疾病。为解决经济落后地区缺医少药问题,巴西政府在2013年实施"更多医生计划",从古巴等国引进6000多名外国医生,充实贫困和偏远地区的医疗资源,满足当地民众看病治病的需求。正是通过这些创新的做法,统一医疗体系覆盖面从1988年的1.46亿人口扩大到现在的2.085亿,其中75%的人完全依靠统

---

[1] Ana Estela de Sousa Pinto, "Mais Médicos eleva consultas em 7% e exames pré-natais em 19%, mostra estudo," https://www1.folha.uol.com.br/cotidiano/2019/02/mais-medicos-eleva-consultas-em-7-e-exames-pre-natais-em-19-mostra-estudo.shtml.

[2] Beatriz Maia e Leonardo Neiva, "Renúncia fiscal e emenda parlamentar barram avanço do SUS," https://temas.folha.uol.com.br/e-agora-brasil-saude/seminariosfolha/renuncia-fiscal-e-emenda-parlamentar-barram-avanco-do-sus.shtml.

一医疗体系提供的医疗卫生服务。2017年统一医疗体系接待39亿人次的就诊。①此外,在统一医疗体系门诊预约或是住院、体检、手术等,都要通过计算机系统排队等候。除重病患者和老年人享受优先外,其他人一律按病情的轻重缓急、先来后到的顺序在网上排队,等候就诊治疗,有效地杜绝了托人情、走后门和享受特权,体现出对病人一视同仁的"公道"原则。

(二)重视初级医疗单位的作用和建设

实行分级医疗制度后,初级医疗单位的服务受到重视。经过30年的努力,现在初级医疗单位承担了63%的就诊量。由于初级医疗单位就近和便捷的服务,许多疾病得到早期治疗,有效地降低了儿童死亡率、降低了心脑血管疾病和传染病的死亡率。20世纪80年代,巴西儿童死亡率曾高达8.28‰。建立统一医疗体系后,儿童死亡率从1994年的3.72‰下降到2015年的1.33‰。巴西利亚大学附属医院前院长阿曼德·巴乔(Armando Baggio)指出:"巴西儿童死亡率在30年里下降了70%,实现这一成就的途径就是统一医疗体系。"②巴西人均预期寿命从20世纪80年代的69岁增加到2018年的76岁。老年人预期寿命延长,生活得更有质量,与统一医疗体系初级医疗机构贴近居民的服务密切相关。

(三)公共医疗强调救死扶伤,重视人的生命价值

统一医疗体系对任何人都提供免费的急救医疗服务,如面临生命危险的病人(心肌梗死、脑出血)和伤者(交通事故中受伤或受暴力凶杀的伤者)。但是,对于伤风感冒、咳嗽、低烧、头疼等常见的普通疾病,统一医

---

① Luiza Damé, "Sistema de saúde atende 75% dos brasileiros," http: // agenciabrasil. ebc. com. br/saude/noticia/2018 – 09/futuro – presidente – tera – de – enfrentar – financiamento – do – sus.

② Agencia de Senado:"Na saúde, governo deve enfrentar desafio de financiar o SUS," https: // www12. senado. leg. br/noticias/materias/2019/01/25/na – saude – governo – deve – enfrentar – desafio – de – financiar – o – sus.

疗体系仅提供免费就诊和体检，药费需病人自理，凭处方到药店买药。据调查，20世纪90年代，巴西人家庭医疗费用的37%用于买药，现在药费比重提高到42.9%，[1] 说明民众在享受免费医疗服务的同时，个人承担的常见病药费也在相应增加。

治病享受全部免费，药费个人则要承担一部分，这样就能把有限的公共医疗资金用于抢救重病患者，使重病患者不必为医疗费担忧。例如，统一医疗体系为患者免费做器官移植手术从2006年的1.1万例增加到2017年的7.16万例。2018年为患者做心脏外科手术7.16万例。[2] 治疗癌症是统一医疗体系最大的单项疾病开支。统一医疗体系的299家医院和专科医院为治疗癌症的支出从2010年的22亿雷亚尔增长到2016年的33亿雷亚尔，增长50%。[3] 2018年治疗癌症的开支上升到50亿雷亚尔，还不包括就诊、检查和药费等。[4]

（四）建立有效的公共医疗卫生监管机制

统一医疗体系不售药、不收费，保障了公共医疗卫生服务的公益性，杜绝医疗机构和医护人员把医疗服务作为经商谋利的手段。对病人一视同仁，需要做手术的患者一律预约、排队等候。巴西建立的"医疗卫生领域公共预算信息系统"、统一医疗体系的"医疗卫生公共开支与行动"财务制度，增加了公共医疗预算和提高开支的透明度，有利于有关部门和社会

---

[1] Fabiola Sulpino Vieira, "Evolução do Gasto com Medicamentos do Sistema Único de Saúde no Período de 2010 A 2016," Texto Para Discussão do Ipea, p. 15.
[2] Agencia de Senado, "Na saúde, governo deve enfrentar desafio de financiar o SUS," https://www12.senado.leg.br/noticias/materias/2019/01/25/na-saude-governo-deve-enfrentar-desafio-de-financiar-o-sus.
[3] Thaiza Pauluze, "Diagnóstico de câncer ainda é gargalo para pacientes do SUS," https://www1.folha.uol.com.br/empreendedorsocial/2017/09/1915596-diagnostico-de-cancer-ainda-e-gargalo-para-pacientes-do-sus.shtml.
[4] Jéssica Antunes, "Sobreviventes do câncer devem mudar estilo de vida, diz pesqui," http://agenciabrasil.ebc.com.br/saude/noticia/2019-02/desafio-da-cura-do-cancer-deve-continuar-apos-tratamento-diz-estudo.

对医疗卫生公共开支的监管,有效地减少了统一医疗体系资金被挪用、贪污或浪费。

五 统一医疗体系面临的矛盾和问题

(一)人口增长和老龄化趋势加重了统一医疗体系的服务压力

巴西人口从1991年的1.461亿增长到2018年的2.085亿。随着人口增长,到统一医疗体系就医的人数每年都在增加,统一医疗体系的医疗卫生服务面临越来越大的压力。例如,巴西有51%的人体重超标,23.6%的人患有高血压症,43%的癌症患者得不到及时治疗。[①] 另外,巴西现有老年人2940万,占总人口的14.1%,其中70%的老年人完全依靠统一医疗体系看病治疗。统一医疗体系每年为老年人看病的开支就需450亿雷亚尔。巴西地理统计局预测,到2030年,巴西60岁以上的老年人口将达到4150万,占总人口的18%,老年人口将历史性地首次超过儿童人口。老年人口比重的增长意味着患慢性病的人越来越多。据一项社会调查,90%的老年人都患有某种慢性病,如糖尿病、关节炎或癌症等。[②] 按照人口增长推测,到2030年统一医疗体系为老年人看病的开支将要达到1150亿雷亚尔。此外,受交通事故频发、暴力伤害事件增多、失业增加等因素的影响,最近几年大约有300万人放弃了购买医疗保险,到统一医疗体系看病治疗成为首选,所有这些都会增加统一医疗体系的负担。

[①] Agencia de Senado, "Na saúde, governo deve enfrentar desafio de financiar o SUS," https://www12.senado.leg.br/noticias/materias/2019/01/25/na-saude-governo-deve-enfrentar-desafio-de-financiar-o-sus.

[②] Cláudia Collucci, "Brasil cada vez mais idoso exige rapidez em adaptação de políticas de saúde," https://www1.folha.uol.com.br/seminariosfolha/2018/04/brasil-cada-vez-mais-idoso-exige-rapidez-em-adaptacao-de-politicas-de-saude.shtml.

（二）服务项目不断增加，统一医疗体系资金不足的矛盾日益突出

统一医疗体系在30年里增加了许多新的医疗服务项目。根据病患者要求，国会每年都会批准和出台新的法律，要求统一医疗体系增加医疗服务项目。

例如，国会通过法律，要求统一医疗体系从2008年起对40岁以上的妇女增加乳腺癌预防、检查和治疗服务项目，其中对40～49岁的妇女必须做乳腺超声波检查。[1] 2018年，国会还通过法案，如果当地医院无力医治时，统一医疗体系负责将病患者转院治疗，要承担病患者在异地医院（指距居住地50公里以外）治疗时的食物、交通和住宿费用。[2]

巴西约有1300万人患有某种罕见病。2018年，国会通过法案，责成统一医疗体系设立罕见病专科门诊。考虑到制药厂不愿开发生产治疗罕见病药物，该法案还责成全国卫生检疫中心对罕见病药品市场情况进行调查，将这些药物纳入统一医疗体系的药品名录，以便让病患者及时得到药物治疗。为此，卫生部在2016年1月至2017年7月，为采购罕见病药物花费了16.7亿雷亚尔。[3]

（三）对私人医保的税收减免政策间接地影响统一医疗体系的财源

近年来，巴西政府为鼓励私人医疗保险，推出了一些税收减免政策。据调查，2016年政府为医疗保险提供的税收减免使国家税收减少了约5920亿雷亚尔。不少专家认为，对医疗保险给予税收减免影响了公共医疗

---

[1] Agencia de Senado, "Ultrassonografia mamária pelo SUS a partir dos 40 anos é aprovada pela CAS," https：//www12.senado.leg.br/noticias/materias/2017/03/22/ultrassonografia-mamaria-pelo-sus-a-partir-dos-40-anos-e-aprovada-pela-cas.

[2] Agencia de Senado, "Projeto garante ajuda de custo a paciente do SUS que se trata em outra cidade," https：//www12.senado.leg.br/noticias/materias/2018/08/29/projeto-garante-ajuda-de-custo-a-paciente-do-sus-que-se-trata-em-outra-cidade.

[3] Agencia de senado, "País pode contar com nova Política Nacional para Doenças Raras no SUS," https：//www12.senado.leg.br/noticias/materias/2018/10/24/pais-pode-contar-com-nova-politica-nacional-para-doencas-raras-no-sus.

卫生资金来源，因为各级政府医疗卫生预算主要来自税收的收入。从实际效果看，医疗保险业的发展并没有减轻统一医疗体系的负担，相反，随着私人医疗保险费用上涨，反而使一部分人放弃投保，寻求统一医疗体系的免费医疗。①

（四）医疗卫生设施建设不能满足民众就医需求

最近几年，各级政府在公共医疗设施上的投资在减少，导致统一医疗体系的服务设施不能与扩大服务的需求同步而行。例如，统一医疗体系的病床从2010年5月的33.6万张减少到2018年5月的30.1万张。由于病床减少，成千上万的病人需要排队等到床位才能施行手术。② 巴西目前能做临床血液透析的诊所有750家，其中70%是私人诊所，22%是慈善医院，统一医疗体系仅占8%。然而，86%的患者在统一医疗体系就诊治疗，做血透析。在仪器不足的情况下，统一医疗体系只能通过合约将病人转到慈善医院和私人诊所去做，其费用也由统一医疗体系承担。③

（五）资金不足困扰医疗卫生服务质量

统一医疗体系的资金投入与国民经济水平有着密切联系。巴西联邦政府、州政府和市政府每年在医疗卫生领域投入的资金约2400亿雷亚尔，相当于国内生产总值的3.8%，与发达国家还存在很大的差距。④（见图3）

---

① Agencia de Senado, " Incentivo fiscal e política de preços de planos de saúde agravam a situação dos SUS, dizem debatedores," https：//www12. senado. leg. br/noticias/materias/2018/08/13/incentivo－fiscal－e－politica－de－precos－de－planos－de－saude－agravam－a－situacao－dos－sus－dizem－debatedores.

② Mariana Ohde e Assessoria, "Em 8 anos, Brasil perdeu 34,2 mil leitos no SUS," https：//paranaportal. uol. com. br/cidades/426－brasil－perdeu－leitos－sus/.

③ Maria Cristina Frias, " Multinacionais buscam consolidação do setor de hemodiálise no Brasil," https：//www1. folha. uol. com. br/colunas/mercadoaberto/2018/07/multinacionais－buscam－consol.

④ Editorial de Folha de São Paulo, "Gasto público brasileiro com saúde está bem distante dos padrões de países ricos," https：//www1. folha. uol. com. br/opiniao/2018/04/a－saude－do－sus. shtml.

优化医疗资源配置　创建惠民医疗体系

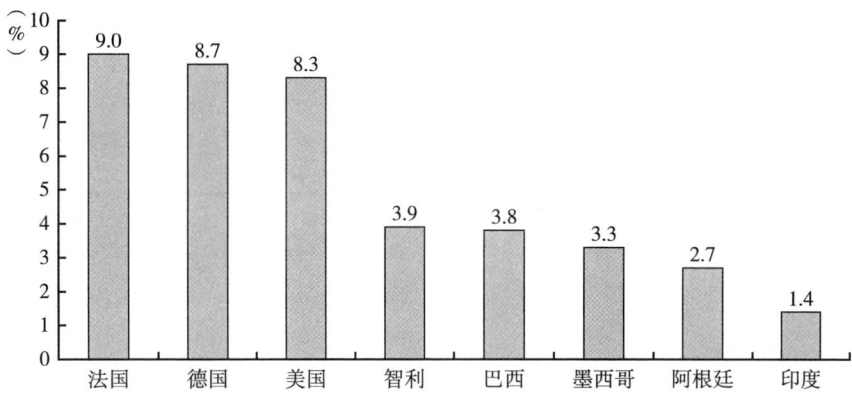

图3　巴西公共医疗开支占比与其他国家的比较（2018年）

资料来源：https：//www1.folha.uol.com.br/opiniao/2018/04/a-saude-do-sus.shtml。

巴西联邦医学会2018年11月公布的调查报告显示，2017年巴西公共卫生医疗开支（包括联邦政府、州政府和市政府的医疗开支）人均仅1271.65雷亚尔，约合340美元（见表2），而英国人均医疗费用约3500美元，是巴西的十几倍。阿根廷人均医疗费用是713美元，高于巴西。①

表2　巴西"医疗公共服务与行动开支"（ASPS）人均统计（2008～2017年）

单位：雷亚尔

年份	联邦政府	州政府	市政府	全年人均支出
2008	440.25	268.18	297.73	1006.16
2009	497.60	265.86	299.05	1062.51
2010	493.41	287.29	324.37	1105.07
2011	548.00	302.64	353.91	1204.55
2012	570.74	308.26	376.73	1255.73
2013	538.76	324.52	394.09	1257.37
2014	555.85	331.86	413.38	1301.09

---

① Agencia e Radio de Senado, "Na saúde, governo deve enfrentar desafio de financiar o SUS," Janeiro 25, 2019, https：//www12.senado.leg.br/noticias/materias/2019/01/25/na-saude-governo-deve-enfrentar-desafio-de-financiar-o-sus.

巴西黄皮书

续表

年份	联邦政府	州政府	市政府	全年人均支出
2015	555.50	317.11	403.12	1270.72
2016	533.27	304.20	399.84	1237.31
2017	552.35	315.93	403.37	1271.65

资料来源：SIOP/SIOPS/MS，根据物价指数（IPCA）调整。http：//agenciabrasil.ebc.com.br/saude/noticia/2018–11/brasil–gasta–r–348–por–dia–com–saude–de–cada–habitante–diz–cfm。

就诊病人增多、服务项目增加，资金不够、设施不足的矛盾越来越突出，造成就诊患者排队等候时间过长、有病不能得到及时治疗，直接影响医疗服务的质量，已经成为统一医疗体系遭遇投诉和医疗纠纷最多的问题。

巴西《圣保罗页报》2018 年 8 月发表的调查报告指出，45% 的受访者表示，在统一医疗体系预约手术往往要等 6 个月才能得到治疗。① 例如，巴西有 2800 万老年人患有白内障，患者大多是低收入的老年人。2014 年和 2015 年，统一医疗体系为病人做白内障手术分别是 55.7 万例和 48.3 万例。尽管这样，患者仍然因排队等候手术时间太长而怨声载道，有的不得不自掏腰包去私人医院做白内障手术。②

为此，有些病患者使用法律手段起诉统一医疗体系，要求其依法为患者提供"全面"的治疗。每年各级卫生部门不得不依据司法判决的要求，花费大量资金满足病患者的要求。最近 7 年里，联邦政府应法院判决的要求，在采购药品、食品补贴、手术开支以及住院治疗上增加了 45 亿雷亚尔的开支。③

---

① Cláudia Collucci e Natália Cancian，"O que fazer para melhorar o sistema de saúde no país," *Folha de São Paulo*，agosto 25，2018.

② Thaiza Pauluze："Pacientes esperam anos por cirurgia de catarata em SP," *Folho de São Paulo*，Setembro 25，2017，https：//www1.folha.uol.com.br/cotidiano/2018/09/pacientes–esperam–anos–por–cirurgia–de–catarata–em–sp–fila–chega–a–24–mil.shtml.

③ Heloisa Cristaldo，"Pacientes crônicos relatam dificuldades no acesso a medicamento," Setembro 8，2017，http：//agenciabrasil.ebc.com.br/geral/noticia/2017–09/pacientes–cronicos–relatam–dificuldades–no–acesso–medicamentos.

综上所述，统一医疗体系的目标是让民众能够享受"全民、全面、公道和免费"的医疗卫生服务。无疑，这一理念是美好的，但是，通往这一目标的道路是漫长的。2016年5月，时任巴西卫生部部长的里查多·巴罗斯就说过，巴西没有足够财力保障民众享受宪法所规定的所有医疗卫生服务，"我们必须在国家能够提供的条件和公民有权利享受的服务之间寻求平衡点"。① 公共医疗卫生服务要与国家经济社会发展水平同步而行，否则，超出国家承受能力的"高福利"便会带来很多问题，进而影响统一医疗体系的可持续发展。巴西统一医疗体系为发展中国家如何建立或完善公共医疗卫生服务体系提供了一种路径或样板，其实践经验和存在的问题都值得深入研究和借鉴。

---

① Cláudia Collucci, "Tamanho do SUS precisa ser revisto, diz novo ministro da Saúde," *Folha de São Paulo*, maio 17, 2016, https：//www1.folha.uol.com.br/cotidiano/2016/05/1771901-tamanho-do-sus-precisa-ser-revisto-diz-novo-ministro-da-saude.shtml.

Y.12
环境与军事目的兼顾：2018年巴西大型海洋保护区的创建[*]

〔巴西〕Alexandre Pereira da Silva　程　晶[**]

沈伊蓝　程　晶译

摘　要： 2018年3月，巴西联邦政府颁布了在其大西洋群岛建立两个大型海洋保护区的法令。与巴西其他海洋保护区相比较，新建的这两个海洋保护区距离巴西大陆更远，规模更大，占地达92万平方公里，将巴西海洋保护区的面积占其海洋总面积的比重由1.5%提升至26%。新建的海洋保护区大部分为可持续利用保护区，相对于全面保护区来说，在资源可持续利用方面更具灵活性。巴西政府此举一方面是为了加强对海洋生物多样性的保护和可持续利用，减少国内外社会对于巴西政府环境政策的负面评价，维护巴西保护环境、履行国际公约的良好国际形象；另一方面是为了扩大巴西在南大西洋的军事影响力，谋求军事和政治战略利益。

关键词： 巴西　大西洋　海洋保护区　环境　军事

---

[*] 本文系国家社科基金冷门绝学国别史专项项目"巴西现代化进程中环境治理的历史考察（1930～2010）"（2018VJX093）的阶段性成果。

[**] Alexandre Pereira da Silva，博士，武汉大学中国边界与海洋研究院研究员，巴西伯南布哥联邦大学亚洲研究院副教授；程晶，历史学博士，湖北大学历史文化学院、中华文化发展湖北省协同创新中心副教授，湖北大学巴西研究中心主任。

环境与军事目的兼顾：2018年巴西大型海洋保护区的创建

2018年3月18~23日，第八届世界水论坛在巴西首都巴西利亚举行。论坛举办期间，特梅尔政府高调地向国内外社会宣布，巴西颁布法令，在距离其陆地最远的两个群岛创建两个大型的海洋保护区，总面积达92万平方公里，使海洋保护区面积占巴西海洋总面积的比重由1.5%提升至26%。那么，特梅尔政府此举意在何为？与特梅尔政府的环境保护政策是否相符？与巴西的政治和军事利益是否相关？本文将在分析特梅尔政府创建这两大海洋保护区的背景、特点的基础上，重点探讨其创建的目的。

一 创建海洋保护区的国际法基础和主要目标

海洋保护区通常指某沿海国家管辖范围内及公海海域上因其生态、生物、科学和历史文化价值而划分的需要特殊保护的海域。[1] 当前，创建海洋保护区是防止海洋资源过度开发和海洋栖息地退化的最有效工具。[2] 在与海洋法、渔业管理、生物多样性保护、特定物种或栖息地保护以及海洋污染相关的国际公约中，都可见海洋保护区相关内容。其中，《联合国海洋法公约》（1982年）和《生物多样性公约》（1992年）尤为值得一提，为海洋保护区的创建奠定了国际法基础。巴西是这两项国际公约的签署国。

在1982年联合国第三次海洋法会议上通过的《联合国海洋法公约》规定，各国有保护和保全海洋环境的义务；各国有依据其环境政策和按照其保护和保全海洋环境的职责开发其自然资源的主权权利；各国应在适当情形下个别或联合地采取一切符合本公约的必要措施，防止、减少和控制任何来源的海洋环境污染。[3] 该公约为海洋保护区的建立提供了法律基础。

---

[1] Wolf, Sarah; Bischoff, Jan Asmus, "Marine Protected Areas," *Max Planck Encyclopedia of International Law*, Janeiro 15, 2019, http://opil.ouplaw.com/home/epil.

[2] Agardy, Tundi; Di Sciara, Giuseppe; Christie, Patrick, "Mind the Gap: Addressing the Shortcomings of Marine Protected Areas through Large Scale Marine Spatial Planning," *Marine Policy*, Vol. 35, 2011, p. 226.

[3] 《1982年联合国海洋法公约》，转引自叶良芳《海洋环境污染刑法规制研究》，浙江大学出版社，2015，第277页。

在1992年巴西里约召开的联合国环境与发展大会上通过的《生物多样性公约》则为海洋保护区的建立提供了更为全面的法律框架。《生物多样性公约》第二条规定，保护区"是指一个划定地理界限、为达到特定保护目标而制定或实行管制和管理的地区"。① 该公约和国际自然保护联盟（IUCN）按照保护目的和保护内容将保护区划分为六大类：严格自然保护区和荒野保护区、国家公园、自然纪念地、生境/物种管理区、陆地/海洋景观保护区和资源可持续利用保护区。由此可见，海洋保护区的范畴较为宽泛，从禁止一切捕鱼和采掘活动的海域，到允许一定程度的商业捕鱼、开采和其他自然资源利用活动的"多用途"海域。②

自1992年联合国环境与发展大会以来，海洋环境保护问题一直备受世界主要国家的关注，并在此后十年里持续升温。2002年4月，在荷兰海牙举行的《生物多样性公约》第六次缔约方大会上提出了"2010年生物多样性目标"，即各方承诺"到2010年大幅度降低全球、区域和国家生物多样性的丧失速度，从而减少贫困，维护地球所有生物的利益"。③

随后，2002年8月，在约翰内斯堡召开的世界可持续发展首脑会议上通过的《可持续发展问题世界首脑会议执行计划》中首次提出了建立海洋保护区的目标，呼吁"到2012年建立符合国际法并以科学知识为基础的海洋保护区，包括建立具有代表性的海洋保护区网络"。④

2006年，在巴西库里蒂巴举行的《生物多样性公约》第八次缔约方大会上通过了若干与海洋生物多样性有关的决定。其中，关于在国家管辖范围以外区域合作设立海洋保护区的问题，缔约方会议在Ⅷ/24号决定中确认，

---

① 《1992年生物多样性公约》，转引自全国人民代表大会常务委员会法制工作委员会编《中华人民共和国法典·条约2》，法律出版社，2002，第71页。
② Rife, Alexis; Erisman, Brad; Sanchez, Alexandra; Aburto - Oropeza, Octavio, "When Good Intentions are not Enough … Insights on Networks of 'Paper Park' Marine Protected Areas," *Conservation Letters*, Vol. 6, 2013, p. 200.
③ Convention on Biological Diversity, "Strategic Plan for the Convention on Biological Diversity," Janeiro 15, 2019, https：//www.cbd.int/decision/cop/default.shtml?id=7200.
④ Convention on Biological Diversity, "Strategic Plan for the Convention on Biological Diversity," Janeiro 15, 2019, https：//www.cbd.int/decision/cop/default.shtml?id=7200.

环境与军事目的兼顾：2018年巴西大型海洋保护区的创建

联合国大会在处理有关国家管辖范围以外区域海洋生物多样性的养护和可持续利用的问题中起核心作用，重申《联合国海洋法公约》为海洋内一切活动的开展规定了法律框架，其完整性必须维持。① 大会通过了有关监督执行"2010年生物多样性目标"的Ⅷ/15号决定，旨在加强生态系统、栖息地和生物群落的生物多样性保护，并设立了以下两个目标：一是至少10%的沿海和海洋区域应该得到有效保护，二是生物多样性和生态系统服务具有特殊重要性的区域应该得到有效保护。

此后，建立海洋保护区成为海洋环境保护议程的重点之一，以保护重要区域的生物多样性为重点，致力于栖息地、物种和遗传多样性的维护与管理。② 然而，2010年国际自然保护联盟的一项评估性研究指出，2010年，全球一共建立了近5880个海洋保护区，其覆盖的海域面积约为420万平方公里，仅占全球海洋总面积的1.17%。虽然与2003年相比，海洋保护区的面积增加了150%，但是与10%的海洋保护区面积的目标仍然相去甚远。③

2010年，在日本名古屋爱知县举办的《生物多样性公约》第十次缔约方大会上，与会各国协商制定了新的生物多样性保护目标，通过了"2011~2020年生物多样性战略计划"和"爱知生物多样性目标"，确立到2020年需实现的20个目标。④ 其中，与会各国讨论最多的是有关海洋保护区的目标，有些国家希望减少海洋保护区的比重，而有些国家则支持海洋保护区的占比为10%。⑤ 经过反复谈判，最终提出了"到2020年，至少有

---

① 范晓婷主编《公海保护区的法律与实践》，海洋出版社，2015，第60页。
② Spalding, Mark; Meliane, Imèn; Milan, Amy; Fitzgerald, Claire; Hale, Lynne, "Protecting Marine Spaces: Global Targets and Changing Approaches," *Ocean Yearbook*, Vol. 27, 2013, p. 218.
③ Toropova, Caitlyn; Meliane, Imèn; Laffoley, Dan; Mathews, Elizabeth; Spalding, Mark (eds.), *Global Ocean Protection: Present Status and Future Possibilities*, Gland: IUCN, 2010, p. 7.
④ Convention on Biological Diversity, "The Strategic Plan for Biodiversity 2011 - 2020 and the Aichi Biodiversity Targets," Janeiro 15, 2019, https://www.cbd.int/decision/cop/default.shtml?id=12268.
⑤ Spalding, Mark; Meliane, Imèn; Milan, Amy; Fitzgerald, Claire; Hale, Lynne, "Protecting Marine Spaces: Global Targets and Changing Approaches," *Ocean Yearbook*, Vol. 27, 2013, p. 218.

17%的陆地和内陆水域以及10%的沿海和海洋区域，尤其是对于生物多样性和生态系统服务具有特殊重要性的区域，通过有效而公平管理的、生态上有代表性和相连性好的保护区系统和其他基于保护区的有效保护措施得到保护，并被纳入更广泛的土地景观和海洋景观"。① 同样，在2015年9月25日联合国大会上通过的《2030年可持续发展议程》中规定了与千年发展目标相平行的可持续发展目标（ODS），提出"到2020年，根据国内和国际法，并基于现有的最佳科学资料，保护至少10%的沿海和海洋区域"。② 虽然科学家和环保人士认为10%的海洋保护区的目标不足以维护生物多样性和遏制新物种的灭绝，但是很多人仍然认为这个目标过于宏大且在政治上难以实现。③ 各国意识到2012年实现该目标具有很大的困难性，于是将实现期限延迟至2020年。

自2010年《生物多样性公约》第十次缔约方大会以来，海洋保护区和保护区网络在缔约方大会上扮演着日渐重要的角色，被视为保护海洋生物多样性和海洋环境的主要手段。在国际社会的共同努力下，自2010年起，全球海洋保护区的面积得以显著增加。世界保护区数据库（WDPA）统计显示，截至2018年12月，全球已建立了15300多个海洋保护区，面积约为270万平方公里，占全球海洋面积的7.44%，这一增长在很大程度上得益于大型海洋保护区的建立。④

二 2018年巴西大型海洋保护区的建立与特点

南美第一大国巴西东临大西洋，拥有长达约9000公里的大西洋海岸线。

---

① 《生物多样性公约缔约方大会第十届会议报告》，https://www.cbd.int/doc/meetings/cop/cop-10/official/cop-10-27-zh.pdf。
② United Nations, "Transforming our World: The 2030 Agenda for Sustainable Development," Janeiro 15, 2019, https://sustainabledevelopment.un.org/post2015/transformingourworld.
③ Wilhelm, 'Aulani; Sheppard, Charles; Sheppard, Anne; Gaymer, Carlos; Parks, John; Wagner, Daniel; Lewis, Nai'a, "Large Marine Protected Areas – Advantages and Challenges of Going Big," *Aquatic Conservation: Marine and Freshwater Ecosystems*, Vol. 24 (Suppl. 2), 2014, p. 25.
④ Protected Planet, "Protected Areas Coverage in 2018," Janeiro 15, 2019, https://protectedplanet.net/marine.

此外，巴西还拥有四大海岛：罗卡斯环礁（Atol das Rocas）、费尔南多·迪诺罗尼亚群岛（Fernando de Noronha）、特林达迪和马丁瓦斯群岛（Arquipélago de Trindade e Martim Vaz）、圣佩德罗和圣保罗群岛（Arquipélago de São Pedro e São Paulo）。虽然巴西拥有漫长的海岸线和广阔的海域，但是直到1979年巴西才在罗卡斯环礁建立了第一个海洋保护区。20世纪80年代，为了保护生物多样性和栖息地，巴西陆续建立了一批海洋保护区。然而，巴西海洋保护区的数量仍然较少。在2018年3月颁布法令创建新的大型海洋保护区之前，巴西海洋保护区的面积为56734平方公里，仅占巴西海洋总面积（3555796平方公里）的1.6%。①

2018年3月19日，特梅尔政府颁布了第9.312号和第9.313号法令，创建特林达迪和马丁瓦斯群岛、圣佩德罗和圣保罗群岛两大海洋保护区。其中，特林达迪和马丁瓦斯群岛距圣埃斯皮里图州海岸约1100公里；圣佩德罗和圣保罗群岛距北里约格朗德州海岸约1000公里。与巴西其他海洋保护区不同，新建的这两大海洋保护区距离大陆更远，规模更大，占地达92万平方公里，使海洋保护区面积占巴西海洋总面积的比重由1.5%提升至26%。

新建的这两大海洋保护区大部分为可持续利用保护区，相对于全面保护区来说，在资源可持续利用方面更具灵活性。根据巴西法律规定，海洋保护区可分为两大类：全面保护区和可持续利用保护区。全面保护区以保护自然为主要目的，只能间接地利用其自然资源；可持续利用保护区则将环境保护与自然资源的可持续利用相结合。全面保护区可分为五种：生态站、生物保留地、国家公园、自然纪念地和野生动物保护区；可持续利用保护区可分为七种：环境保护区、生态利益相关区、国家森林保护区、采掘保护区、动物保护区、可持续发展保护区和自然遗产特别保护区。特林达迪和马丁瓦斯群岛、圣佩德罗和圣保罗群岛的海洋保护区内均设有自然纪念地（全面保护

---

① Ministério do Meio Ambiente, "Unidades de conservação por bioma," Janeiro 15, 2019, http://www.mma.gov.br/cadastro_uc.

区）和环境保护区（可持续利用保护区）两种不同类型的保护区。其中，特林达迪和马丁瓦斯群岛的海洋保护区总面积为471532平方公里，分为两部分：环境保护区402377平方公里（占总面积的85.3%），自然纪念地约69155平方公里（占总面积的14.7%）。圣佩德罗和圣保罗群岛的海洋保护区总面积为454315平方公里，分为两部分：环境保护区407052平方公里（占总面积的89.6%），自然纪念地约47263平方公里（占总面积的10.4%）。因此，在这两大海洋保护区内，一方面设有大面积的环境保护区，属于可持续利用保护区，旨在将人类的有序活动与自然资源的可持续利用协调起来；另一方面设有少量的自然纪念地，属于全面保护区，主要目的是保护独特、稀少和风景壮丽的地区。① 环境保护区内既允许自给性捕鱼，又允许商业性捕鱼，只要后者不存在掠夺性行为；自然纪念地内仅允许自给性捕鱼。

在海洋保护区的管理方面，新建的两大海洋保护区的管理机构为Chico Mendes生物多样性保护管理局（ICMBbio），同时规定其必须"遵守巴西海军宪法和法律相关规定"，也就是说大部分与海洋保护区相关的活动必须得到巴西海军的许可或参与。在任何情况下，海洋保护区的管理计划都不得干涉军队和海事局在领海和专属经济区进行的军事演习、军事研究等军事活动。因此，虽然海洋保护区的管理由技术机构——Chico Mendes生物多样性保护管理局负责，但是同时法律明确规定其管理应该符合巴西海军的利益和需求。

三 特梅尔政府创建大型海洋保护区的目的分析

2018年3月，特梅尔政府创建特林达迪和马丁瓦斯群岛、圣佩德罗和圣保罗群岛两大海洋保护区的目的主要有二：就显性目的而言，旨在加强

---

① Ministério do Meio Ambiente, "Sistema Nacional de Unidades de Conservação," Janeiro 15, 2019, http://www.mma.gov.br/estruturas/240/_publicacao/240_publicacao05072011052536.pdf.

海洋生物多样性的保护和可持续利用，履行生物多样性保护的国际义务，减少国内外社会对于巴西政府环境政策的负面评价，维护巴西保护环境、履行国际公约的良好国际形象；就其隐性意图而言，旨在通过对海洋保护区的监测和监管，扩大巴西在南大西洋的军事影响力，谋求军事和政治战略利益。

（一）显性目的：加强海洋生物多样性的保护和可持续利用

在政府颁布的第9.312号法令的第1条中规定，建立特林达迪和马丁瓦斯群岛海洋保护区，旨在保护大西洋森林岛屿生态系统现存的物种、美景、自然资源和海洋生物多样性。在政府颁布的第9.313号法令的第1条中规定，建立圣佩德罗和圣保罗群岛海洋保护区，旨在保护和可持续利用生物多样性及其生物资源和遗传资源，提供相关的生态系统服务，包括渔业资源以及具有经济潜力、科研价值的其他海洋生物资源。法令还列出了各海洋保护区的具体目标：（1）保护岛屿环境、水体环境、海山、动植物种和微生物，尤其是特有物种；（2）保护主权权利，开采、利用、保护和管理海床及其上方海域、底土的生物和非生物资源，以及其他与专属经济区可持续利用相关的活动；（3）推动科学研究的持续开展和地区生物多样性的监测；（4）促进渔业资源的恢复；（5）规范渔业、旅游业以及与环境保护相适应的经济活动；（6）保障人们生命安全、航海安全，防止污染。其中，保护海洋生物多样性是两个海洋保护区创建的宗旨之一，原则上符合"爱知生物多样性目标"。基于此，巴西政府便可对外声称"爱知生物多样性目标"到期两年前，巴西在保护海洋生物多样性方面已经超额履行了国际义务。

然而，很多专家对这两个偏远海域的大型海洋保护区的实际保护效果提出了质疑：第一，它们是否确实能起到促进海洋生物多样性保护的作用，还是仅为达到国际目标而设立？第二，海洋保护区的创建是否达到了"爱知生物多样性目标"的质量要求？抑或只是"纸上保护区"（parque no papel）？"纸上保护区"指的是政府建立的保护区在有效保护的实施和监管上存在巨

大的困难①,仅创建却无条件去实施有效的保护,无法维持和保护生物多样性,无疑这样的保护区是失败的,但是它可以对外制造一种保护假象,掩盖海洋生态系统退化的真实状况。② 一些资料显示,特林达迪和马丁瓦斯群岛与圣佩德罗和圣保罗群岛海洋保护区变成"纸上保护区"的可能性并不小,主要原因有三。

第一,设立海洋保护区的举措并不是特梅尔政府早有的计划。根据政府制定的《国家生物多样性战略和行动计划(2016~2010)》,海洋保护区应增加至巴西沿海和海洋区域面积的5%,即175000平方公里。该文件提及了建立大型海洋保护区的可能性,却从未明确巴西维持和保护生物多样性的长远想法。③ 因此,政治投机主义更有可能成为政府创建这两大海洋保护区的动机,而不单是出于保护环境的考虑。

第二,巴西已有的海洋保护区管理不善,缺乏管理计划和监管监测资源。在宣布建立这两大海洋保护区时,联邦政府并没有出台其他任何加强海洋保护区建设的相关措施。除此之外,巴西经济的低迷和特梅尔政府的财政紧缩政策在很大程度上限制了生物多样性保护措施的有效实施。此种经济财政状况在博索纳罗政府时期也将难以扭转。

第三,虽然特梅尔政府在创建这两大海洋保护区时已经采取了必要的法律措施,但是很多专家强调,特梅尔政府在讨论过程中修改了两大海洋保护区的建立方案,无视前期的筹备研究成果,也未向公众咨询。④ 例如,环境

---

① De Santo, Elizabeth, "Missing Marine Protected Area (MPA) Targets: How the Push for Quality Undermines Sustainability and Social Justice," *Journal of Environmental Management*, Vol. 124, 2013, p. 138.

② Rife, Alexis; Erisman, Brad; Sanchez, Alexandra; Aburto – Oropeza, Octavio, "When Good Intentions are not Enough… Insights on Networks of 'Paper Park' Marine Protected Areas," *Conservation Letters*, Vol. 6, 2013, p. 200.

③ Ministério do Meio Ambiente, "National Biodiversity Strategy and Action Plan (NBSAP)," Janeiro 15, 2019, https://www.cbd.int/doc/world/br/br – nbsap – v3 – en.pdf.

④ Giglio, Vinícius J. *et alii*, "Large and Remote Marine Protected Areas in the South Atlantic Ocean are Flawed and Raise Concerns: Comments on Soares and Lucas (2018)," *Marine Policy*, Vol. 96, 2018, p. 16.

部未向科学界咨询而更改了圣佩德罗和圣保罗群岛的全面保护区类型（将野生动物保护区改为自然纪念地）。此外，为了迎合海军的利益，特梅尔政府修改了保护区条款，允许在自然纪念地内进行自给性捕鱼（根据筹备研究，该举措有损环境），为保护区渔业创造了危险的先例。① 在一百多名来自不同领域的巴西专家写给时任总统特梅尔的联名信中，他们对政府在最后时刻更改了海洋保护区建立方案的行为进行了严厉批评："政府想要扩大专属经济区内海洋保护区的面积，我们认为这是积极有益的，但是在扩大海洋保护区面积的同时，还需要考虑生物多样性和重要生态过程的主要区域，尤其是群岛和海山顶部，这是长期维持生物多样性的保障。若将海岛划出全面保护区，我们保护工作中最重要的区域将会受到严重威胁。"② 作为让步，海军同意将特林达迪岛部分地区以及圣佩德罗和圣保罗群岛十分之三的岩礁划分为全面保护区。至于为何不将两座群岛全部划分为全面保护区，官方的解释是此举将会限制海军活动，也就是说，海军利益比有效的环境保护更为重要。不过，海军并没有提及另一理由，即军方人员在群岛执行任务期间能够进行捕鱼活动。

根据2018年1月发布的有关海洋保护区建立的筹备研究（《关于在维多利亚－特林达迪链建立环境保护区和野生动物保护区提议的生物学和社会经济学诊断》③ 和《关于在圣佩德罗和圣保罗群岛建立环境保护区和海洋自

---

① Soares, Marcelo de Oliveira; Lucas, Carolina Costa, "Towards Large and Remote Protected Areas in the South Atlantic Ocean: St. Peter and St. Paul's Archipelago and the Vitória - Trindade Seaount Chain," *Marine Policy*, Vol. 93, 2018, p. 102.

② Ouvidoria do Mar, "Consulta pública para discussão das propostas de criação da Área de Proteção Ambiental (APA) e Monumento Natural (MONA) nas regiões do Arquipélago São Pedro e São Paulo e do Arquipélago de Trindade e Martin Vaz," Janeiro 15, 2019, https://www.facebook.com/ouvidoriadomar.

③ Pinheiro, Hudson, "Diagnóstico Biológico e Sócio - Econômico para a proposta de criação de uma Área de Proteção Ambiental (APA) e um Refúgio de Vida Silvestre (MONA) na Cadeia Vitória - Trindade," Janeiro 15, 2019, http://www.icmbio.gov.br/portal/images/stories/o - que - fazemos/consultas_publicas/estudos_criacao_ilha_trindade.pdf.pdf.

然纪念地提议的生物学和社会经济学诊断》①，以下简称《诊断》）显示，捕鱼、采矿等活动已经在两地产生了不容忽视的环境影响。在关于圣佩德罗和圣保罗群岛的《诊断》中指出，该地区对于以黄鳍金枪鱼、沙氏刺鲅和纺锤鲕等浮游生物为主要目标的工业捕鱼十分重要。搭载研究人员去该群岛的船只全年都在系统地开展商业性捕鱼活动。② 20世纪中期，来此地参观的游客对当地鲨鱼数量之多印象深刻，颇为感叹。然而，自20世纪90年代捕鱼活动开始以来，当地鲨鱼数量日益减少，有些种类已经灭绝。③ 在特林达迪岛同样存在过度捕捞现象。此外，开采红藻石礁和暗沙也给当地生态系统带来了破坏。根据特林达迪岛的《诊断》，军人们在该地区捕鱼并将加工过的鱼带回大陆，年均2.5吨血鹦鹉鱼和2.2吨石斑鱼被捕捞，"这类捕捞行为与商业性捕鱼类似……涉及受威胁物种、稀有物种和岛屿特有物种"。《诊断》建议，该区域仅允许自给性捕鱼，且不可将鱼储存或运回大陆。④ 除了捕鱼，特林达迪群岛周边还有不少的海洋采矿活动。巴西矿业生产管理司（DNPM）已两次获得了相关许可，允许开采维多利亚-特林达迪链、专属经济区以外的红藻石礁、暗沙和

---

① Francini-Filho, Ronaldo; Ferreira, Carlos Eduardo; Mello, Thaynú; Prates, Ana Paula; Silva, Verônica, "Diagnóstico Biológico e Sócio-Econômico para a proposta de criação de uma Área de Proteção Ambiental（APA）e um Monumento Natural Marinho（MONA）no Arquipélago São Pedro e São Paulo," Janeiro 15, 2019, http://www.icmbio.gov.br/portal/images/stories/o-que-fazemos/consultas_publicas/Estudos_Cria%C3%A7%C3%A3o_SaoPedro_SaoPaulo.pdf.

② Pinheiro, Hudson, "Diagnóstico Biológico e Sócio-Econômico para a proposta de criação de uma Área de Proteção Ambiental（APA）e um Refúgio de Vida Silvestre（MONA）na Cadeia Vitória-Trindade," Janeiro 15, 2019, http://www.icmbio.gov.br/portal/images/stories/o-que-fazemos/consultas_publicas/estudos_criacao_ilha_trindade.pdf.

③ Luiz, Osmar; Edwards, Alasdair, "Extinction of a Shark Population in the Archipelago of Saint Paul's Rocks（Equatorial Atlantic）Inferred from the Historical Record," *Biological Conservation*, Vol. 144, 2011, p. 2875.

④ Pinheiro, Hudson, "Diagnóstico Biológico e Sócio-Econômico para a proposta de criação de uma Área de Proteção Ambiental（APA）e um Refúgio de Vida Silvestre（MONA）na Cadeia Vitória-Trindade," Janeiro 15, 2019, http://www.icmbio.gov.br/portal/images/stories/o-que-fazemos/consultas_publicas/estudos_criacao_ilha_trindade.pdf.

珊瑚礁。①《诊断》指出,"这种毁灭性行为需要限制和监管……应禁止在独特、位置相对隔绝和受保护的暗沙开展此类活动",以保护生物多样性、保障区域可持续发展。

虽然联邦政府同意将这两大群岛的两个小部分区域划分为全面保护区,但是在法令的最终文本中,涉及在群岛捕鱼和采矿活动方面的内容却并没有得到相应的更改。直到2018年9月,政府才出台了海洋保护区捕鱼活动的相关规定,禁止"捕捞、运输和买卖受威胁物种",而相关的管理计划仍未获得通过。此外,尽管环保主义者要求在全面保护区内禁止任何形式的采矿活动,但是政府并未明确禁止采矿活动,原则上允许在特林达迪和马丁瓦斯群岛、圣佩德罗和圣保罗群岛的海洋保护区内进行采矿活动。值得强调的是,《海洋资源行业计划Ⅸ(2016~2019)》表明在维多利亚-特林达迪链存在多金属结核和钴结壳,在圣佩德罗和圣保罗群岛存在多金属硫化物,它们是铜、镍、锰、稀土以及其他具有经济和战略价值的矿业元素的重要来源。②

为了全面深入地理解巴西政府创建海洋保护区的目的和决定,我们还需要考虑此举的国内和国际影响。巴西政府在第八届世界水论坛期间颁布创建海洋保护区的法令并非巧合,主要是想利用外国政府当局和国际媒体来访巴西的机会向国内外社会宣传此项环保举措,借以提升特梅尔政府的关注度和美誉度。这一策略被证明是有效的,不少国内外媒体报道了巴西政府建立两个大型海洋保护区的消息,而媒体的报道对于特梅尔政府来说十分重要。因为近年来,巴西政府在环保方面负面消息缠身,饱受国内外社会的诟病,诸如亚马孙森林砍伐率的上升、挪威削减亚马孙热带雨林保护基金等。特梅尔政府利用举办重大国际活动这一时机,向国内外社会展示巴西政府的环保举

---

① Comissão Interministerial para os Recursos do Mar, "Resolução n. 3, 26 de agosto de 2010," Janeiro 15, 2019, https：//www.marinha.mil.br/secirm/sites/www.marinha.mil.br.secirm/files/resolucao-3-2010.pdf.

② Comissão Interministerial para os Recursos do Mar, "IX Plano Setorial para os Recursos do Mar (2016-2019)," Janeiro 15, 2019, https：//www.marinha.mil.br/secirm/sites/www.marinha.mil.br.secirm/files/publicacoes/IXPSRM.pdf.

措,无疑可以给特梅尔政府带来积极的国内和国际影响。国内方面,可以迎合巴西民间环保组织、环保部门相关的环保要求,并且带来的政治负担较轻,因为所涉及的海岛位置偏远、无人居住,联邦政府无须与海军以外的其他相关利益者协商。国际方面,除了积极的媒体效应外,还可以向国际社会展现巴西政府的环保意识和环保行动,减少国内外社会对于巴西政府环境政策的负面评价,维护巴西保护环境、履行国际公约的良好国际形象,在有关生态环境保护和可持续发展的国际讨论中发挥领导作用。

(二)隐性目的:扩大巴西在南大西洋的军事影响力

特梅尔政府在特林达迪和马丁瓦斯群岛、圣佩德罗和圣保罗群岛设立两大海洋保护区,除了加强海洋生物多样性的保护和可持续利用外,也有其隐性目的,即扩大巴西在南大西洋的军事影响力。值得强调的是,这两大海洋保护区的建立不仅使巴西政府达到了10%的海洋保护区目标,而且建立的海洋保护区覆盖了两个群岛周围整个专属经济区(200海里)。随着监管和监测区域的扩大,巴西在南大西洋的军事影响力也逐渐加强。

前文提及,2018年3月,巴西联邦政府在颁布的创建两大海洋保护区的法令中提及了军队尤其是海军的重要角色,并注意避免两大海洋保护区的建立对于海军活动的阻碍,确保"巴西海军进行的研究、筹备和调用等方面的活动"。[①] 另外,该法令也未干涉两大群岛中已经开展的两个计划的实施——特林达迪岛科研计划与圣佩德罗和圣保罗群岛计划。特林达迪岛科研计划于2007年5月15日由巴西海洋资源部际委员会(CIRM)第3号决议通过,旨在推动和管理特林达迪岛、马丁瓦斯岛和其他附属海域的科研活动。1957年,巴西海军在该岛上建立了能容纳近40名军人的海洋基地,自此以后巴西海军在特林达迪岛的活动更加频繁。2007年以来,随着特林达迪岛科研计划的逐步实施,巴西于2011年在该岛设立了研究站,最多可容

---

① Brasil, "Decreto no. 9.312" (19 Março de 2018), *Diário Oficial da União*, Seção 1, 20 Março de 2018, p.1 (artigo 7, Ⅵ).

纳8名科研人员。[①] 圣佩德罗和圣保罗群岛计划于1996年6月11日由巴西海洋资源部际委员会第1号决议通过。该计划制订初期的主要目标是建立永久性的研究站点，发展科学研究。

上述两个计划的实施除了推动科学研究外，还保证了巴西对这两个群岛的持续占领。巴西海洋资源部际委员会的备忘录显示，研究站点的设立使永久性的占领此地成为可能，进而圣佩德罗和圣保罗群岛周围200海里可以合法地成为巴西的大陆架和专属经济区。根据2018年3月政府颁布的法令，特林达迪和马丁瓦斯群岛与圣佩德罗和圣保罗群岛对于巴西国家安全来说必不可少，"这些保护区域不能由国内或国外的民间社会组织进行管理"。[②] 虽然这两大群岛并未受到真正的军事威胁，但是特梅尔政府仍然想借此来扩大巴西在南大西洋的军事影响力。此举主要基于三个因素的考虑：美国第四舰队的重启、巩固南大西洋和平与合作区（Zona de Paz e Cooperação do Atlântico Sul，ZOPACAS）的努力以及英国的军事存在。

第一，美国第四舰队的重启。2008年，美国决定重启于1950年撤编的第四舰队，负责在加勒比和大西洋地区的行动。美国宣称此举是为了"表明其对区域伙伴的承诺，提高海上任务的有效性，以巩固和加强联盟，促进与他国的关系，阻止侵略行为"。南美国家政府均表达了对美国第四舰队重启的隐性目的的担忧。时任巴西总统卢拉除了质疑美国第四舰队重启的必要性外，还将其归因于巴西大陆架上的盐下石油储藏。[③]

第二，巩固和强化南大西洋和平与合作区的努力。1982年马岛战争后，巴西倡议建立南大西洋和平与合作区，该倡议在1986年10月27日联合国大会第41/11号决议中获得了通过。南大西洋和平与合作区汇集了24个国

[①] Pereira Da Silva, Alexandre, "O Brasil e um novo despertar para o direito do mar," *Revista de Informação Legislativa*, Vol. 208, 2015, pp. 34–35.

[②] Brasil, "Decreto no. 9.312" (19 Março de 2018), *Diário Oficial da União*, Seção 1, 20 Março de 2018, p. 1 (artigo 10, parágrafo único).

[③] Battaglino, Jorge, "A reativação da IV Frota e o novo paradigma de controle global dos Estados Unidos," *Política Externa*, Vol. 17, No. 4, 2009, p. 38.

家（3个拉美国家和21个非洲国家），是大西洋沿岸两大洲的主要合作平台。① 自建立起，南大西洋和平与合作区秉承两个基本原则：维护和平、促进成员国之间的合作。最初目的是防止该地区军事化，使该地区远离核武器和大规模毁灭性武器。② 近年来，该地区又出现了新的挑战：几内亚湾的海盗和武装抢劫、人口和毒品买卖以及可能危及航运安全的恐怖主义。南大西洋和平与合作区建立至今，不定期地一共举行了七次峰会。③ 最近一次会议于2013年在蒙得维的亚举行。虽然巴西努力促进南大西洋和平与合作区的巩固和制度化发展，但是进展甚微。制度的缺乏以及其他政治经济因素的制约，使南大西洋和平与合作区在该地区难以发挥更为积极的作用。④

第三，北大西洋公约组织的重要成员——英国在南大西洋的军事存在。与美国不同，英国把南大西洋英属岛屿作为其战略要地，包括阿森松、圣赫勒拿、特里斯坦达库尼亚和南极洲附近的其他岛屿，还包括阿根廷宣称拥有主权的马尔维纳斯群岛。

基于上述，特梅尔政府创建两大海洋保护区，除了维持特林达迪和马丁瓦斯群岛、圣佩德罗和圣保罗群岛原有的海军力量，保证其科研计划运行等目的外，以监测和监管两大海洋保护区的生态环境和海洋生物多样性为由，旨在加强巴西在南大西洋的军事存在，扩大其军事影响。

四　结语

随着1982年《联合国海洋法公约》以及1992年《生物多样性公约》

---

① Pereira Da Silva, Alexandre, "Brazil's Recent Agenda on the Sea and the South Atlantic Contemporary Scenario," *Marine Policy*, Vol. 85, 2017, pp. 30 – 31.
② Amorim, Sérgio, "Perspectivas brasileiras na Convergência entre os SISBIN e a ZOPACAS," *Austral*, Vol. 2, No. 4, 2013, p. 12.
③ Rio de Janeiro (1988), Abuja (1990), Brasília (1994), Somerset West (1996), Buenos Aires (1998), Luanda (2007) e Montevidéu (2013).
④ Abdenur, Adriana; Mattheis, Frank; Seabra, Pedro, "An Ocean for the Global South: Brazil and the Zone of Peace and Cooperation in the South Atlantic," *Cambridge Review of International Affairs*, Vol. 29, No. 3, 2016, p. 1113.

的通过，海洋环境的保护被纳入国际议程，并受到国际社会越来越多的关注。为了更好地保护和可持续利用海洋资源，各国除了达成相关的国际协定和国际公约外，陆续建立了一批海洋保护区，并制定了10%的海洋保护区的具体目标。海洋保护区在海洋可持续发展方面的作用日益突出，被视为保护海洋生物多样性和海洋环境的主要手段。

作为南美第一大国，巴西拥有漫长的海岸线和广阔的海域，但是一直以来巴西海洋保护区的数量较少，在海洋环境保护方面进展缓慢。2016年特梅尔政府上台以来，其环境政策常受国内外社会的批评，环保方面负面消息缠身，国际环境形象不佳。2018年3月，特梅尔政府向国际社会公开宣布巴西在南大西洋群岛建立两个大型海洋保护区的消息。此举一方面是为了减少国内外社会对于巴西环境政策的负面评价，维护巴西保护环境、履行国际公约的良好国际形象；另一方面是为了加强巴西在南大西洋地区的军事存在，扩大其军事影响力，谋求军事和政治战略利益。在创建两大海洋保护区的基础上，巴西海军可以以监管和监测海洋保护区为由，在南大西洋地区加强军事活动，扮演更为积极主动的角色。

Y.13
巴西国家科技创新体系发展现状分析

郭栋 林娴岚*

摘 要： 20世纪30年代以来，巴西政府陆续出台以促进国家科技创新发展为目标的相关政策，通过重视科学教育与科技人才的培养、成立各类基金和科研扶持机构、不断完善宏观科技管理部门的设置、有针对性地制订国家科技发展计划和强化科技创新立法，为国家科技创新体系建设提供智力基础、设定战略目标，并提供了经费、制度与法律保障。经过大半个世纪的发展，巴西已经形成了覆盖全要素的科技创新体系架构。当前的巴西国家创新体系包括生产、教育和研究、财政和金融支持、决策与治理四个子系统。通过对科技创新投入与产出以及人才培养方面的评估与分析，可以发现巴西国家科技创新体系不同子系统的发展并不均衡。2018～2019年，在国内政治动荡、经济增长乏力的环境下，科技创新虽步履艰难，但巴西政府仍致力于进一步完善国家创新体系，采取了构建科技创新宏观法律框架、对照国家科技创新战略制订分领域计划以及实施巴西数字转型战略等措施。在当今世界各主要国家围绕科技创新竞争日益激烈的背景下，巴西国家科技创新体系的建设依然任重而道远。

---

* 郭栋，中国科学技术交流中心助理研究员，主要研究方向为国际科技合作政策；林娴岚，法学博士，湖北大学政法与公共管理学院、巴西研究中心副研究员，主要研究方向为科技创新与国际关系、葡语国家研究。

关键词： 巴西　国家创新体系　科技创新政策　创新绩效

一　巴西科技创新体系的历史发展脉络

受历史因素的影响，巴西经济发展起步较晚，长期以来巴西经济的支柱产业一直是以棉花、糖、咖啡、橡胶等为主要产品的农业经济。进入20世纪30年代，巴西开启了现代化进程，特别是第二次世界大战后，巴西工业化进程加速，与此同时，国家也开始逐渐重视科技创新。1999年起，巴西联邦政府明确将科技创新政策提上政治议程，积极促进巴西创新体系的制度化建设。自1930年起，巴西政府陆续出台以促进国家科技创新发展为目标的相关政策，主要体现在如下五个方面。

第一，重视科学教育与科技人才的培养，为国家科技创新体系建设提供智力基础。1931年，巴西颁布了"大学章程"，规定一所大学必须包括三个系：法律、工程或医学、科学或文学。根据该章程，巴西的第一所大学圣保罗大学于1934年创立。1940~1961年，巴西高校数量从5所增至32所，其中23所为联邦政府资助创办的公立大学。此外，1951年创建了巴西高等人才进修协调会（CAPES），专门负责指导全国研究开发活动并筹集经费，旨在为满足不同类别企业发展的需要而培养人才。巴西十分重视公立高校的建设，无论是国内排名还是国际排名，巴西排名靠前的顶尖高校都是公办的。除了通过高等院校来培养未来科技人才的基础研究能力与综合素质外，巴西也通过创办航空技术学院（ITA）、巴西国家石油公司研发中心（CENPES）等机构为特定行业培养高端人才，以及通过创办职业培训与服务机构来培养不同职业所需要的技能型人才。

第二，有针对性地制订国家科技发展计划，为国家科技创新体系建设设定战略目标。巴西首次实施促进国家发展的"目标计划"（O Plano de Metas）是在20世纪50年代，当时通过"以5年当50年"的目标激励，实现了持续的经济高速增长。从20世纪70年代开始，巴西不断出台新的国家发展计划（IPN）以及与之相对应的科学技术发展基础计划（PBDCT），巴西科技创新体系进入全面建设时期。1982年巴西国家科学技术发展委员会（CNPq）推行政府技术创新计划，在全国范围内依托不同高校和科研机构批量建立技术创新中心。此后，该计划变更为科学园实施计划。20世纪90年代，在巴西经济形势恶化的背景下，政府更加意识到提升国家科技创新能力的重要性，1995年首次将科技发展计划调整上升为国家的科技发展战略。进入21世纪以来，在世界各主要国家都纷纷重视制定并实施科技创新发展战略的国际环境下，巴西也先后出台了《2012～2015年国家科技创新战略》以及《2016～2022年国家科技创新战略》。

第三，成立各类基金和科研扶持机构，整合调动全社会资源，为国家科技创新体系建设提供经费保障。例如，在地方层面，1962年成立了圣保罗州科研扶持基金会（FAPESP）；在国家层面，1964年设立了科学技术发展基金（FUNTEC），在此基础上，1969年设立了国家科学技术发展基金（FNDCT）。巴西创建FNDCT的目的是在财政上支持国家科技发展优先计划和项目，采取税收激励、金融机构贷款、公共和私人实体捐款和捐赠相结合的方式，整合资源以服务于国家科技发展总体规划。为了使科技类项目的经费管理更加制度化与规范化，巴西政府还于1967年设立了科研与发展项目署（FINEP，现名研究创新署），专门负责为科研项目提供经费支持。巴西以丰富而多样化的基金形式为不同类别的科学研究和技术开发提供经费支持，激发了研发人员的创新热情，也让大学和科研机构的研究成果有效融入国家科技创新体系。

第四，不断完善宏观科技管理部门的设置，为国家科技创新体系建设提供制度保障。1951年，巴西成立了巴西国家科研理事会（CNPq），负责制定全国科技政策，管理政府研究机构，协调全国各研究与开发体系等工作。1974年国家科研理事会更名为"国家科学技术发展委员会"，但仍旧保留了CNPq的缩写。1976～1985年，该机构直属于联邦总统计划秘书处。1985年巴西成立了科学技术部（MCT）。为了进一步优化整合全国的科技创新资源，巴西将CNPq和FINEP两个重要机构划归科技部统筹管理。1996年，巴西又成立了国家科技理事会（CCT），这是最高科技统筹协调机构，也是巴西首脑的最高科技咨询顾问机构，是国家科学技术政策拟定和贯彻机构。国家科技理事会的秘书处设在科学技术部。2011年，巴西政府将"科学技术部"更名为"科技创新部"（MCTI），突出了创新在巴西国家战略中的重要意义。2016年，巴西政府又撤销了通信部，并将原通信部相关职能并入科技创新部。由此，新组建的科技创新通信部（MCTIC）在原有基础之上进一步增加了为国家发展提供公共服务这方面的职能。

第五，强化科技创新立法，为国家科技创新体系建设提供法律保障。巴西在宪法中明确规定了国家有义务促进科学技术与创新的发展。2004年颁布的《创新法》成为巴西科技创新立法的一个重要里程碑。制定该法的主要目的是加强产学研合作，促进科研基础设施的共享，鼓励政府直接投资于企业创新，以及激励人员在科研体系内部的流动。2006年为了配合《创新法》的实施，巴西还出台了一系列配套措施，建立了政府为企业研发提供资金的经济补贴计划。此外，2007年颁布《企业法》，确保企业可以通过享受税收优惠的方式来促进科技创新；2016年颁布《科学技术和创新准则》；2018年，在整合过去出台的一系列科技创新相关法律框架的基础之上，最新出台了《科技创新宏观法律框架》。巴西希望通过科技创新法律体系的建立，创建更加有利于科研和创新的环境。

二 当前巴西科技创新体系的基本架构与创新绩效

经过大半个世纪的发展，巴西已经形成了覆盖全要素的科技创新体系架构。当前的巴西国家创新体系包括4个子系统，分别是：（1）以国有企业、私营企业、中小微型企业和初创企业以及企业联盟为代表的生产子系统；（2）以基础、中等、高等、职业教育和公共科研机构为代表的教育和研究子系统；（3）以国家开发银行（BNDES）、研究创新署（FINEP）、高等人才进修协调会（CAPES）以及各商业银行等为代表的财政和金融支持子系统；（4）由相关部委及其政策制定、知识产权机构、具备科技创新管理职

能的准政府机构（社会组织）组成的决策与治理子系统。①

由美国康奈尔大学和世界知识产权组织共同发布的《2018年全球创新指数报告》显示，巴西的全球创新指数排名为第64位，较2017年上升了5个位次。在创新质量方面稳居中等收入经济体的第4位和总排名第28位。②具体而言，可以从科技创新投入、科技创新产出以及科技创新人才培养三个维度对巴西国家科技创新的绩效进行评估。

科技创新投入方面，巴西研发投入总量上升，但占GDP的比重提升缓慢，巴西国家科技创新投入主要由公共部门主导，私营部门的投入欠缺。通过分析巴西科技创新通信部2018年最新发布的《国家科技创新指数统计》报告可以发现，2012~2016年，巴西研发投入增长较快，2016年达792亿雷亚尔，是5年前的1.5倍。尽管总量明显增加，但研发投入占GDP比重的增速却很缓慢，有些年份还出现该比重值负增长的趋势。2016年，巴西研发投入占GDP的比重仅为1.27%，对比2012年，5年间总共只提升了0.12个百分点（见表1）。巴西最初制定了到2019年将研发投入占GDP比值提升到2.0%的目标，但由于国家财政困难，后又将该目标指数完成的年份延长至2022年。巴西公共部门的研发投入占全国研发投入总经费的比重一直明显高于私营部门研发投入的占比，但近年来两者有逐渐走向平衡的发展趋向。公共部门研发投入占比由55%左右降至52%左右，而私营部门研发投入占比则从45%左右升至48%左右。巴西公共研发经费常年投入最多的领域是高等教育、非定向研究、农业和工业技术，巴西十分重视高等教育和基础研究，教育和研究子系统在巴西国家创新体系中的地位举足轻重。

---

① Mariana Mazzucato and Caetano Penna, *The Brazilian Innovation System: A Mission - Oriented Policy Proposal*, Centro de Gestão e Estudos Estratégicos, 2016, p. 38.
② Soumitra Dutta, Bruno Lanvin, and Sacha Wunsch - Vincent (eds.), *Global Innovation Index 2018: Energizing the World with Innovation*, Cornell University, INSEAD, and the World Intellectual Property Organization, 2018.

表1　巴西研发投入情况（2012~2016年）

年份	2012	2013	2014	2015	2016
研发投入总量（百万雷亚尔）	54254.60	63748.60	73387.60	80501.80	79228.30
占GDP比例(%)	1.15	1.24	1.27	1.34	1.27
公共投入占R&D比例(%)	54.94	57.70	52.80	52.20	52.30
公共投入占GDP比例(%)	0.62	0.69	0.67	0.70	0.66
联邦政府投入占R&D比例(%)	36.90	40.48	35.53	33.80	33.50
州政府投入占R&D比例(%)	18.04	17.22	17.27	18.40	18.80
企业投入占R&D比例(%)	45.10	42.30	47.20	47.80	47.60
企业投入占GDP比例(%)	0.51	0.51	0.60	0.64	0.60

注：2016年1雷亚尔=2元人民币。
资料来源：巴西科技创新通信部网站，https://www.mctic.gov.br/mctic/export/sites/institucional/indicadores/arquivos/Indicadores_CTI_2018.pdf。

科技创新产出方面，无论是科技论文的发表、被引用与国际合作，巴西的产出数量和占世界的比重都呈明显上升趋势，然而巴西专利申请和授权量以及高技术产品出口方面则相对落后。与投入相对应，巴西公共部门的研发产出也明显高于私营部门。2018年巴西《国家科技创新指数统计》报告显示，2008~2017年，巴西发表科技论文数增长了70%，每百万人发表科技论文数增长了56%，巴西对世界科技论文的贡献率由1.9%提升到2.51%。巴西科技论文的被引用率一直低于世界平均水平，但在过去几年中呈增长趋势，2011~2016年增幅达到18%。（见图1）

2017年，巴西国际合著论文占发表论文总数的32.57%，参与国际大科学合作产出论文继续增加。上述科技创新产出的成果大多来自高校和公共科研机构，相比而言，巴西企业对科研产出的贡献不足。根据科睿唯安（Clarivate Analytics）2017年底发布的研究报告《巴西的科研》[①]，2011~2016年只有1%的巴西科技论文有来自企业科研人员的合著者。在参与合著论文最多的20家企业中，美国、德国大型制药公司共占据14席，巴西石油

---

① Clarivate Analytics, *Research in Brazil*, a Report for CAPES by Clarivate Analytics, December 2017.

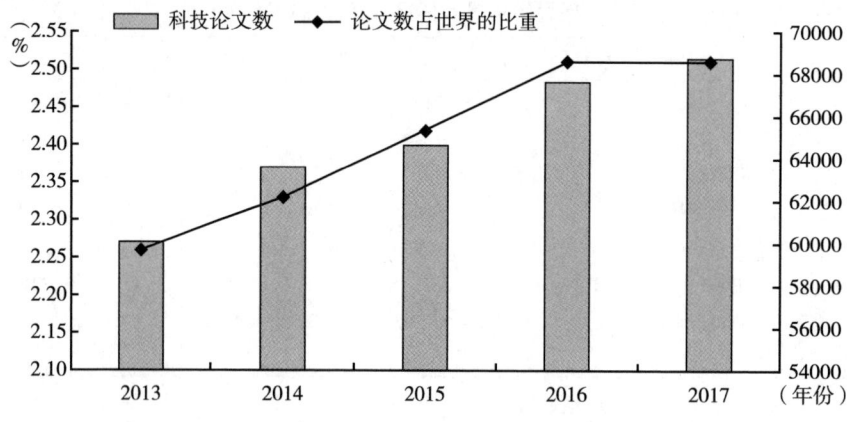

图1　Scopus索引的巴西论文数量及比重

资料来源：Scopus数据库。

公司是唯一上榜的本土企业（见表2）。从不同的科学领域来看，由于巴西公共研发经费的很大一部分投入特定部门，如农业、工业技术和卫生部门，因此这些也是研发产出最高的领域。生物学和农学以及医学在巴西科技论文中比例最高，2017年分别占当年全国论文总量的32.2%和21%。

表2　合著论文最多的20家企业

企业	国家	论文影响	行业
巴西石油公司	巴西	1.04	能源
葛兰素史克	英国	6.85	制药
诺华	瑞士	4.00	制药
罗氏控股	瑞士	14.64	制药
默克	美国	7.31	制药
维思达特公司	美国	0.86	专业服务
拜耳股份公司	德国	3.66	制药
阿斯利康	英国	6.64	制药
赛诺菲-安万特	法国	4.68	制药
IBM	美国	2.11	计算机
礼来公司	美国	3.77	制药
百时美施贵宝	美国	11.13	制药
安进	美国	6.15	生物技术

续表

企业	国家	论文影响	行业
强生美国	美国	4.33	制药
基因泰克	美国	30.37	制药
AT&T	美国	1.32	电信
惠普	美国	0.96	软件
拜耳医药制药	德国	4.99	制药
强生公司	美国	3.58	制药
辉瑞美国	美国	4.53	制药

资料来源：Clarivate Analytics, *Research in Brazil*, a Report for CAPES by Clarivate Analytics, December 2017。

2017年巴西牙科学发表论文数占全世界总量的11.76%，成为巴西最有比较优势的学科。空间科学和物理学是巴西最具国际影响力的两个基础学科，其引文影响、1%高被引、10%高被引出版物均居巴西前两位，其国际合著比例也分别高达77.7%和55.2%，巴西在上述两个领域取得的成果与积极参与国际大科学计划并且得到了长期稳定的国内经费资助密不可分。（见表3）

表3　2011~2016年ESI巴西论文表现

学科	影响	Top 1%	Top 10%	国际合作比例(%)
临床医学	0.87	0.96	5.43	28.8
动植物学	0.66	0.44	4.11	26.9
农业科学	0.59	0.44	4.01	14.0
化学	0.64	0.08	3.61	30.2
物理学	1.24	1.70	11.33	55.2
工程学	0.85	0.45	6.99	32.2
社会科学	0.67	0.62	4.07	21.6
生物学与生物化学	0.69	0.38	4.50	32.6
环境生态学	0.89	1.11	7.38	40.3
材料科学	0.60	0.17	3.49	35.0
药理学和毒理学	0.79	0.46	5.10	25.8
神经科学与行为	0.79	0.56	5.56	36.8
分子生物学与遗传学	0.64	0.63	4.07	39.3
数学	0.95	0.54	8.27	46.5

续表

学科	影响	Top 1%	Top 10%	国际合作比例（%）
免疫学	0.88	0.87	6.61	44.4
微生物学	0.76	0.58	5.08	37.9
地球科学	0.82	0.69	5.91	53.0
精神病学心理学	0.91	1.37	7.35	45.6
计算机科学	0.85	0.56	6.88	43.2
空间科学	1.37	2.60	10.93	77.7
经济学	0.58	0.26	4.43	36.0

资料来源：Clarivate Analytics, Research in Brazil, a Report for CAPES by Clarivate Analytics, December 2017。

此外，从专利来看，巴西专利无论是申请量还是授权量都处于较低水平，2017年巴西发明专利申请量为25658件，其中本国人申请的仅为5480件。巴西本国人发明专利授权数仅占总专利授权数的13%左右，可见巴西本土创新能力不足（见表4）。在高科技产品出口方面，根据世界银行的数据，巴西高科技产品出口在制造业出口总额中的比例从2001年的19%下降到2017年的12%。尽管21世纪以来巴西加大了对科研的投入力度，但巴西的高科技产品出口仍远落后于欧美国家和中国。

表4 2013~2017年巴西发明专利情况

单位：件

名称	2013年	2014年	2015年	2016年	2017年
发明专利申请数	30877	30341	30217	28009	25658
本国人发明专利申请数	4955	4657	4640	5199	5480
发明专利授权数	2974	2751	3411	4195	5450
本国人发明专利授权数	384	374	462	528	714
PCT专利申请数	699	670			

资料来源：巴西科技创新通信部网站，https://www.mctic.gov.br/mctic/export/sites/institucional/indicadores/arquivos/Indicadores_CTI_2018.pdf。

科技创新人才培养方面，巴西一方面加强科研人员队伍建设，另一方面也通过建立全国范围内的人才数据库，整合国内的科技创新人才资源。根据巴西科技创新通信部的统计数据，2014年巴西投入研发工作人员共60.9万人，其中研究人员31.7万人，辅助人员29.2万人。研究人员中博士11.8万人，硕士14.4万人。2014年全职科研人员18万人，其中博士6万人。2017年注册博士研究生11.2万人，新增博士学位（博士毕业生）2.16万个。人数最多的学科是医学、人文科学和农学。巴西联邦政府建立的拉特斯平台（Plataforma Lattes）是一个全国性的科研人才数据库。截至2016年11月30日，拉特斯平台共有科研注册用户352万人，其中博士生21.85万人（科研教学博士13.26万人，行政、技术类博士8.59万人），硕士生36.47万人（科研教学硕士8.28万人，行政、技术类硕士28.19万人）。

三 2018~2019年巴西科技创新体系的最新发展

2018年是巴西大选之年，巴西政治形势跌宕起伏，经济增长乏力。巴西央行2019年2月15日公布的经济活动指数显示，2018年巴西经济增长率为1.15%。巴西企业和消费者负债水平过高以及私营部门长期缺乏竞争力导致巴西经济复苏步伐缓慢。巴西科技创新在预算缩水的情况下发展缓慢，巴西科技创新通信部出台了一系列科技战略及政策，科技水平得到了一定的提升，积极开展国际科技合作。受巴西新当选总统博索纳罗的任命，巴西第一位进入太空的宇航员庞特斯（Marcos Pontes）于2019年1月出任巴西科技创新通信部部长，为巴西科技创新管理部门注入新的动力。近一年来巴西科技创新体系的最新发展变化体现在如下方面。

其一，出台科技创新宏观法律框架。2018年2月7日，在整合过去出台的一系列科技创新相关法律框架的基础之上，巴西政府出台了科技创新宏观法律框架（DECRETO N°9.283）。这是一套覆盖科技创新活动的法律体系，包括《创新法》《扶持基金法》《公共合同差异化条例》《联邦教师法》《外国人法》《进口免税法》《临时合同法》等组成部分。巴西希望通过科技创新法律体系的建立，进一步促进科技创新活动的制度化与规范化，以创建更加有利于开展研发活动也更具活力的创新环境，鼓励巴西企业更多参与科研和创新,提升企业在国家创新体系中的重要性。新的科技创新法律体系提出的基本原则包括:将促进科技创新活动视为经济和社会发展的战略;促进公共科研机构与企业之间的合作,鼓励二者合作开展创新活动;简化科技创新项目管理和评估的流程。具体而言,新的科技创新法律框架有八大亮点:(1)鼓励政府、科技机构、科研资助机构建立和完善有利于创新的环境;(2)鼓励建立战略联盟,促进企业、国家科研机构开展项目合作;(3)在合作项目中,允许知识产权在国家科研机构和企业之间转移,以便实现技术许可和技术转让;(4)建立国家科研机构国际化的促进和支持机制,鼓励巴西与其他国家共同开展科技创新活动;(5)允许国家科研机构、资助机构、国有企业和混合制企业少量参与私营企业资本;(6)简化用于科研技术领域或创新项目的物品的进口及清关手续;(7)购买研发产品的招投标豁免,对于外国产品及服务,豁免额度由1.5万雷亚尔增加到30万雷亚尔;(8)科研项目经费预算调整事项不超过项目总经费的20%,无须报批。

其二,为完成《2016~2022年国家科技创新战略》目标制订分领域计划。2016年巴西科技创新部颁布了《2016~2019年国家科技创新战略》,后更新为《2016~2022年国家科技创新战略》,该战略是科技创新领域公共政策中期指导文件,是建设和巩固科技创新体系的重大部署,2018年为全面落实该战略,巴西科技创新通信部先后发布了17项分领域计划。2018年10月,巴西科技创新通信部发布了石油天然气、战略矿产、可再生能源、先进制造、纳米技术五项科技创新计划。2018年12月,巴西科技创新通信部发布了海洋、南极、气候、卫生、生物技术、生物经济、生物群落、农业可持续、粮食和食品安全、社会和人文科学、社会融合、科学普及共12项行动计划。每项行动计划又涉及几个不同的领域,以海洋计划为例,包括生物多样性、海岸带与大陆架、海洋环境与气候变化、深海以及海洋技术与基础设施五个领域。针对每个具体领域分别提出了执行计划、行动方案及目标,预算以及落实的2030年可持续发展目标。

其三,实施巴西数字转型战略。巴西数字转型战略由联邦政府于2018

年3月启动，巴西在未来四年内将采取一系列措施促进社会的数字化转型。数字转型战略将成为提高巴西经济竞争力和生产力的决定性因素，确定了九个主题：网络基础设施和互联网接入、研发和创新、数字环境信心、教育和专业培训、国际合作、数据经济、世界互联、新的商业模式及公民和政府的数字化转型。该战略分析了各主要领域巴西的发展情况、面临的挑战、发展愿景、战略行动与具体指标，旨在营造有利于巴西经济数字化转型的发展环境。巴西数字转型战略的一大亮点是国家物联网计划，该计划由巴西科技创新通信部与巴西经济社会发展银行（BNDES）发起，包括创新、国际合作、基础设施互联互通、安全监管和数据隐私等60项行动计划，确定巴西在农业、工业、城市和卫生领域优先发展物联网，重点加大数字人力资本投入，鼓励创新和国际合作，加强安全监管和基础设施互联互通。巴西先进制造科技创新计划于2017年底开始实施，又名未来制造计划（ProFuturo），该计划确定的重点领域为：自动化、大数据、云计算、消费电子设备、可再生能源、光电、3D打印、物联网、纳米技术、新材料、信息和通信技术、知识产权与网络安全等。

四 巴西科技创新体系的优势、劣势与未来发展前景

巴西国家科技创新体系不同子系统的发展并不均衡。从对巴西科技创新绩效的分析可以看出，教育和研究子系统所取得的成就成为巴西国家创新体系的核心优势，巴西已经建立了良好的科学和教育基础设施，并在健康、农业、食品和能源等前沿研究领域提升了研发能力，这均能反映在出版物、博士和其他科学指标数量的增长上。然而在生产子系统中，国有企业或者有明显政府支持背景的企业相比私营企业具有明显的优势。从财政和金融支持子系统来看，尽管巴西具备拥有多元化经费资助机构的结构，但在全球经济增长趋缓和国内紧缩政策的大环境下，财政和金融支持子系统的优势不再明显。决策与治理子系统由于受国内政局动荡以及腐败问题形势严峻等因素的影响，呈现出较为明显的劣势，例如很难就科技创新的长远目标达成共识，

并缺乏相对稳定和持续的政策措施以确保将科技创新发展的战略规划落到实处。除此之外,巴西国家创新体系不同子系统之间的有机整合也有待加强。例如,产学研合作不够导致巴西的科研创新能力未能被较好地转化为社会财富,科技创新促进经济社会发展的作用仍受到很大的局限。

巴西管理和战略研究中心(CGEE)的研究人员根据对该国科技创新体系及其实践开展的评估监测,提出了以任务为导向的政策框架建议。在此基础上结合在全国范围内开展的评价访谈,对巴西科技创新体系的未来发展提出了八点建议:(1)进一步完善宏观战略规划和补充政策,制订更加明确支持科技创新的计划;(2)通过完善立法来解决决策与治理子系统中存在的低效率问题,例如改革复杂的巴西税收制度或消除科技创新政府采购的实施障碍;(3)完善合作促进机制,通过在以任务为导向的政策方案中建立和加强问责制来促进产学研以及公私部门之间的合作;(4)对以任务为导向的政策试点进行详细评估;(5)建立面向具体科技创新任务的学习型组织网络;(6)创建可用于评估、问责和审计的具体指标;(7)推广任务导向型科技创新政策的成功典范;(8)通过创新解决不平等问题。①

当今世界各主要国家围绕科技创新的竞争越来越激烈,巴西在不断完善本国科技创新系统的前提之下,还需要进一步融入全球科技创新网络,并与其他国家创新体系进行对比。巴西科技创新体系的建设依然任重而道远。

---

① Mariana Mazzucato and Caetano Penna, *The Brazilian Innovation System: A Mission – Oriented Policy Proposal*, Centro de Gestão e Estudos Estratégicos, 2016.

中巴关系篇

Sino-Brazilian Relations

Y.14 中国对巴西基础设施的投资现状、挑战及机遇

王 飞*

摘 要： 随着"一带一路"倡议延伸至拉美，基础设施建设继贸易和投资拉动两个阶段后开启了中巴经贸合作发展的第三个新阶段，这将全方位带动中巴之间的经贸联系。当前，巴西基础设施建设存量不足，增量投入有限，存在巨大缺口。中国通过参与巴西基础设施建设成为巴西重要的投资方，基础设施也成为中国在巴西投资的第一大领域。巴西新总统博索纳罗执政后，中巴基础设施建设合作机遇与挑战并存。

---

* 王飞，博士，中国社会科学院拉丁美洲研究所巴西研究中心助理研究员、副秘书长，主要研究方向为巴西经济。

巴西黄皮书

关键词： 中国 巴西 基础设施建设 "一带一路"倡议

全球金融危机后，财政政策和货币政策"双管齐下"的传统经济刺激手段被用至极致，结构性改革成为各国普遍采取的措施，而基础设施建设成为结构性改革各领域中拉动经济增长最有效的引擎。根据美洲开发银行的预测，全球基础设施投资预计将在2030年突破90万亿美元。①

基础设施建设不足是长期以来制约拉丁美洲和加勒比地区国家实现现代化的一大瓶颈，对于经济体量排在地区首位的巴西来说也不例外。巴西在基础设施的数量和质量方面均存在不足与缺陷，而投资不足是基础设施水平长期难以提高的原因。中国与拉美国家合作的突破口是基础设施建设和互联互通，这是《中国对拉丁美洲和加勒比政策文件》的题中应有之义。基础设施建设不仅满足降低区域交通成本、扩大经贸往来规模的需要，也将促进市场对接和产业对接，促进人民币国际化和贸易投资便利的发展。

一 巴西基础设施建设缺口

（一）基础设施建设存量不足

巴西是世界第九大经济体，但其在基础设施领域的世界排名为第81位，接近拉丁美洲国家的平均水平，低于其他发展中国家的平均水平。② 根据世界经济论坛的数据，具体到基础设施建设的12个分项，巴西在机场联通方面的表现最好，排在全球140个国家中的第17位，但其余各项排名均十分落后，道路质量和港口效率分别排名第112位和第105位。

---

① Mercer, Inter - American Development Bank, *Crossing the Bridge to Sustainable Infrastructure Investing: Exploring Ways to Make it Across*, April 2017.
② World Economic Forum, *The Global Competitiveness Report*, 2018, p. 114, https://www.weforum.org/reports/the-global-competitveness-report-2018/.

基础设施建设不足反映在各个领域。公路是巴西最重要的货物和人员运输方式，各级公路里程达175万公里，承担着全国2/3的运输量，而柏油路只有21.9万公里。但是，巴西的高速公路里程只有1万公里，且绝大部分集中在圣保罗州，广袤的中西部地区道路交通条件差。巴西铁路里程有30347万公里，主要分布在巴西南部、东南部和东北部，其中1121公里为电气化铁路。由于历史原因，巴西铁路轨距共有4种标准，使整个铁路网的互联互通受到影响。自20世纪60年代以来，巴西汽车工业的繁荣以及公路建设计划使政府在铁路建设方面的投资和建设资金被挤出，铁路运输量连年下降。当前，巴西铁路运输效能较低，仅占全国运输总量的19%，平均时速为25公里，大大低于全球75公里的平均时速。[①] 巴西共有港口37座，年吞吐量为7亿吨，其中桑托斯港为巴西最大港口，吞吐量占全国的1/3。位于亚马孙河中游的玛瑙斯港为最大内河港口，可停泊万吨级货轮。陆路运输方面的落后使巴西航空建设较为发达，全国共有2498个飞机起降点，居世界第二，其中国际机场34个，与世界主要地区有定期航班，这也成为巴西能够在世界经济论坛基础设施领域机场联通分项排名较高的原因。[②] 但是，铁路和公路运输的落后亟须解决，这不仅是巴西大豆、铁矿石等初级产品突破瓶颈的必然之路，也是巴西提高其自身竞争力的自然选择。

（二）基础设施建设增量投入有限

20世纪80年代下半期和整个90年代，受困于债务危机和经济衰退，包括巴西在内的拉美国家大幅减少其在基础设施方面的投资。据统计，拉美地区六大经济体在基础设施领域的公共投资占GDP的比重从20世纪80年代上半期的3.1%锐减至1996~2001年的0.8%，而同期私人资本在该领域

---

① 《2019年巴西商务指南》，http://www.iestconsulting.com。
② 《巴西国家概况》，中华人民共和国驻巴西联邦共和国大使馆，https://www.fmprc.gov.cn/ce/cebr/chn/bxjjs/t1027410.htm。

的投资更是少之又少。① 基础设施不足成为经济增长、竞争力提高和降低贫困的一大障碍。

2003年，巴西开启了"黄金增长期"，依靠自然资源出口获得大量收入，但当政的劳工党并未将收入投到基础设施上，而是用于社会福利。基础设施条件差掣肘巴西经济发展。巴西在卢拉和罗塞夫政府期间连续推出基础设施投资（PAC）计划，但自2003年以来，巴西每年的基础设施建设投资支出占比从未超过GDP的3%。过去20年，全球基础设施投资占GDP的比例为3.8%，中国和印度分别为8.5%和4.7%，巴西只有2.2%。② 全球金融危机之前，就有学者指出，巴西应该将GDP的5%~7%投资于基础设施建设，从而促进经济增长并达到韩国和其他东亚工业化国家的水平。然而，巴西在这方面的投资仅有2%。③ David Tuesa经过测算认为，尽管巴西基础设施投资存量在拉丁美洲和加勒比地区排在首位，但由于其需求量大，产生的缺口在拉美地区最多。④ 2015年，巴西推出的包括公路、铁路、港口和机场在内的价值520亿美元的基础设施建设一揽子计划在2016年初依旧被搁置。⑤ 这足以说明，2013年以来巴西经济的增长困境对其国内基础设施投资产生了较大的不利影响，而2015年和2016年连续两年的大幅衰退更使基础设施投资不足的局面雪上加霜。当前，巴西公共债务总额占GDP的比重超过75%，这使巴西公共服务部门一再削减经费，在基础设施领域的投入也受到非常大的负面冲击。

---

① Toro Hardy, Alfredo, *The World Turned Upside Down: The Complex Partnership Between China and Latin America*, Hackensack: World Scientific, 2015, p. 212.
② 《基础设施投资滞后 巴西年损失1500亿》，http://www.china2brazil.com/categories/economic/articles/603。
③ Cláudio R. Frischtak, "O investimento em infra-estrutura no Brasil: Histórico recente e perspectivas," *Pesquisa e Planejamento Econômico*, Vol. 38, No. 2, Agosto 2008, pp. 307-348.
④ David Tuesta, "Infrastructure Investment in Latin America: Pension Funds, Capital Markets and Financial Regimes," World Bank Group Pre Conference Workshop for Capital Markets Regulators, South Africa, November 25, 2015.
⑤ EIU, "Country Report: Brazil," March 2016, p. 7.

二 中国参与巴西基础设施建设现状

作为东、西半球最大的发展中国家,中国和巴西双边关系自建交以来发展势头良好。2004年,巴西卢拉政府承认了中国的市场经济地位,中巴经贸关系开启大发展时期。2009年以来,中国始终是巴西第一大贸易伙伴。与此同时,中国在巴西的投资逐年增加,基础设施建设则成为中国在巴西的第一大投资领域。

(一)中国在巴西的投资趋势

拉丁美洲和加勒比地区是中国对外直接投资重要的目的地,巴西则始终是吸收中国直接投资靠前的拉美国家之一。2003年,中国流向巴西的直接投资总额只有667万美元,2010年达到4.87亿美元,2014年则实现了近年来的峰值(7.3亿美元)。2017年,中国流向拉美的直接投资额达140.8亿美元,同比下降48.3%,占当年对外直接投资流量的8.9%。其中,巴西(4.3亿美元)是拉美地区除离岸金融中心外吸收中国投资最多的国家。存量方面,除2015年有所降低外,中国在巴西的直接投资存量实现了连续增长,从2003年的5219万美元增加到2017年的32亿美元,巴西成为中国在拉美地区的第一大投资目的地。从巴西方面来看,中国在2017年超过美国,成为巴西最大的外国直接投资来源国。[1]

中国在巴西的承包工程合同总量及营业额均排在拉美各国前列。自2005年以来,中国已经与巴西签署了1353份承包合同,合同总额达到188.2亿美元。其中,承包合同总数及合同额分别在2010年(193份)和2015年(33.7亿美元)达到最高。虽然承包合同总数自2012年以来基本

---

[1] 资料来源:中国商务部数据库,http://data.mofcom.gov.cn/lywz/inmr.shtml。

巴西黄皮书

维持在100份以上，但是合同额波动较大，2016年的16.7亿美元较2015年下降了一半。①

（二）基础设施是中国在巴西的第一大投资领域

从目前中资企业在巴西的投资布局来看，基础设施建设领域分布着多个示范项目，中国已成为巴西基础设施建设重要的投资来源国。具体项目上，来自中国的企业在巴西水电站建设、电力传输和港口建设等基础设施方面均有所涉及。

首先，在港口建设方面，招商局集团和中国交通建设集团在巴西投资布局了南北两大物流平台——巴拉那瓜港和圣路易斯港，将大幅提升巴西南北港口效率，便利商品运输。招商局港口控股有限公司于2017年9月以9.25亿美元收购了巴西第二大港口巴拉那瓜港②90%的股权，2018年2月正式交割，这标志着招商局集团在海外港口布局实现了五大洲全覆盖。招商局收购巴拉那瓜港是中企第一次涉足巴西港口领域，将进一步密切两国经贸合作。招商局将以巴拉那瓜港为起点，在物流、高速公路、临港保税园区和城市社区综合开发等领域寻求投资机会。③ 2018年3月16日，中国交通建设集团和巴西托雷尔公司共同投资开发建设的圣路易斯港口项目奠基仪式在巴西北部马拉尼昂州首府圣路易斯市举行。④ 圣路易斯港项目是中国在巴西交通基础设施领域的第一个绿地投资项目，港口以粮食、化肥、油品及散杂货运输为主，有望成为巴西最大的散杂货深水港之一，该项目建成后，将在一定程度上带动包括马拉尼昂州在内的整个巴西东北部地区经济的发展。同时，中

---

① 资料来源：中国商务部数据库，http：//data.mofcom.gov.cn/lywz/inmr.shtml。
② 巴拉那瓜港位于巴西南部巴拉那州，以吞吐能力计为巴西第二大集装箱码头。目前，港口年设计吞吐能力为150万标箱，扩建后吞吐能力将达到240万标箱，招商局对该港口的特许经营期将于2048年结束。
③ 张启畅：《招商局港口收购巴西港口正式交割》，新华网，http：//www.xinhuanet.com/2018 - 02/23/c_1122442456.htm。
④ 早在2017年9月，在习近平主席和时任巴西总统特梅尔的共同见证下，中国工商银行为这一项目签署了总规模为7亿美元的融资支持文件。

国从巴西进口大豆的运输条件也将得到极大改善。

其次,在电力基础设施方面,三峡集团和国家电网深耕巴西。三峡集团和国家电网是两家在巴西电力领域具有一定影响力的中国企业。两者最初进入巴西均采取了第三方合作的形式,通过收购发达国家在巴西的水电站项目的股份,实现共赢。三峡集团的主营业务是发电,通过收购水电站项目公司的股权进入巴西电力领域。2016年12月,三峡集团完成了杜克能源巴西公司100%的股权交割,收购金额为12亿美元,三峡集团在巴西合资或控股拥有的装机容量达到827千瓦。国家电网主营电网业务,自2009年以来通过收购拥有输电线路特许经营权的项目公司进入巴西电力领域。2011年后,国家电网巴西控股公司通过收购和投资两种形式,在巴西的业务规模迅速扩大。[①] 国家电网巴西控股公司于2016年4月在独立参与的巴西特里斯皮尔斯水电送出二期输电特许经营权项目竞标中成功中标,获得该项目30年特许经营权。2017年1月,国家电网巴西控股公司完成了巴西CPFL能源公司(CPFL Energia)54.64%股权的交割,收购金额为141.9亿雷亚尔(约45亿美元)。这是国家电网巴西控股公司在巴西成功实施的第15起股权并购,在此之前该公司已在巴西先后收购14家拥有输电特许经营权的项目公司。这次收购也成为2017年中国电力领域(含热力、燃气及水生产供应)企业对外投资最大金额的并购项目。[②] 目前,国家电网已经实现了对巴西输电、配电和运营的整体产业链全覆盖。

再次,在交通基础设施领域,来自中国的企业表现出极高的参与热情。2015年,中国-巴西-秘鲁"两洋铁路"可行性研究开启。作为中拉产能合作的重点项目及领导人高访成果,中国参与建设"两洋铁路"能降低与沿线国家的贸易成本,保证大豆、铁矿砂、原油等初级产品的供给安全。2016年3月,徐工机械中标巴西56台工程机械政府公路大型招标项目,

---

① 谢文泽:《拉美地区基础设施一体化:发展进程与中拉合作》,《拉丁美洲和加勒比发展报告(2016~2017)》,社会科学文献出版社,2017,第142页。
② 商务部、国家统计局、国家外汇管理局:《2017年度中国对外直接投资统计公报》,http://fec.mofcom.gov.cn/article/tjsj/tjgb/201809/20180902791493.shtml。

利用这一契机,徐工巴西可以推广其包括起重机、挖掘机、装载机、压路机、平地机等在内的7000台工程机械产品的年生产能力,进一步占有巴西市场。

最后,中国企业积极参与巴西网络通信和城市基础设施建设。例如,巴西的4G网络建设中,7张网中有6张由华为参与承建,中兴通讯在巴西的发展则从与政府合作入手,为交通、教育、电力等行业的基础设施建设提供通信技术支持。

三 中国参与巴西基础设施建设的重要机遇

巴西新总统执政后,中国参与巴西基础设施建设机遇广阔。中巴之间的强经济互补性和高度政治互信使双边经贸关系向前发展的整体趋势不会发生改变,中拉产能合作以及中国延伸至拉美地区的"一带一路"倡议将为中国参与巴西基础设施建设创造更大的空间,而基础设施建设产生的庞大资金需求将推动中巴金融合作,提升中国在巴西的金融影响力。

(一)中巴政治互信和经济合作水平高

中国和巴西自1974年建交、1993年建立战略伙伴关系以来,双边关系发展势头良好,两国关系已经步入稳健成熟的新阶段。2012年,中巴关系提升为全面战略伙伴关系,巴西成为第一个同中国建立全面战略伙伴关系的拉美国家。中国和巴西坚持独立自主的外交战略,互不干涉内政,利用金砖国家合作机制实现了全面合作。中国和巴西建立了高层协调与合作委员会,下设11个分委会,双方在各个领域积极展开对话。其中,经济合作作为双边合作的"压舱石",成果最为丰富。巴西是中国在拉美的第一大贸易和投资伙伴国,中国连续9年保持巴西最大的贸易伙伴地位,双边贸易额占巴西对外贸易总量的五分之一。

截至2017年底,中国企业对巴西直接投资存量达到32亿美元,在巴西设立的中资企业超过200家。此外,巴西还是美洲地区唯一的亚洲基础设施投资银行意向创始成员国。因此,无论哪个政党上台,中巴坚实的经贸联系都将推动双边全面战略伙伴关系的深化。目前,巴西是中国全球收购的第三大目的地,也是中国在新兴市场经济体中进行收购最多的国家。此外,巴西还是美洲地区最早申请加入亚洲基础设施投资银行创始国的国家。预计未来,中国和巴西之间的经贸合作将继续深化,方向不会逆转。

(二)巴西国内政治经济形势变化带来合作契机

由于经济持续衰退,巴西联邦政府自2015年下半年起连续颁布三份以基础设施建设为核心的政策性文件,即《2016~2019年多年度计划》《2015~2018年交通物流投资计划》《2015~2018年电力投资计划》。第一份文件是总纲,后两份文件落实总纲中交通物流、电力两大重点基础设施的投资目标和任务。巴西计划未来几年在基础设施领域投资4000亿美元,其中交通物流、电力两大类基础设施拟以特许经营模式吸引投资1000亿美元。

与拉美地区其他国家一样,巴西历史上的经济繁荣离不开良好的外部环境。这一特征决定了巴西经济政策须以降低经济脆弱性为目标,外交政策则必须为国家发展开拓空间。因此,巴西经济发展和对外政策充满了"实用主义"色彩。[①] 尽管2011年以来,巴西总统三易其主,但从政府施政内容来看,鼓励和吸引基础设施投资保持了连续性,历任总统均将其视为巴西经济发展的重中之重。

极右翼总统博索纳罗虽然表现出针对中国、接近美国的外交政策取向,但这不会从实质上改变中巴合作关系前景。首先,巴西对中国出口的绝大部分来自农业部门,该部门也是博索纳罗胜选的关键力量,再加上中美贸易摩擦为巴西农业部门带来的短期利益,受益于中巴经贸关系发展的利益集团和资本家将维持甚至强化中巴合作。其次,坚持"巴西利益高于一切"的极右翼政府奉行新自由主义,减少政府干预并精简机构,削减公共支出,降低

---

① 吴国平、王飞:《浅析巴西崛起及其国际战略选择》,《拉丁美洲研究》2015年第1期。

财政赤字。在当前形势下，这就需要大规模私有化以获取资金，基础设施成为私有化的集中领域。来自中国的企业和资本有参与巴西基础设施建设的意愿和能力，而巴西国内形势的变化也为中国参与这一进程创造了新条件。"洗车行动"以及一系列反腐内容，使拉美地区最大的建筑公司 Odebrecht 的业务受到影响。由于 Odebrecht 多数贿赂款项被用于获得来自政府的修建公路、桥梁、大坝和公路项目，这些项目将受到严格审查，这就为中国公司参与巴西甚至第三方国家的基础设施建设提供了空间。当前，Odebrecht 已经将其在秘鲁的查格亚（Chaglla）水电站大坝项目出售给了中国三峡公司①，还将其所持有的里约热内卢机场的绝大多数股份出售给了中国海航集团。

（三）"一带一路"倡议框架下的互联互通带动中巴金融合作

巴西基础设施建设资金缺口大，但财政能力有限，没有实力进行大规模的基础设施建设。相反，中国有着巨额外汇储备、高储蓄率和出色的工程建设能力，具备了在拉美地区参与基础设施建设的能力。随着"一带一路"倡议延伸至拉美，利用中国资源实现可持续增长成为巴西政府的自然选择。2018 年 5 月，时任巴西外交部部长阿洛伊西奥·努内斯（Aloysio Nunes）访华期间表示，巴西正在积极研究"一带一路"倡议对接本国发展战略，中巴在"一带一路"倡议框架下的合作是互利共赢的好事。

互联互通是中巴共建"一带一路"的重点。由于基础设施建设面广量大、持续时间长等特征，意味着资金需求缺口十分巨大。鉴于此，无论是巴西自身的金融机构，还是国际性、地区性的金融机构都难以满足；另外，由于基础设施建设回报率低、回收周期长，资金缺口问题更为突出。中国公司与合作方签订的基础设施建设合同并不被计入外商直接投资，而是与中国的银行融资挂钩。这意味着中国在海外的经济存在除双边贸易外，均可被划入

---

① "Odebrecht vende la tercera hidroeléctrica más grande de Perú a un consorcio chino," https://www.efe.com/efe/cono-sur/economia/odebrecht-vende-la-tercerahidroelectrica-mas-grande-de-peru-a-un-consorcio-chino/50000758-3361440。

金融领域当中。这就使中巴合作通过基础设施建设渠道夯实了金融合作的基础。中国通过设立专项优惠贷款、成立专项基金、倡议设立新型区域开发性金融机构等方式，不断创新融资模式、拓宽融资渠道，努力打通中巴设施联通的资金瓶颈。

四 中国参与巴西基础设施建设的挑战及应对

由于巴西饱受港口、铁路、机场、道路和配送中心建设质量不佳的困扰，政府发出了修建铁路网和公路的呼吁。[①] 与此同时，巴西政府通过加大投资力度、完善机制体制、改善投资环境等一系列举措，大力推动基础设施建设。尽管合作空间巨大，中国企业对巴西投资进程并非一帆风顺，今后也不会畅通无阻。巴西投资制度僵化，本地化率高；受国际经济周期影响大，汇率不稳定；用工制度和税收制度复杂，营商环境差；这些因素始终是中国企业在巴西投资的制约。尤其是极右翼领导人博索纳罗执政后，中国企业或将面临更大的困难和风险。

尽管博索纳罗多次扬言"中国不是在巴西购买，而是在买下整个巴西"，但他同时也表示巴西和中国之间的生意还要继续。事实上，博索纳罗的这些行为或多或少带有为选举拉选票之嫌，其对华真正态度还有待观察。博索纳罗作为右翼代表，在经济上坚持市场化原则，希望通过新一轮私有化拯救巴西经济。对于投资于具有实用主义和经济民族主义特征的巴西而言，中国企业面临以下挑战，需要进一步解决。

第一，基础设施建设的投融资成本较高且机制尚不完善。中国参与巴西基础设施建设的资金缺口大，虽然中国政府大力支持和鼓励，也成立了专门的中拉基金、中拉基础设施专项贷款等资金供给机制，但中国企业获得的投融资基金还明显不足，投资的方式和渠道都需要创新和拓展。由于基础设施

---

① Remi Piet, "The Future of Infrastructure Investment in Latin America", Americas Market Intelligence, https://americasmi.com/insights/THE–FUTURE–OF–INFRASTRUCTURE–INVESTMENT–IN–LATIN–AMERICA/.

建设投资规模大、建设周期长,加上巴西政治经济形势不稳,许多社会资本不敢进行相关项目建设,政府和社会资本合作方式运用较少。①

第二,雷亚尔币值不稳定使中国企业盈利难以得到保证。纵观巴西经济发展历史,货币币值不稳以及经常发生严峻的货币和经济危机一直是巴西经济的常态,这将给中国的投资带来潜在风险。因此,中国有关部门应当建立巴西货币危机预警系统,帮助企业对海外投资进行风险规避。相关企业也应该使用合适的金融衍生品或与国际金融机构进行多方合作,最小化风险。

第三,巴西超高本地化率对中国企业产生阻力。巴西一直是保护主义较强的国家。尽管早在20世纪80年代进口替代工业化战略结束后,巴西市场开放程度大大提高,但是2015年以来的经济衰退和"去制造业化"使巴西开放程度有所减弱。特别是当前全球"再工业化"浪潮开启,巴西对进入本国企业设定了较高的门槛。因此,进入巴西的企业应该做好事前调研,通过设立子公司、与当地公司合作或采取从第三国进入的方式进行投资,规避高门槛。

第四,巴西营商环境难以适应加强设施联通的需要,投资者面临的风险较大。根据世界银行营商指数,自2009年有统计数据以来,巴西营商环境的全球排名均在百名开外,落后于同地区的墨西哥、智利、哥伦比亚和秘鲁等国。② 其中,开设企业、获得建设许可、税收和资产注册等方面都为企业经营造成压力。巴西营商软、硬环境偏弱,不仅给中国企业进入拉美市场增加了适应难度,甚至在一定程度上将影响双方合作投资目标的实现。因此,中国有关部门应做好规划指导工作,对有意愿进入巴西市场的企业进行培训,总结先行企业的经验教训,帮助企业少走弯路。相关企业也应该寻求国际一流咨询公司,对企业投资行为进行评估,谨慎而行。

第五,中巴设施联通合作机制建设滞后,双方规划对接、统筹协调能力有限。以"两洋铁路"为例,该项目是罗塞夫当政时期劳工党的重点项目。

---

① 2017年,巴西三级政府共发出281项PPP项目,真正实现签约的却只有3项。
② World Bank,"Doing Business,"http://www.doingbusiness.org/.

博索纳罗执政后,当务之急是恢复经济增长,控制财政赤字,大规模投入建设"两洋铁路"难以取得国会支持,不可能成为短期内政策的优先选项。此外,地方政府与联邦政府利益不统一。国家财政赤字使铁路建设资金短缺,尽管"两洋铁路"沿线部分州有铁路建设规划,但往往基于地方利益,与规划中的"两洋铁路"线路并不一致。这就需要建立高级别的对话,以"一带一路"建设为契机,制度化双方的合作。

Y.15
2018年巴西主流媒体涉华报道分析[*]

唐筱[**]

摘　要： 巴西主流媒体拥有广阔的受众和较高的社会信任度，其涉华报道深刻地影响着巴西民众对中国的认知，对于中国在巴西国家形象的塑造及中巴关系的推进有着不容忽视的影响力。在对媒介形态特点、数据获取分析难度及媒体代表性进行综合考虑后，本文选取《圣保罗页报》（Folha de São Paulo）、《环球报》（O Globo）、《时代报》（O Tempo）和《圣保罗州报》（O Estado de São Paulo）四家主流媒体作为数据来源，搭建"巴西主流媒体官方推特涉华报道数据库"；基于库内数据，借助语料库软件 AntConc3.3.5b，从报道频度、主题分布、热点分布、语言组织四个角度出发，分析 2018 年巴西媒体涉华报道的主要特点及相对 2017 年的主要变化，并就通过媒体途径深化中巴战略互信、巩固两国"成熟活跃的发展中大国关系"提出三点建议：以经济为主轴，开启全方位宣传；发掘新媒体潜力，加大中国文化传播力度；利用各媒体差异，有针对性地开展公共外交。

关键词： 主流媒体　社交网络　中巴关系

---

[*] 本文为湖北省教育厅项目"巴西对中国'一带一路'倡议的认知与立场及中国的应对建议研究"（18Y002）的阶段性成果。
[**] 唐筱，湖北大学外国语学院葡萄牙语系讲师、巴西研究中心研究人员，主要研究领域为巴西对外政策与中巴关系。

一 引言

媒体关系和舆情反响在一定程度上是国家间关系的"晴雨表",新闻媒体深度参与和影响了国际关系和国民情感的塑造[1]。巴西主流媒体拥有广阔的受众和较高的社会信任度,作为中巴公共外交的重要主体和关键渠道,其涉华报道深刻地影响着巴西民众对中国的认知,对于中国在巴西国家形象的塑造乃至两国关系的进展有着不容忽视的影响力。

当前,电视、广播、报纸等传统媒体在巴西仍未式微。根据巴西政府发布的《2016年度媒体消费习惯报告》,73%的巴西人以传统媒体为自己获取信息的首选渠道。其中,电视的受众面最广,报纸也拥有可观的受众群体。[2] 巴西传统媒体不仅受众面广,还享有较高的社会公信力。根据位于智利的非政府研究机构"拉美晴雨表"历年(2003~2017年)的统计结果,巴西公众对政府的平均信任率为33.4%,而同期对于传统媒体的平均信任率则在50%以上,远高于对政府的信任度。[3] 在这种背景下,相比政府通过官方渠道发布的信息,巴西公众更容易接收到,也更倾向于相信大众媒介所传达的内容。换言之,相比传统的政府间外交,以巴西媒体(特别是传统主流媒体)为中介进行的公共外交活动,可以在更广范围和更大程度上吸引巴西民众的关注参与,从而为进一步加强中巴互信,培养身份认同,建立"相互尊重、平等相待、互利共赢"的"成熟活跃的发展中大国

---

[1] 《黄坤明在中拉媒体领袖峰会上的讲话》,中国文明网,http://www.wenming.cn/ldhd/hkm/201707/t20170721_4349749.shtml,2016年11月25日。

[2] Secretaria de Comunicação Social da Presidência da República, "Pesquisa brasileira de mídia 2016: hábitos de consumo de mídia pela população brasileira," Julho 6, 2017, p. 14, http://www.secom.gov.br/atuacao/pesquisa/lista-de-pesquisas-quantitativas-e-qualitativas-de-contratos-atuais/pesquisa-brasileira-de-midia-pbm-2016.pdf/view.

[3] 根据"拉美晴雨表"在线数据库(http://www.latinobarometro.org/latOnline.jsp)"Confianza en el Gobierno"(对政府信任程度)、"Confianza en Televisión"(对电视信任程度)、"Confianza en Radio"(对广播信任程度)、"Confianza en Diarios"(对报纸信任程度)下历年统计数据计算得出。

关系"① 奠定基础。

此外，随着巴西通信网络的完善和移动设备持有率的提高，依托于互联网的新媒体也愈发呈现出蓬勃发展的态势。根据位于圣保罗的巴西媒体集团发布的《巴西2018年媒体数据报告》（以下简称《媒体数据报告》），截至2017年，巴西共拥有约1.5亿名互联网用户，约占人口总数的70%。在全球范围内，巴西网民数量仅次于中国、印度和美国，排在第四位。② 4G移动网络设备接入量也始终保持快速上升的势头：2016年，巴西共有约6000万台4G设备，而这一数字到2017年升至约1亿台，增长了约67%。因此，智能手机已经成为巴西人最主要的网络接入设备，约86%的巴西人通过手机上网。③ 各种新媒体形式中，社交媒体因具备准入门槛低、交互性强、信息轻量化等特点，又同智能手机这一移动终端具有极佳的亲和性，从而能够更加适应当今时代媒介大众化、信息碎片化的趋势，相比传统媒体有着更强的渗透性和更广的受众面，在议程设置方面越来越展现出独特的优越性。于是，面对以Facebook、Twitter等社交网络为代表的新媒体的快速发展，巴西传统媒体也在调整自身经营策略，通过在主流社交网络平台上开设官方账号等方式，立足于自身既往公信力与影响力基础，不断探索在互联网时代增强用户黏性、拓展用户群的可能性。

巴西是社交网络使用大国，约92%的巴西互联网使用者拥有自己的社交网络账号。此外，在各项网络活动中，巴西网络使用者在社交网络上耗费的时间也是最多的。④ 尽管在巴西最为普及的社交网站是Facebook⑤，但是

---

① 《习近平会见巴西总统特梅尔》，新华网，http：//www.xinhuanet.com/world/2018-07/26/c_1123181786.htm，2018年7月26日。
② Grupo de Mídia de São Paulo, "Mídia Dados Brasil 2018," Junho 21, 2018, p. 240, http://midiadados.org.br/2018/Midia%20Dados%202018%20%28Interativo%29.pdf.
③ Grupo de Mídia de São Paulo, "Mídia Dados Brasil 2018," Junho 21, 2018, p. 240, http://midiadados.org.br/2018/Midia%20Dados%202018%20%28Interativo%29.pdf, pp. 243-246.
④ comScore, "Brazil Digital Future 2014," Maio 22, 2014, p. 17, http://www.slideshare.net/jacquelinee/2014-brazil-digitalfutureinfocuspt.
⑤ 据统计，在2017年度，Whatsapp以8%的优势超越Facebook，成为巴西人最常使用的社交网络工具。可考虑到Whatsapp更近似于微信式的即时通信工具而非网站，故此处仍将Facebook作为巴西人最常使用的社交网络网站。详见"拉美晴雨表"在线数据库（http://www.latinobarometro.org/latOnline.jsp），"¿Usa Ud. alguno de los siguientes servicios de redes sociales si es que Ud. usa alguno？"。

该网站一般更多被视为与朋友和家人联系的工具，而非资讯获取渠道。此外，Facebook 私密性极强的信息发布和查看方式，以及最新调整过的非线性信息流展现策略，也使在该平台上运营新闻媒体变得愈发困难，已发布的内容亦很难作为数据源被收集使用。例如，因 Facebook 在前一月调整动态消息的排序方式，优先显示个人互动而非新闻或其他类型的内容，巴西发行量最大的报纸《圣保罗页报》（Folha de São Paulo）就已在 2018 年 2 月宣布停止在该社交媒体上发布内容。①

相比之下，Twitter 更多被视作发现、分享和学习的信息平台，承担更多与传统媒体近似的信息传播功能；该网站提供的线性的、开放的信息流呈现方式，也为大数据的收集工作提供了更多便利。② 此外，Twitter 便捷的发布机制和评论机制等设计，一方面使发布人可以根据自己的主观需求或喜好，结合同其受众的实时互动效果，对所发布的新闻进行有选择性的推送，从而使推定作为内容发布者的媒体自身议题设置的倾向性变得更为简单；另一方面，社交媒体的交互性，也使即时观测报道发布后获得的受众反映成为可能。

因此，在综合考虑各种媒体形态特点、数据获取和分析难度以及媒体代表性后，本文根据《媒体数据报告》中公布的发行量③相关数据，从巴西发行量前十的报纸中选出四家作为研究对象：《圣保罗页报》（Folha de São Paulo）、《环球报》（O Globo）、《时代报》（O Tempo）和《圣保罗州报》（O Estado de São Paulo）。研究方法以定量研究为主，通过收集四家媒体官方 Twitter 账号 2018 年（截至第三季度）推送的中国相关报道，搭建"巴西主流媒体官方推特涉华报道数据库"；基于该数据库，从报道频度、主题分

---

① 《巴西最大报纸停止在 Facebook 发布内容》，《华尔街日报》2018 年 2 月 9 日，https://cn.wsj.com/articles/CN-BIZ-20180209091627。
② Kantar Millward Brown,《如何利用社交媒体数据?》, Novembro 21, 2012, p.3, http://www.millwardbrown.com/docs/default-source/china-downloads/newsletter/3-millward-brown-pov-social-measurement-depends-on-data-quantity-and-quality.pdf?sfvrsn=2。
③ Grupo de Mídia de São Paulo: "Mídia Dados Brasil 2018," Junho 21, 2018, p.337, http://midiadados.org.br/2018/Midia%20Dados%202018%20%28Interativo%29.pdf。

布、热点分布、语言组织四个角度出发，借助语料库软件①分析当前巴西媒体涉华报道的特点及其变化趋势，并在以上分析的基础上提出具有针对性的政策建议。

二 2018年巴西主流媒体涉华报道分析

（一）报道频度

2018年，从涉华报道发布总量上来看，四家主流媒体对中国的关注度略有下降。截至2018年第三季度，四家媒体共推送涉华报道679条，相比2017年的764条减少了11.1%。具体到各家媒体，在这一方面的表现则不尽相同。其中，《圣保罗页报》是四家媒体中唯一一家涉华报道发布量有所增长的机构。该报在2018年共推送涉华报道325条，相比2017年（242条）增长了34.3%，占据了当年四媒体涉华报道总量的47.9%，体现出该报在研究时段内对于中国的密切关注。2017年展现出最高对华兴趣的《圣保罗州报》，在2018年中发布的涉华报道数量与2017年同期基本持平，为176条。相比之下，《环球报》《时代报》的涉华报道发布量则有较为明显的下跌（见图1）。

尽管涉华报道总量在2018年有所减少，中国相关议题对于巴西主流媒体的议程优先级却并没有显示出明显降低的迹象。从涉华报道占各媒体当年发布的新闻总量的比例来看，2018年，四大媒体涉华报道相对其报道总数平均比例为0.50%，同2017年的0.49%基本持平。同样的，由于各媒体活跃度不同，各社涉华报道的发布数同其相应总体占比并未呈现正相关关系。以《圣保罗页报》为例，尽管该报在2018年涉华报道发布量大幅增加，但是由于该媒体2018年活跃度相比2017年同期大幅提升（发布新闻总数增长了约75.0%），涉华报道相对总体的占比不升反降，从0.89%下降到

---

① 本文使用的软件为AntConC3.3.5b。

0.68%；相应的，《圣保罗州报》《环球报》尽管涉华报道发布量少于上年，但是由于两家媒体在2018年活跃度有所下降（《圣保罗州报》新闻发布总量相比2017年减少了12.6%，《环球报》减少了67.9%），反而使涉华报道数量相对于两家报纸各自报道总数的占比有所提升（见图2）。

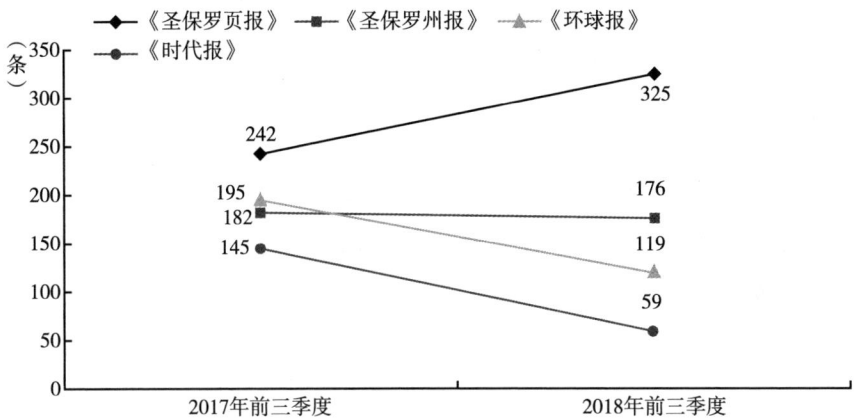

图1　2017年至2018年前三季度巴西媒体发布涉华报道总数变化趋势

资料来源：根据《环球报》《圣保罗页报》《圣保罗州报》《时代报》官方Twitter数据整理。

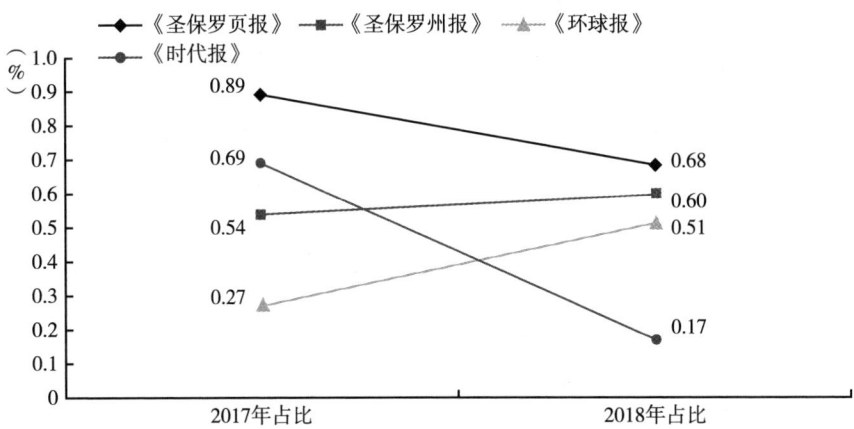

图2　2017年至2018年前三季度巴西媒体发布涉华报道总体占比变化趋势

资料来源：根据《环球报》《圣保罗页报》《圣保罗州报》《时代报》官方Twitter数据整理。

巴西黄皮书

总之，从报道频度上来看，在2018年总统大选、前总统卢拉入狱、委内瑞拉人权危机等国内外重大事件的冲击下，巴西主流媒体在2018年整体上对中国的关注度略有下降。同时，受到中美贸易争端、G20峰会、金砖国家领导人会晤等与巴西利益息息相关的重大议题影响，以及部分巴西主流媒体本身活跃度的变化，尽管数量有所减少，涉华报道占比总体上相比2017年并没有呈现明显浮动，中国相关议题在巴西主流媒体中的议程优先级别亦并未受到太大影响。

（二）主题分布

和2017年相同，经济①是巴西媒体在2018年最为关注的主题。统计期间，四家主流媒体共发布333篇经济相关报道，占报道总数的49%。在这333篇经济相关报道中，绝大多数指向中美两大经济体之间爆发的贸易冲突，以及巴西在这场冲突中所应采取的姿态和立场。此外，中国和巴西在鸡肉、食糖贸易等方面的争端，中国公司对巴西公司的大规模并购，中国资本在巴西的快速铺开以及进入巴西市场的中国公司的运营状况，也是巴西媒体在经济领域持续关注的热点话题。

相比之下，社会、文化、政治主题的相关报道相比2017年大幅减少，从而破坏了上一年度巴西媒体涉华报道较为均匀的主题分布结构，使2018年巴西媒体涉华报道主题分布呈现高度集中的形态。数量排名第二的文化主题主要包含对中国所取得的科技成就，如人工智能、大数据、机器人、通信技术等领域的报道；此外，有关中巴两国之间体育交流的报道，也是文化主题报道的重要组成部分，其中尤其以关涉中巴两国足球方面交流的报道居多。政治主题相关报道在重要性方面和2017年保持一致，仍然排在第三位。正如中美贸易争端占据了经济主题报道的主流，涉华政治主题报道也多围绕中美两国在军事、外交、人权等方面的争执展开。朝鲜问题曾在2017年成为巴西媒体关注焦点，在2018年依然持续吸引着记者们的眼球。此外，中

---

① 因同一篇报道可能涉及多个主题，故各主题下数量统计有所重合。下同。

国和欧盟、金砖国家、其他拉美国家的交往关系，也常为巴西主流媒体所瞩目。巴西主流媒体对社会新闻的关注度在 2018 年进一步下降，仅有的 82 篇报道中大多涉及台风登陆、工厂爆炸、无差别伤害行为等公共安全事件，也有对中国人口政策和社会风俗的关注（见图 3）。

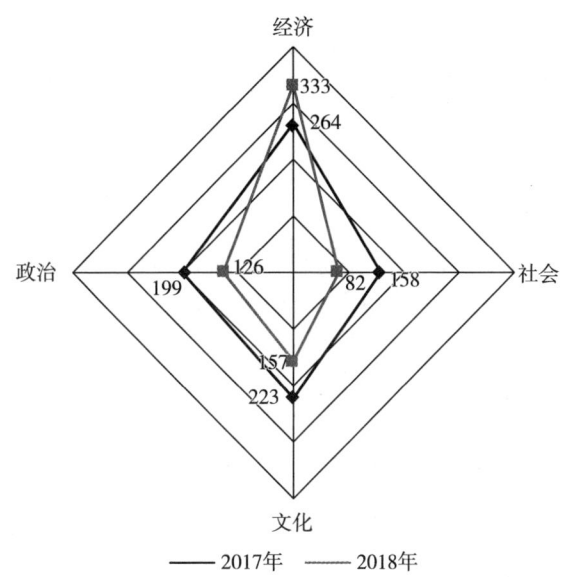

图 3　2017 年至 2018 年前三季度巴西媒体涉华报道主题分布

资料来源：根据《环球报》《圣保罗页报》《圣保罗州报》《时代报》官方 Twitter 数据整理。

巴西媒体涉华报道在 2018 年的主题分布，一方面是巴西媒体议程设置的结果，另一方面也在一定程度上折射出研究期间国际环境的变化，以及该变化过程中中巴关系的发展特点。如前所述，经济主题报道数量之所以能在 2018 年巴西媒体涉华报道中"一骑绝尘"，一个主要的诱因便是中美贸易冲突这一背景事件的存在。中国和美国作为世界经济两极，同时也都是巴西重要的经贸伙伴；两国间的经贸争端，将无可避免地对包括巴西在内的全球国家造成影响，自然引起巴西主流媒体的密切关注。

此外，随着中巴两国经贸关系的日益密切，不仅两国贸易额屡创新高，中国在巴西的投资也逐渐成为推动两国合作的重要动力。据统计，中国在巴西的投资存量已经超过 550 亿美元，成为巴西最大的外国投资来源地之一；此外，投资方向也从基础设施、常规能源等领域，逐步向价值链和技术链的高端攀升，流向巴西新能源、智慧城市、汽车等高科技领域。① 面对这一变化，巴西主流媒体也敏感地予以了关注，从而成为导致 2018 年巴西主流媒体涉华报道以经济类报道居多的重要诱因。

（三）热点分布

通过对主题分布进行分析，可以得出巴西主流媒体涉华议程设置的特点，获知其作为信息发布者对中国的兴趣所在。而通过对主流媒体所发布涉华报道的热度进行分析，则可以观测到主流媒体受众对涉华报道的接受乃至反馈情况，从而了解巴西民众对于中国相关议题的兴趣所在。本文中，将通过对涉华新闻的总热度（转发数＋收藏数）的统计和分析，得出 2018 年前三季度巴西主流媒体涉华报道的热点分布状况。

根据统计，2018 年，得益于巴西主流媒体对中国科技成就与文化、宗教政策的报道，文化主题跃升为巴西民众关注的焦点，拥有最高的平均热度（77）。中国社会相关新闻也是巴西主流媒体受众颇感兴趣的议题，尽管相比 2017 年有所下降，依然以 55 的平均热度排名第二。政治主题的平均热度尽管低于 2017 年同期，依然以 43 的平均热度排在第三名。相比之下，获得了巴西媒体最多关注、最多报道的经济主题，却在其受众处受到了冷遇：经济主题相关报道的平均热度仅为 39，不仅热度值相比 2017 年大幅下降，排名也从第二位滑落到最后一位。2018 年，中美日渐白热化的贸易争端以及中巴两国在经济合作方面取得的种种成就，似乎并非巴西一般民众的兴趣所在（见图 4）。

此外，将 2018 年前三季度巴西主流媒体涉华报道的主题分布与该年度各主题平均热度进行对比后可以发现，和 2017 年相同，本年度两者的分布

---

① 《驻巴西大使李金章在中巴合作研讨会开幕式上的演讲》，https：//www.fmprc.gov.cn/web/dszlsjt_673036/t1592896.shtml，2018 年 9 月 7 日。

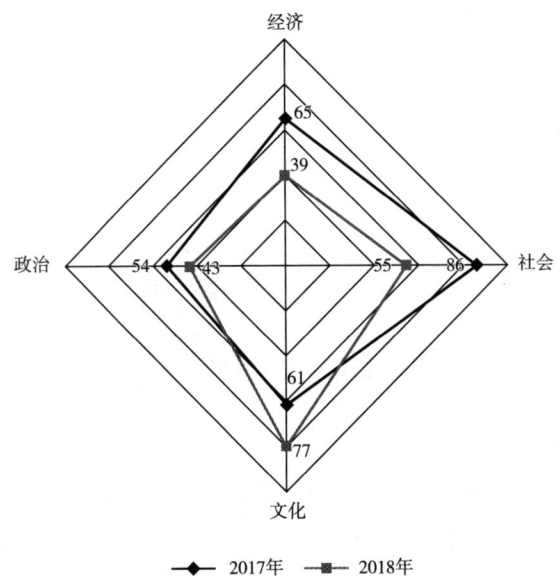

图 4　2017～2018 年巴西媒体涉华报道各主题平均热度

资料来源：根据《环球报》《圣保罗页报》《圣保罗州报》《时代报》官方 Twitter 数据整理。

曲线并无法吻合。正如前文所述，尽管巴西主流媒体（特别是《圣保罗页报》与《圣保罗州报》）对经济议题投以了极高关注，该议题相关报道获得的平均热度反而居于最下位；至于巴西民众最为关注的文化议题，则并没有得到大多数巴西媒体足够的重视，只有《时代报》一家在 2018 年将文化主题作为了涉华报道的重点。

由于巴西主流媒体 2018 年涉华报道所涉及的具体主题过于纷繁复杂，为了能够统计巴西民众对于中国的具体兴趣所在，本文选取了 2018 年热度最高的 50 条涉华报道，对其主题进行了细分。根据统计结果，相比 2017 年，巴西民众一方面继续保持了对于中国社会生活（11 条）的高度兴趣，另一方面也对中国所取得的科技成就（11 条）更加关心。中巴关系（7 条）、中美关系（6 条）仍然吸引着巴西民众的眼球，而大熊猫、食品安全和朝鲜问题等议题则相对淡出了大众视野，足球（5 条）、文化审查（4 条）和宗教（2 条）等新兴话题成为巴西人新的关注重点。此外，中国在叙利亚

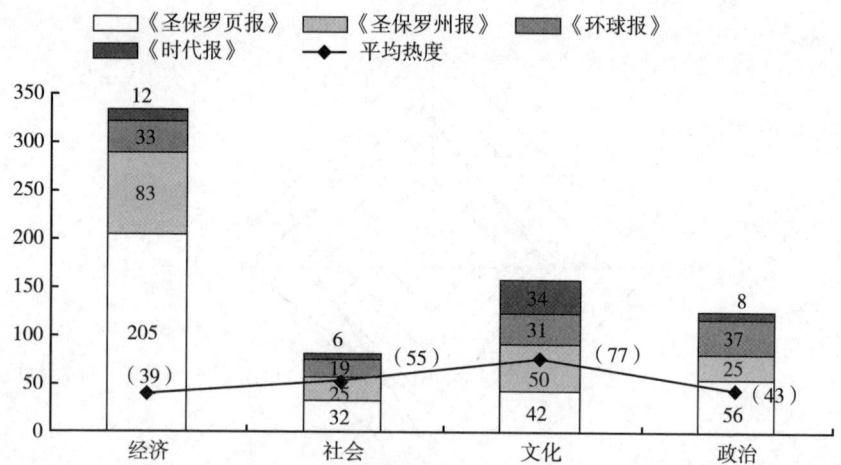

图5 2018年前三季度巴西主流媒体涉华报道主题分布与各主题平均总热度对比

资料来源：根据《环球报》《圣保罗页报》《圣保罗州报》《时代报》官方Twitter数据整理。

问题中的立场（2条）、中国汽车市场新闻（1条）、中巴两国在体育赛事中的比拼（1条）、中国动物保护相关举措（1条）等，也是令巴西民众在2018年兴趣盎然的中国相关话题（见图6）。

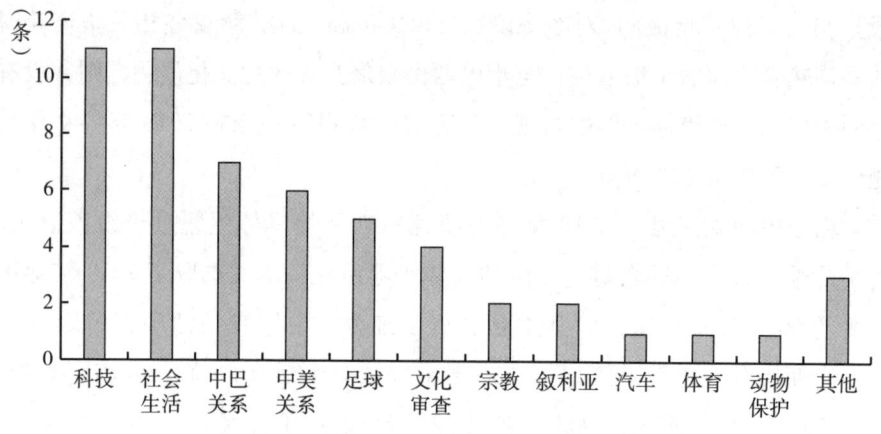

图6 2018年总热度前50报道焦点话题分布

资料来源：根据《环球报》《圣保罗页报》《圣保罗州报》和《时代报》官方Twitter数据整理。

(四)语言组织

1. 词表与主题词

利用语料库软件 AntConc3.3.5b 对 2018 年前三季度巴西主流媒体所发布的全部涉华报道进行分析后,可以通过生成词表得出该期间内巴西媒体涉华报道最经常使用的"关键词"。相应的,词表中排名前 20 的词汇,也就是本年度巴西媒体涉华报道中使用频度最高的 20 个词。

在这 20 个本年度巴西媒体涉华报道"关键词"中,"美国""特朗普""巴西""美元""总统""十亿""北(朝鲜)""雷亚尔""百万"是 2017 年、2018 年共享的关键词。正如之前所分析的,"美国""巴西""北(朝鲜)"等关键词,体现出巴西媒体在 2018 年对中美关系(特别是两国贸易冲突)、中巴关系、朝鲜问题等议题的重视;"十亿""美元""雷亚尔""百万"等数词与货币单位的频繁出现,则反映出巴西主流媒体对于中国经济相关议题的持续关注。相应的,"贸易""关税""战争""政府""世贸组织""产品""习(主席)""大豆"等 2018 年独有的高频词,均指向该年度震动全球的中美贸易冲突,体现了巴西主流媒体对国际局势变化的密切关注,以及对于巴西应如何在此变动格局中自处的动态解读。2018 年独有高频词中,只有"太空的"一词明确指向经济、政治以外的领域,反映出巴西媒体对于中国科技进展的关注(见表 1)。

表 1 2017~2018 年巴西媒体涉华报道生成词表对比(前 20 名)

序号	2017 年	2018 年	序号	2017 年	2018 年
1	norte 北(朝鲜)	eua 美国	7	temer 特梅尔	us 美元
2	coreia 朝鲜	comercial 贸易	8	presidente 总统	governo 政府
3	trump 特朗普	tarifas 关税	9	brasileira 巴西的	omc 世贸组织
4	eua 美国	trump 特朗普	10	r 雷亚尔	presidente 总统
5	brasil 巴西	brasil 巴西	11	maior 最大的	bilhões 十亿
6	carne 肉	guerra 战争	12	mortos 死亡	norte 北(朝鲜)

续表

序号	2017年	2018年	序号	2017年	2018年
13	futebol 足球	produtos 产品	17	us 美元	espacial 太空的
14	mercado 市场	xi 习（主席）	18	empresa 公司	milhões 百万
15	mundo 世界	anuncia 宣称	19	milhões 百万	mundial 世界的
16	política 政治	r 雷亚尔	20	bilhões 十亿	soja 大豆

资料来源：根据《环球报》《圣保罗页报》《圣保罗州报》《时代报》官方 Twitter 数据整理。

另外，运用语料库软件的主题词分析功能，以 2018 年前三季度巴西主流媒体涉华报道为观察语料库，以 2017 年同期巴西主流媒体涉华报道为参照语料库，便可通过对比得出 2018 年的"正主题词"，即 2018 年巴西主流媒体在其涉华报道中使用频数显著高于作为参照的 2017 年的词汇。2018 年的正主题词中，前十名分别是"美国（eua）""贸易（comercial）""关税（tarifas）""战争（guerra）""世贸组织（omc）""大豆（soja）""美元（us）""产品（produtos）""协商（negociações）""太空的（espacial）"，同词表的分析结果相近，主要集中于中美贸易冲突和中国的科技成就，在一定程度上反映出 2018 年巴西媒体对于关涉中国的世界局势以及焦点话题关注重点的变化。

2. 倾向性

2017 年的生成词表中，排名前 50 的词里并没有具有明显倾向性的词，可以认为巴西媒体对中国的报道整体还是较为客观公正的。另外，结合巴西民众在新闻下发布的评论具体考察总热度前 20 的涉华报道，11 篇呈现整体积极的倾向，5 篇呈现整体消极的倾向，4 篇无明显的倾向性，可以认为巴西民众在 2017 年通过巴西媒体涉华报道认识到的中国形象整体还是较为积极正面的。

2018 年生成词表中排名前 50 的词里，只有"威胁（ameaça）"具有较明显的负面倾向；然而，利用语料库软件对该词来源进行追踪后可以发现，在出现该词的句子中，主体多为美国，中国则为其客体，因此该词的负面倾向并非指向中国。排除该词后，剩余词均不具备明显倾向性。因此，可以认为，巴西主流媒体在2018年对中国的报道整体还是较为客观公正的。

从巴西媒体涉华报道受众的角度出发，在对2018年总热度排名前20的涉华报道进行分析后可以发现，6篇呈现整体积极的倾向，4篇呈现整体消极的倾向，9篇无明显的倾向性。相比2017年，巴西民众通过涉华报道认识到的中国形象积极正面程度有所下滑（见图7）。

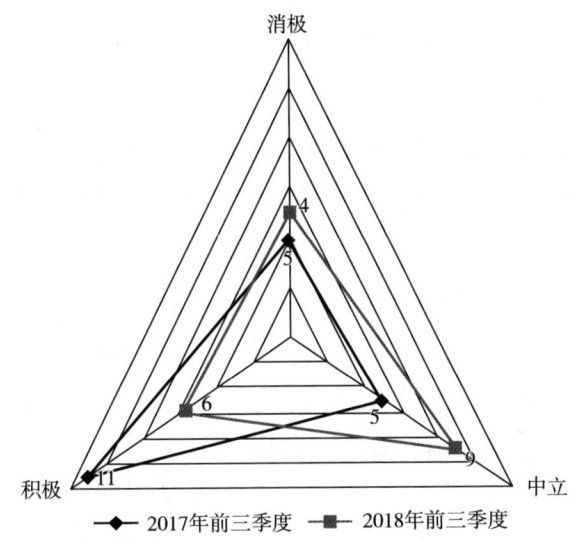

图7　2017～2018年前三季度高热度涉华报道倾向性统计

资料来源：根据《环球报》《圣保罗页报》《圣保罗州报》《时代报》官方Twitter数据整理。

三　结语

综合上文分析结果，可以总结出2018年巴西主流媒体涉华报道的五大特点：第一，除部分媒体外，报道频度整体有所下降；第二，以经济为报道重心，主题分布结构极端化；第三，媒体涉华报道重心与受众关注重点并不完全匹配，现有报道结构无法满足巴西民众对中国文化相关议题的兴趣；第四，时效性强，紧贴世界局势和焦点话题变化；第五，整体倾向客观中立，为通过进一步推进媒介合作、加大公共外交力度、塑造巴西民众对华理解认同提供了可能。

根据以上五大特点，结合中巴交往（特别是媒体交往）现状，笔者就进一步通过媒体途径深化中巴战略互信，巩固两国"成熟活跃的发展中大国关系"提出以下三点建议。

第一，以经济为主轴，开启全方位宣传。经济主题是巴西媒体2018年关注的重点，而其报道也涵盖了中美经贸关系、中巴经贸关系、中国在巴西的投资、中国企业在巴西的运营、中国自身经济发展状况等各种细分领域。以这些报道为基础，不仅可以展示中国的经济实力，也可以成为呈现中国的外交政策、社会发展情况、中国企业文化等政治、社会、文化形象的契机。可以利用巴西主流媒体对中国经济的高度关注，鼓励在巴西投资、经营的中国企业积极召开发布会、接受媒体采访，一方面及时消除文化差异等原因造成的可能的误会，另一方面通过报道具体的、典型的交往合作案例，宣传中国对巴西法律的遵守、对巴西价值观的尊重、对巴西社会的回馈和对丰富巴西文化多样性的助益，从而借助媒体之口，树立全方位的良好中国形象。

第二，发掘新媒体潜力，加大中国文化传播力度。近年来，巴西不断加大对基于互联网的数字新媒体的支持与建设力度。据《媒体数据报告》，巴西在2017年对数字媒体的投资总额达到148亿雷亚尔，相比2016年增长了25.4%。[①] 这也为中国提供了新的机遇，可以通过在巴西开设分支机构、投资巴西现有新媒体公司、同巴西媒体共建数字化媒体平台等方式，参与到这一数字化浪潮中来，为日后打造符合巴西民众需求的中国相关信息产品奠定坚实的基础。此外，从用户行为角度出发，巴西人在社交网络上最常见的行

---

① Grupo de Mídia de São Paulo, "Mídia Dados Brasil 2018," Junho 21, 2018, p.242, http://midiadados. org. br/20 18/Midia%20Dados%202018%20%28Interativo%29. pdf.

为是观看图片及视频（60.4%），其中最常观看的视频内容是音乐及演出（42.5%）。① 因此，若要更好地利用社交网络等新媒体的传播效果，应针对巴西社交网络用户的这一行为习惯，增加图片、视频等可视化内容，特别是音乐、演出视频的比重，从而获得更好的传播效果。考虑到巴西民众对中国科技成就的关注，以及巴西本国媒体对该方面报道不足的状况，可以尝试同巴西媒体进行合作，将《大国重器》《中国高铁》《超级工程》等反映中国科学技术成就的优秀纪录片翻译成葡语进行发布，一方面满足巴西民众对中国的求知欲，另一方面也可为"一带一路"造势、为"中国制造"的口碑添彩。

第三，利用各媒体差异，有针对性地开展公共外交。2018年中，中国驻巴西大使馆与当地媒体互动频繁，在举办媒体招待会之外，前大使李金章也多次在《环球报》《圣保罗页报》等主流媒体上发表署名文章，借助公共外交的手段拉近同巴西民众的距离，在诠释中方立场、树立中国形象的同时，以"软"的手段增进巴西人民的亲切感与认同感。巴西主流媒体也多次主动抛出橄榄枝，如《圣保罗页报》于2018年9月5～6日主办"中巴合作研讨会"（Seminário Brasil - China），会议邀请到了巴西时任外长努内斯、农业部部长马吉以及来自中巴两国各行各业的高端人士。与会人士就中巴关系进行了全方面、深层次的探讨，使该盛会成为中巴公共外交的一次有效实践。而要进一步加强通过媒体开展的公共外交实践的针对性，就需要考虑各家媒体自身的特色所在。例如，《圣保罗页报》《圣保罗州报》对中国关注度高，尤其对经济相关议题颇感兴趣，则可以加强同两家媒体在经济方面的合作，优先将中方经济相关媒体通稿在这两大媒体上进行发表。《时代报》相对更加关注中国文化事业，特别是体育事业的进展，则可考虑在开展文化相关公共外交活动时，优先选择该报作为媒体合作伙伴。

---

① Grupo de Mídia de São Paulo, "Mídia Dados Brasil 2018," Junho 21, 2018, p. 250, http://midiadados.org.br/20 18/Midia%20Dados%202018%20%28Interativo%29.pdf.

总之，中巴虽距离遥远，但媒体可作为桥梁和纽带，将两国关系紧密联系在一起。为进一步深化中巴友好关系、拓宽务实合作、加深人民情谊、推动文明互鉴，还需要进一步发掘两国媒体合作潜力，在更深程度、更大范围内深化中巴战略互信，巩固两国"成熟活跃的发展中大国关系"。

Y.16
博索纳罗新政府对外政策走势分析与中巴关系发展展望

〔巴西〕Marcos Cordeiro Pires* 唐筱 程晶译

摘　要： 2018年巴西大选中，右翼保守派人士博索纳罗登上了总统宝座。此次大选对巴西政治格局造成了巨大冲击，标志着1985年实现"再民主化"以来巴西所建立的政治－选举系统基础的崩溃，大选后巴西的政治格局呈现深度碎片化状态。竞选期间，博索纳罗在对外政策方面持有一些极端的立场和姿态。但是，执政以来，在内阁重要部门的推动下，博索纳罗政府在对外政策方面正在向一种更具实用主义的观点转化。在对华态度与政策方面，博索纳罗竞选期间及执政之后，经历了从消极对抗到积极务实的姿态变化。新政府上台之后，巴西和中国保持着程度适宜的交往关系，逐渐朝着理性务实的方向发展。

关键词： 博索纳罗　对外政策　中巴关系

一　引言

巴西在国土面积和人口数量方面居世界第五位，在国内生产总值方面居

---

* 〔巴西〕Marcos Cordeiro Pires，经济史博士，巴西圣保罗州立大学哲学学院政治系与经济系副教授。

世界第八位。作为国际社会重要的新兴大国，在处理对外关系方面，博索纳罗新政府经历了一个不断调整的过程。竞选期间，博索纳罗在对外政策方面持有一些极端的立场和姿态。执政以来，在内阁重要部门的推动下，博索纳罗在对外政策方面正在向一种更具实用主义的观点转化。

本文重点探讨博索纳罗新政府的对外政策及对中巴关系的态度和看法。全文分为四个部分。第一部分分析2018年巴西总统大选的结果及其对巴西政治格局的影响；第二部分探讨博索纳罗在竞选期间对巴西对外政策的主要设想和规划；第三部分阐明博索纳罗新政府内阁的主要构成；第四部分重点分析博索纳罗新政府对华态度与政策的演进。

二 2018年巴西大选结果分析

2018年大选对巴西政治格局造成了巨大冲击，标志着1985年实现"再民主化"以来巴西所建立的政治-选举系统基础的崩溃。根据巴西选举系统的相关规定，第一轮选举中，应选出各州议员、众议员及参议员。州长选举及总统选举采用多数制，只有在第一轮获得超过50%选票的候选人才能够当选。在2018年的选战中，许多州在10月7日便完成了选举；至于其余各州以及总统的选举，则直到10月28日的第二轮选举才尘埃落定。其中，在对总统席位的争夺中，社会自由党（PSL）候选人雅伊尔·博索纳罗和劳工党（PT）候选人费尔南多·阿达分别以46.03%和29.28%的得票率进入第二轮投票。在第二轮投票中，博索纳罗获得了55.13%的有效选票，阿达的得票率则为44.87%。

巴西传统政党，如巴西民主运动党（MDB）、民主党（DEM）及巴西社会民主党（PSDB），则在全国范围的选举中遭遇败绩，甚至在部分州中败于先前不甚起眼的新兴党派，如新总统博索纳罗所在的社会自由党、基督教社会党（PSC）及新党（NOVO）。这些新兴党派皆是持保守路线的右翼政党，正是在他们的帮助下，博索纳罗及里约热内卢、米纳斯吉拉斯等重要州的州长从选举中脱颖而出。前总统卢拉及罗塞夫所在的劳工党（PT）尽管在北部及东北部各州中取得了大量选票,但是在巴西南部、东南部等更为发达的地区丧失了影响力,反映了这些党在中产阶层及福音派大众中的失势。

从某种意义上讲,巴西2018年大选同印度2014年大选非常相似。2014年,纳伦德拉·莫迪的印度人民党(BJP)以压倒性的优势战胜了印度国大党。博索纳罗采取和印度当年类似的竞选宣传策略,将重点放在了对卷入"洗车行动"(Lava Jato)的两大前执政党——劳工党及巴西民主运动党(含巴西社会民主党和进步党)贪污丑闻的抨击上。"洗车行动"是一场针对贪腐展开的全面调查,涉及巴西国家石油公司(Petrobras)及巴西最重要的几家能源及建筑公司,如奥德布雷希特集团(Odebrecht)、卡马戈·科雷亚公司(Camargo Corrêa)、安德拉德·古铁雷斯公司(Andrade Gutierrez)、OAS集团等。博索纳罗释放出的信号得到了巴西社会各阶层的响应,部分年轻人、虔诚的教徒(包括清教徒及天主教徒)、农矿业集团和大部分企业家表达了对他的支持。

尽管博索纳罗仅以10%之差击败了费尔南多·阿达,但是2018年大选后巴西的政治格局呈现出深度碎片化的状态。在各州层面上,13个不同的政党领导了27个州的州政府。在议会层面上,情况更加严重:联邦参议院中,20个党派瓜分了81个席位;联邦众议院中,30个不同的政党把持了513个席位,政治的分裂可见一斑。在上下两院中,右派、保守派及自由市场派占据了主导地位,这与新总统博索纳罗所持的意识形态相吻合。

要理解博索纳罗选战取胜以及传统政党面临危机的原因,需要考虑最终促成2018年10月选举结果的政治、经济及社会背景。早在2013年,巴西现行政治体系便已在抗议低质量公共服务以及贪腐的反政府示威浪潮冲击下摇摇欲坠。2015~2016年,随着前总统罗塞夫被弹劾危机的到来,巴西的政治形势不断恶化。在"后弹劾"时代,由于前总统特梅尔贪腐丑闻的爆发,巴西的政治危机进一步加深。

在政治危机面前,企业家们没有安全感,纷纷中止投资。由于征收所得税款减少,巴西公共债务不断增加,再加上2014~2016年大宗商品价格下跌,巴西财政危机开始显现,深刻地影响了巴西的国际收支。基于此,自

2014年起，巴西经济便一直深陷严重的衰退之中，导致1200万人失业，另有1300万人成为非正式劳动者，6300万人无力清偿债务，联邦各州亦陷入严重的预算危机。

从社会角度而言，这场政治危机和经济危机除了给民众的家庭收入带来经济影响外，也给整个社会的公共安全带来了消极影响，如全国性乃至国际性犯罪组织的崛起、毒品消费及毒品贸易的扩张以及谋杀率的上升。2017年，巴西一共有63000人被谋杀。①

伴随民众不安情绪的蔓延、购买力的下降，一场强有力的保守主义运动开始兴起。引领这场运动的是基督教会（天主教会及清教会）发表的道德说教以及聚集在社交媒体上的新极端右翼势力发表的反共言论。在此种意义上，博索纳罗的选举胜利很大程度上建立在谴责腐败、捍卫传统家庭观、反对LGBT群体（反对男同性恋、女同性恋、双性恋和跨性别者群体）、禁止堕胎以及对社会主义左派政治、文化思想进行抨击等伦理观念的基础上。

三 博索纳罗竞选期间对于巴西对外政策的阐释

（一）政府工作计划中所涉及的巴西对外政策的内容

竞选期间，博索纳罗提出的竞选方案并不具备非常明晰的结构。记录在选举法院中的政府工作计划只包含了大概的方针，并未给出具体的落到实处的措施。在这份总计81页的政府工作计划中，关于巴西对外政策的内容，仅有一些含混的表述。现转引如下。②

---

① Portal G1, "Brasil bate novo recorde e tem maior n° de assassinatos da história com 7 mortes por hora em 2017; estupros aumentam 8%," Agosto 9, 2018, https://g1.globo.com/sp/sao-paulo/noticia/2018/08/09/brasil-bate-novo-recorde-e-tem-maior-no-de-assassinatos-da-historia-em-2017.ghtml.
② Bolsonaro Jair, "O Caminho da Prosperidade: Proposta de Plano de Govern," 2018, p.79, https://flaviobolsonaro.com/PLANO_DE_GOVERNO_JAIR_BOLSONARO_2018.pdf.

- 外交部必须始终服务于符合巴西人民利益的事业。外交事业的另一条战线是推动同有利于巴西经济及科技事业发展的国家的经贸合作。
- 我们将不再称颂刽子手的独裁政权，不再轻视乃至攻击美国、以色列和意大利等重要的民主政体。我们将不再签订虚伪的经贸协议，也不会再将巴西人民的财产交予国际独裁者的手中。
- 除了继续强化同我们非独裁的拉美兄弟国家的亲密关系，我们还需要改变缔结伙伴关系的导向。
- 许多国家曾经寻求同巴西进一步密切关系，却因为意识形态的原因遭受怠慢。这些国家可以为巴西提供贸易、科学、技术、创新、教育和文化上的诸多好处。
- 重视双边条约与双边关系。

对于上述内容，我们可以这样理解其中所包含的意思。

第一，计划对先前历任政府的对外政策进行了批评。自盖泽尔政府以来，巴西历任政府均采取了独立自主的外交政策，而不是自动地依附于美国。在博索纳罗看来，巴西的对外政策应当与基督教及西方伦理紧密结合，因为巴西是一个基督教国家，也应该是一个西方国家；同时，巴西应该寻求同能够对其进行技术转移的国家和地区建立伙伴关系，如美国、以色列、日本等。

第二，计划显示出博索纳罗想要再次同美国、意大利和以色列等保守派政府掌权的国家重新拉近关系的意图，以及同其所认定的"暴政"国家保持距离的愿望。这些"暴政"国家多是伊斯兰国家，也包括古巴和委内瑞拉。基本上，博索纳罗意欲撕毁同所谓的"非民主"国家签订的贸易协定。

第三，计划表明博索纳罗有选择性地同拉美国家进行交往。疏远同左派关系密切的拉美国家，暗示巴西外交优先度导向的巨大转变。在这个意义上，南方共同市场（Mercosul）在巴西外交中不再占据战略地位，南美洲国家联盟（Unasul）更是处于边缘地位。

第四，计划含蓄地批评了多边主义。博索纳罗拥护双边贸易协定，而这正与南方共同市场相冲突，暗示巴西新政府为了避免同美国的领导地位产生摩擦，将不再在南方共同市场中扮演活跃的角色。博索纳罗原则上赞同一般意义上的经济开放政策，但是也想脱离诸如二十国集团（G20）和七十七国集团（G77）等国际组织。

总的来说，博索纳罗的政府工作计划非常肤浅，这一点在他于2018年10月28日发表的就职演说中也有所体现。在就职演说中，他再次强调了上述含糊不清的巴西对外政策的变革。

> 我们将把巴西和巴西外交部从以意识形态为纲的国际关系中解放出来。巴西将不再疏远发达国家。我们寻求同能够为巴西产品附加更多经济和科技价值的国家建立双边关系。我们将使国际社会对我们亲爱的巴西重拾尊重。①

与巴西历任总统不同，博索纳罗在就职演说中并没有提及拉丁美洲、同金砖国家的关系，也没有提及中国。实际上，博索纳罗的就职演说与其在政府工作计划中勾勒的外交蓝图完全一致。

（二）竞选宣传中对于巴西对外政策的规划

通过对博索纳罗在2017年中至2018年10月的媒体发言进行分析，可以看出，这位总统候选人承诺将对巴西的对外政策进行激进的改革。

在竞选期间的所有演讲中，博索纳罗在接受彭博社采访时，博索纳罗强调了强化巴西同美国企业间关系的意愿。

> 我相信我们需要尊重合同的规定。我们需要成为一个人人可以放心来做生意，并确保生意能够做下去的国家。我并不支持那种认为只要政

---

① Portal G1, "Íntegra: discurso de Jair Bolsonaro após vitória eleitoral," Outubro 28, 2018, https://g1.globo.com/politica/eleicoes/2018/noticia/2018/10/28/integra-discurso-de-jair-bolsonaro-apos-vitoria-eleitoral.ghtml.

府换届,一切都将随之改变的观点。我想给美国人创造机会,让他们能够和我们在我之前提到的例如铌、石墨烯、稀土等金属问题上建立新的伙伴关系。我们是仅有的几个能够满足全球需求的国家之一,我们相信我们能够同美国建立起这种伙伴关系。[1]

值得一提的是,博索纳罗的竞选团队与美国共和党中最为保守的团体有过密切的接触。2018年8月,博索纳罗之子爱德华多·博索纳罗结识了白宫前首席战略师斯蒂芬·班农[2],并在其父选举获胜后同该战略师建立了更加紧密的联系。在接受《圣保罗页报》采访时,班农赞扬了博索纳罗及他与班农所领导的保守主义、极端民族主义团体"大运动"(The Movement)之间的亲密关系。

博索纳罗执政期间,美国将成为巴西更为亲密的伙伴。在一个拥有充满动荡和激进社会主义的委内瑞拉、被国际货币基金组织操控的阿根廷的世界一角,博索纳罗代表了一条开明的资本主义道路,也将成为一个民众主义、民族主义的领导人。[3]

此外,博索纳罗对以色列、日本、韩国的访问,可视为他为寻求一条有别于佛朗哥、卡多佐政府与卢拉、罗塞夫政府的"独立自主外交政策"及南南合作战略的全新巴西外交路径而做出的努力。

博索纳罗对外政策中的另外一个争议点便是宣称要将巴西驻以色列大使

---

[1] Youtube, "The Policy Proposals From 'The Donald Trump of Brazil'," Outubro 13, 2017, https://www.youtube.com/watch?v=pDS_sFJyoRk.

[2] Revista Sociedade Militar, "Articulador da campanha de TRUMP pode ajudar Bolsonaro," https://www.sociedademilitar.com.br/wp/2018/08/articulador-da-campanha-de-trump-pode-ajudar-bolsonaro.html.

[3] Folha De São Paulo, "Capitalismo esclarecido e populismo de Bolsonaro aproximarão o Brasil dos EUA, diz Steve Bannon," Outubro 29, 2018, https://www1.folha.uol.com.br/poder/2018/10/capitalismo-esclarecido-e-populismo-de-bolsonaro-aproximarao-o-brasil-dos-eua-diz-steve-bannon.shtml.

馆从特拉维夫迁至耶路撒冷。这是博索纳罗向支持他的新五旬节派教会及巴西犹太教正统派团体做出的承诺。该团体尽管人数不多，但是包含银行家、大型零售商及其他商界人士，具有很大的经济影响力。巴西许多重要的经济部门对博索纳罗的此种表态感到十分担忧，因为他们同伊斯兰国家特别是同阿拉伯国家有着生意往来。此种姿态也同巴西以前的外交态度相悖——巴西传统上支持巴以分治的两国原则。

此外，还需要提及的是，博索纳罗（包括他的子女）的政治风格同特朗普极为类似。例如，2018年11月2日，博索纳罗在接受《巴西利亚邮报》（Correio Brasiliense）采访时，他再次嘲讽了之前数任巴西政府的对外政策，甚至威胁同古巴断绝外交关系。巴西和古巴曾签订合作条约在巴西实施"更多医生计划"（Programa Mais Médicos），规定古巴政府应向巴西最为贫穷的地区派出医生。

面对巴西新总统所表现出的这种姿态，由于担心新政府会对其公民进行报复，古巴政府单方面撤走了正在巴西进行支援的全部古巴医生（近8000人）。以这一事件为开端，新政府要员对拉美左派政府的批评之声日渐增加，将批判目标从古巴延伸到了委内瑞拉、尼加拉瓜和玻利维亚，同时也在寻求加强同美国进一步保持步调一致。

四　博索纳罗新政府内阁的主要构成

博索纳罗新政府的内阁主要人选，大多从博氏竞选期间起就已追随其左右。当前，博索纳罗新政府的内阁主要由四大核心圈构成：家族关系圈，宗教、意识形态、文化关系圈，经济关系圈和政治、军事关系圈。需要强调的是，根据具体议程的需要，四个核心圈的工作内容可能会互相交融，导致各关系圈之间的界限不复存在。

家族关系圈主要包括博索纳罗的三个儿子——爱德华多·博索纳罗（凭借近200万张选票当选圣保罗州议员）、弗拉维奥·博索纳罗（里约州参议员）和卡洛斯·博索纳罗（里约市议员）。三人均寻求能在其父主导的政府中取得决定性的影响力。博索纳罗团队中许多极右的、具有攻击性的亲美、亲以色列、亲西方及反全球化的意识形态方面的发言，都是出自其子之口。博索纳罗的三个儿子通过社交网络同博索纳罗的支持者进行直接的互动，这一工具在博索纳罗竞选期间和当选后都得到了广泛的运用。

在宗教、意识形态、文化关系圈中，有两股势力的影响值得特别注意。第一股势力主要由新五旬节派教会的著名领导人构成，如前参议员兼前牧师马格诺·玛尔塔及其前顾问达玛雷斯·阿尔维斯、"上帝会"（Assembleia de Deus）的西拉斯·马拉法亚牧师以及掌握"普世神国教会"（Igreja Universal do Reino de Deus）和巴西第二大媒体记录电视网（Rede Record de Televisão）的巨头艾迪尔·马塞多。第二股势力则主要围绕自封哲学家的奥拉沃·德·卡瓦略展开。奥拉沃以美国为基地展开活动，同共和党极右群体有着密切的联系，是一名社交网络活动家，也是反"文化马克思主义"、反"全球化"、反女权主义、反平均主义、反气候变化、反非西方势力崛起等思想的传道士。巴西外交部部长埃内斯托·阿劳若、教育部部长里卡多·维雷斯·罗德里格斯以及女性、家庭及人权部部长达玛雷斯·阿尔维斯都是这个关系圈的成员。

经济关系圈则由银行家保罗·盖得斯统领。这位银行家是新政府极端自由主义经济计划的负责人，也是博索纳罗新政府的经济部部长。盖得斯曾获芝加哥大学博士学位，之前一直在学术界和金融界活动。他是典型的"芝加哥学派"思想的拥护者，受到了米尔顿·弗里德曼货币主义学派思想的深刻影响。他于20世纪80年代前往智利，在时任总统皮诺切特政府中工作。值得一提的是，盖得斯在被提名为经济部部长后接受的第一个采访中，表示应当进一步加大经济自由化力度，同美国及欧盟缔结更为广泛的自由贸易协定，批评了南方共同市场等地区一体化举措。经济领域中另一个令人瞩目的要点是农业贸易部门的影响，这一部门控制了特蕾莎·克里斯蒂娜所在的农业部及里卡多·萨勒斯所在的环境部。

在寻求为政府制定政治方针路线的政治、军事关系圈中，政治方面的代表人物有：巴西公民事务部部长奥尼克斯·洛伦佐尼，他是巴西民主党议

员,曾随博索纳罗出访日本、韩国和中国台湾;博索纳罗所在的社会自由党前主席古斯塔夫·贝比安诺,他于2019年2月被解除职位;执掌司法和公共安全部的前法官塞尔吉奥·莫罗,他因在"洗车行动"中领导多项审判工作而在国内声名大噪,也是判处前总统卢拉入狱的责任人。在政府中担任要职的军事代表人物主要有:副总统安东尼奥·汉密尔顿·马丁斯·莫朗将军,他是南方司令部前指挥官;机构安全部部长、退休将军奥古斯托·埃莱诺·里贝罗·佩雷拉,他是联合国海地稳定特派团(Minustah)前司令兼卢拉总统任内亚马孙司令部指挥官;国防部部长费尔南多·阿泽维多·席尔瓦将军。其他的军人力量则控制了巴西基建部、矿产及能源部、科技部、政府秘书处、透明与审计部以及总统府总秘书处。

总的来说,博索纳罗政府内阁中派别较多,不同利益集团之间虽有合作,但更多的则是冲突与较量。自2018年11月权力交接之日起,这些不同的派别便开始因为各种问题而相互争论、冲突与碰撞,其中许多问题影响着巴西政府同其最大的贸易伙伴——中国之间的关系。当前,最为理智、最为实用主义的一股势力正逐渐从这场力量的较量中脱颖而出。

五 博索纳罗执政期间中巴关系发展展望

基于博索纳罗在竞选期间的言论,他对与中国的关系持批评的态度。他多次提到拒绝中国国有企业在巴西特别是在能源领域的投资。巴西在诸如贸易、安全、气候变化等全球重大议题上的立场,更多地同美国保持一致。

此外,考虑到博索纳罗在竞选演说中对多边主义的批驳,尽管新政府并未对巴西此后将如何参与金砖国家集团事务有所提及,但是仍有可能会对此造成不利影响。巴西过去在面对气候变化、参与二十国集团或世贸组织谈判以及其他国际论坛时,往往与其他新兴国家(如中国、印度和南非)站在一起,而这一立场目前已完全改变。

博索纳罗对外交官埃内斯托·阿劳若作为巴西外交部长的任命,进一步加剧了人们对新政府未来对外政策走向的忧虑。阿劳若曾在一篇文

博索纳罗新政府对外政策走势分析与中巴关系发展展望

章中对2017年特朗普在华沙的演讲进行了分析,并大力赞同美国总统的民族主义、民粹主义观点,表示要与特朗普一起共同捍卫"西方价值观"。

事实上,这种观点是博索纳罗新政府观点的重要组成部分之一,即宗教、意识形态、文化关系圈所持的主流观点。然而,竞选演讲或意识形态偏好是一回事,管理巴西这一地位重要、体量庞大的国家又是另一回事。如果有人担忧博索纳罗政府意识形态的话,那么需要注意的是,博氏政府中部分部门和强大的社会经济利益集团已经在同这些观点进行对抗。他们认为,放弃巴西花费数十年所巩固的国际地位,甚至与巴西主要的贸易伙伴进行对抗,对于巴西并没有任何好处可言。

就外交部而言,虽然外交部部长阿劳若有其个人倾向,但是我们必须强调巴西外交部整体的态度,公开支持博索纳罗提案的巴西外交官为数甚少,作为具有高素养的国家干部,他们认为对于巴西外交进程进行剧变并无益处。因此,博索纳罗要想实施偏离根植于外交部专家心中的多边主义、传统的独立自主的外交政策,并不是一项简单的任务。

商界(尤其是与出口部门相关的协会、组织)对任何可能损害其经济利益的对外政策的突变有所抵触。农贸部门,如大豆、甘蔗和乙醇、动物蛋白(牛肉蛋白、鸡肉蛋白和猪肉蛋白)、纸浆和木浆生产商、咖啡种植者和橙汁生产商等,同博索纳罗政府有着密切的联系。对他们而言,博索纳罗不合时宜的对外政策可能对他们的业务构成严重的威胁。中国是巴西最大的贸易伙伴,2018年两国贸易额达到近990亿美元,巴西对华贸易顺差达294亿美元。考虑到这些因素,引起巴中关系的动荡可谓鲁莽至极,甚至会造成灾难性的后果。关于这点,前参议员安娜·阿梅利亚于2018年末在巴西参议院就新政府外交政策展开的辩论中所发表的意见值得一提。安娜·阿梅利亚来自南里奥格朗德州,与农贸部门过从甚密。她认为:"美国对中国采取贸易限制措施是一回事,而巴西是否要采取同样的策略完全是另一回事。美国不仅是世界第一大经济体,现在是、将来也是一个超级大国。而我们,如今在贸易上依赖中国这个最大的合作伙伴。我们的情况与美国不尽相同。"①

中巴双边贸易的另一个重要部门是矿业和石油。该部门的贸易额占2018年巴西出口总量的53%。淡水河谷（巴西最大的对华铁矿石出口商）总裁法比奥·施瓦茨曼在接受《圣保罗页报》采访时表示，巴西与中国之间的争端"对任何人都没有好处"。在他看来："我们期待总统当选者能接受有关中巴关系现状和两国间关系互补性的相关信息。两国之间的争端对任何人都没有好处。那么，既然它对任何人都没有好处，对于淡水河谷自然也没有好处……淡水河谷将继续与中国保持联系，我们有着相互依赖的关系……我们愿意提供我们对中巴关系的了解和相关信息，中巴关系非常重要。"②

《中国日报》（China Daily）于2018年10月29日发表的社论，表达了对中巴关系可能出现恶化状况的担忧。文章称：

> 在巴西当选总统博索纳罗承诺彻底改变巴西内外政策后，外界对中巴关系的前景出现了一些猜测。
>
> 不仅是在巴西经营的中国企业，中国政府也怀有这样的疑虑：拉美最大国家的下一任领导人会在多大程度上扰乱中巴关系？
>
> 这是一个中肯的问题。毕竟，博索纳罗被一些人描绘为"热带特朗普"，这位右翼分子不仅支持美国总统特朗普的民族主义议程，而且可能会实际效仿其部分做法。他承诺将绕开多边主义国际组织开展工作，支持双边协定，并发誓要将巴西驻以色列大使馆迁至耶路撒冷。此外，博索纳罗在竞选过程中也并未对中国展示出友好态度。他把中国描

---

① Senado Notícias, "Na CRE, senadores sugerem ao futuro governo prudência na política externa," Outubro 30, 2018, https：//www12. senado. leg. br/noticias/materias/2018/10/30/na - cre - senadores - sugerem - ao - futuro - governo - prudencia - na - politica - externa.

② Folha De São Paulo, "Após Bolsonaro criticar China, Vale diz que disputa não é boa," Outubro 16, 2018, https：//www1. folha. uol. com. br/mercado/2018/10/disputa - com - china - nao - e - bom - para - ninguem - diz - chefe - da - vale - sobre - bolsonaro. shtml.

绘成一个意图主导巴西经济关键领域的掠夺者。①

值得注意的是，博索纳罗执政以后，其反华立场有所改变。2018年11月5日，新任总统博索纳罗在其寓所接待了时任中国驻巴西大使李金章。关于这次会面，博索纳罗在一次电视采访中是这样对观众描述的："我们进行了非常卓有成效的交谈，在第一时间就达成了协定，之后就部分事宜进行了深入探讨。很显然，中国不想停止同我们的贸易，我们也不想停止同他们的贸易。"博索纳罗表示，"我们不会有任何问题，恰恰相反，我们两国间的贸易规模必将进一步扩大"。②

新任副总统莫朗将军也展现过相似的立场。根据巴西 UOL 门户网于2018年2月11日刊登的访谈："博索纳罗（社会自由党）政府希望巴西同美国、中国和欧盟等全球合作伙伴建立'超越贸易伙伴的战略性'关系。莫朗将军强调，不仅需要与这些国家建立政治上的伙伴关系，还要在技术领域特别是人工智能和信息技术等能应用于国防领域的方向上展开合作。"③

2019年1月，12名议员兼博索纳罗政府要员应中国驻巴西大使馆邀请访问了中国，可谓两国间关系缓和的另一例证。他们之前对中国社会抱有歪曲的认知，而此次访问给代表团们留下了良好的印象。议员达尼埃尔·西尔维拉表示："不持任何偏见，是我们在中国学到的第一课。我们在巴西对中国'共产主义国家'的印象，随着我们的亲身到访烟消云散。中国在某些

---

① China Daily, "No Reason for 'Tropical Trump' to Disrupt Relations with China: China Daily Editorial," Outubro 29, 2018, http://www.chinadaily.com.cn/a/201810/29/WS5bd702e9a310eff303285424.html.
② Folha De São Paulo, "Comércio com a China pode ser ampliado, diz Bolsonaro," Novernbro 5, 2018, https://www1.folha.uol.com.br/mercado/2018/11/comercio-com-a-china-pode-ser-ampliado-diz-bolsonaro.shtml.
③ Portal UOL, "Mourão quer fim de 'antiamericanismo infantil' e pressão contra a Venezuela," https://noticias.uol.com.br/politica/ultimas-noticias/2018/11/02/mourao-quer-fim-de-antiamericanismo-infantil-e-pressao-contra-a-venezuela.htm.

方面甚至远比巴西更为民主。"① 然而,这次访问遭到了支持政府的意识形态部门的严厉批评。

尽管存在一些批评的声音,新政府上台之后,巴西和中国仍然保持着程度适宜的交往关系。特别值得一提的是副总统莫朗为此付出的努力,他曾多次重申中国在巴西外交布局中的重要性。2019年1月2日,即就职典礼翌日,莫朗便同习近平主席特使、中华人民共和国全国人大常委会副委员长吉炳轩率领的代表团进行了会面。2月14日,莫朗在里约热内卢同中巴商业理事会主席进行了会晤,再次强调了中国的重要性,称将重新启动中巴高层协调与合作委员会(COSBAN)。② 5月19~24日,巴西副总统莫朗访问中国,这是博索纳罗新政府成立以来第一位访华的巴西高级领导人,对恢复中巴友好合作关系起到了关键作用。莫朗的访华恢复了中断4年之久的中巴两国政府间最高级别的对话与合作机制——中巴高层协调与合作委员会,并与中方就扩大巴西农矿业产品的对华出口、加强两国在电子等科技领域的合作、加大中国对巴西的投资等议题进行了探讨,并达成了一些意向和成果。习近平主席,会见了莫朗副总统,表达了中国政府对发展与巴西新政府关系的重视。2019年10月24~26日,博索纳罗总统对中国进行了国事访问。此访"进一步加强两国发展规划对接,全面深化各领域互利友好合作,推动中巴全面战略伙伴关系不断向前发展"。

六 总结

博索纳罗竞选期间及执政之后,在对外政策及对华态度方面经历了调整

---

① Folha De São Paulo, "Alvo de críticas, comitiva do PSL na China cobra apoio do governo," Janeiro 20, 2019, https://www1.folha.uol.com.br/poder/2019/01/alvo-de-criticas-comitiva-do-psl-na-china-cobra-apoio-do-governo.shtml.
② CEBC – Conselho Empresarial Brasil – China, "Reunião da Diretoria do CEBC com o Vice-Presidente da República, Hamilton Mourão," Fevereiro 14, 2019, https://cebc.org.br/2019/02/14/reuniao-da-diretoria-do-cebc-com-o-vice-presidente-da-republica-hamilton-mourao/.

和变化。竞选期间，博索纳罗在对外政策方面持有一些极端的立场和姿态，意欲同美国、意大利、以色列等保守派政府掌权的国家拉近关系，在对华关系方面持有消极的态度和对抗的姿态。但是，度过了竞选宣传阶段之后，随着新政府的上台，在内阁重要部门的推动下，一种更为理性务实、对巴西对外战略有着清醒认识、对巴西对华关系有着深刻理解的全新立场，正在逐渐崭露头角。当前，博索纳罗政府在对外政策方面正在逐渐向一种更具实用主义的观点转变，在对华态度方面朝着积极务实的方向发展。

Y.17
2018中美贸易争端及其对中巴贸易合作的潜在影响

〔巴西〕Luís Antonio Paulino* 李诗悦 钟 点译

摘 要: 2018年中美贸易战短期而言给巴西带来了积极影响,巴西从两国关税战导致的贸易转向中受益。但是,需要强调的是,对于巴西而言,这些短期收益弥补不了长期所遭受的损失。对于中国和巴西等发展中国家而言,中美贸易战是挑战,也是机遇。对于中巴关系而言,中美贸易战带来的挑战与机遇并存。巴西一直以来都是中国可靠的合作伙伴,我们应当继续保持并加强这种相互信任的合作关系。作为东、西半球最大的发展中国家,巴西和中国之间的共同之处,要远比巴西和美国之间多得多。对于巴西而言,中国不仅是重要的出口市场,而且在工业、科技、文化等领域,巴西与中国的合作也都具有十分重要的战略意义。对于中国而言,在寻求解决中美利益冲突的同时,加强"南南合作"是中国当前面临的一项重大任务。

关键词: 中美贸易争端 中巴贸易合作 全球化

---

* Luís Antonio Paulino,经济学博士,巴西圣保罗州立大学玛利亚校区哲学与科学学院副教授,巴西圣保罗州立大学孔子学院巴方院长。

一 引言

2018年初，美国挑起了对华大规模的贸易战，同时对包括巴西在内的其他贸易伙伴国发动了规模较小的贸易战。对国际贸易关系以及世界经济全球化进程而言，此举是一个重大转折点。无论当今两个世界经济强国之间的谈判结果如何，国际贸易活动及其调控机构——世界贸易组织（WTO）都将不复从前。

回顾2018年，我们可以看到，中美贸易冲突在对中国和美国造成经济损失的同时，也推动了中巴双边贸易的增长，中巴贸易关系得到了加强。从贸易统计数据可以看出，2018年中巴贸易额有了明显增长。这一变化主要涉及大豆等大宗产品贸易，而这主要是由于此类产品更容易被第三方出口市场替代。① 2018年，巴西大豆出口同比增长了1500万吨。此外，随着美国对中国输美产品加征关税，巴西也增加了其部分产品对美的出口量。

如果粗略地观察一下数据可以看出，中美两国互相加征关税造成了贸易转向。毫无疑问，中美贸易战使巴西和其他没有直接介入两个大国之间贸易争端的国家从中受益。然而，这一结论仅考虑到了短期收益。因为与中美相比，巴西经济开放度并不高，可能短期内不会遭受贸易战带来的巨大影响，但是就长期而言，若两个经济大国之间的贸易战发展成为持久战的话，那么，在这场战争中将不会有赢家，因为它将对全球经济增长造成极为负面的影响，以至于"越来越多的国家正在研究不再承诺进行贸易开放的可能性"。② 以大豆为例，尽管贸易战导致美国大豆价格不断上涨，使巴西大豆生产者受益，但是由此导致的饲料价格上涨损害了动物蛋白源性产品如猪肉

---

① UNCTAD, "Who is profiting from US–Chinese trade tensions?" https://unctad.org/en/pages/newsdetails.aspx?OriginalVersionID=1990.
② Dyniewicz, L., "Os chineses não sabem o que os EUA querem," *O Estado de S. Paulo*, Fevereiro 19, 2019, p. B5.

和鸡肉生产者的利益。正如巴西前农业部部长布莱罗·玛吉（Blairo Maggi）所说："我认为我们的损失不可避免。未来几年里，中美将会重新达成贸易共识，美国将再次赢回大豆市场，而这将会使我们失去粮食市场以及动物产品领域的竞争力。"①

另外，这场贸易战，特别是美方向中方所提出的谈判要求，表明问题的根源在于美国人害怕中国会超越他们成为世界上最大的经济强国。尽管从表面上看，中美贸易战仅涉及经贸问题，但是归根结底，这是一场科技霸权的争夺。即使中美两国签署临时协议，暂时结束了当前争端，但是这个潜在问题就像灰烬下的炭火，在将来的某一天必会复燃。除非中方委曲求全，接受美方提出的所有无理要求，但是显然这将不会发生。

美国日益严重的保护主义倾向和保护主义政策威胁在其他发达国家中间不断扩散。面临此困境，中国和其他发展中国家需要减少对美国市场的依赖——不论是将其作为出口目的地，还是作为满足自身发展所需的原材料、设备和技术的来源地。

当前，受国际市场动荡以及美国保护主义经济政策影响较大的国家，有必要加强在政治与经济方面的同盟关系，推进包括金砖国家组织、中国与巴西、中国与拉美之间的战略合作伙伴关系以及拉美地区之外的一体化项目，如"一带一路"倡议、中国—东盟自由贸易区等。不论对于中国还是对于中国的贸易伙伴来说，深化双方之间的同盟关系都十分重要，因为这些国家的经济发展取决于中国的经济表现以及他们在以中国为中心的全球价值链中的位置。

此外，我们还应看到，美国在挑起对华贸易战的同时，也向世界贸易组织（WTO）"宣战"，企图动摇国际贸易规则使其自身受益，并达到孤立中国的目的。美国试图与实力较弱的贸易伙伴签署双边和多边贸易协定，尽管这些协定条款没有直接提及中国，但是这些贸易伙伴都没有能力拒绝

---

① Gonçalves, C., "Maggi vai tratar de embargo à carne brasileira na China," Agência Brasil, Junho 20, 2018, http://agenciabrasil.ebc.com.br/economia/noticia/2018-06/maggi-vai-tratar-com-russia-e-china-sobre-embargo-carne-brasileira.

美国提出的要求,因为一旦违背其意愿,后者就会利用世贸组织的条款,对他们施加经济制裁以及其他惩罚性措施。① 这些举措不仅会影响中国,也会波及所有与之有贸易往来的国家,甚至会扰乱全球价值链,导致世界经济增速放缓。对于任何一方,甚至包括美国在内,其恶劣影响都不言而喻。

本文旨在分析上述国际格局的成因。除引言之外,本文分为四个部分。第一部分探究近期世界经济全球化进程的演变如何为保护主义的再度抬头以及打着反全球化旗帜的右翼民粹主义领导人的崛起创造条件;第二部分分析中美贸易战的主要趋势;第三部分分析中美贸易战对世界经济和国际贸易关系的潜在影响;第四部分分析中美贸易战对中巴贸易关系的影响。

二 全球化和反全球化

全球化是一个不可逆转的历史潮流,但是,这并不意味着全球化是一个没有任何矛盾冲突的进程,也并不意味着它不会遭受经济危机、战争等重大事件的冲击。这些事件被比作"黑天鹅"(难以预测且不同寻常的事件)和"灰犀牛"(已有苗头却常被忽略的风险)。②

21世纪初特别是2001年中国加入世贸组织(WTO)以来,通过全球价值链的延长和外商直接投资(FDI),世界经济全球化进程加快,给民众、企业、地方乃至国家带来了挑战和机遇。降低货物运输成本的集装箱式运输、新信息技术以及互联网使企业得以在全球网络中开展业务。全球价值链的形成旨在降低企业生产成本,获取新技术并占领全球市场。同时,信息通信革命使企业可以把工厂转移到劳动力成本低廉可控的国家。③

---

① Chen, S., "Poison Pill Terms will Kill Fair Trade," *China Daily*, Outubro 25, 2018.
② Chen, S., "China's Diplomacy will Chart a New Course," *China Daily*, Janeiro 30, 2019.
③ Milanovic, B., *Global Inequality: A New Approach por the Age of Globalization*, Belknap Press, 2016.

1994年世贸组织的建立加速了全球化进程。世贸组织有关降低工业制成品进口税、贸易便利化、促进外国投资和知识产权保护的各项协定的签署，促进了世界贸易和外商直接投资的发展。1990~2018年，世界贸易占全球GDP的比重从39%增至58%①。

资本主义在自由竞争的过程中逐渐形成了两大目标：鼓励技术创新和降低生产成本。特别是装配领域的大型企业，会把劳动力最为密集的生产环节迁移到劳动力成本更为低廉的国家，在其总部只保留附加值较大的业务，比如新产品的研发和市场营销。

这一举动使许多发展中国家受益，特别是那些拥有低廉且接受过良好教育的劳动力充足的国家，比如中国。近几年，研发业务也被转移到一些拥有良好的科研体系架构并且能够提供优质劳动力的发展中国家。例如，IBM公司在中国、印度、非洲和巴西设有研究中心。② 2017年，苹果公司宣布将向中国上海和苏州的两大研发中心投入超过35亿元人民币的资金。"此举旨在趁着科技产业在中国蓬勃发展的契机，吸引附近高校的学生和毕业生资源，并优化公司在所在国的生产与供应链。"③

1980年，全球GDP为13.2万亿美元，其中发达国家的GDP为8.4万亿美元，占全球GDP的64%，而发展中国家为4.8亿美元，占36%。④ 随着时间的推移，双方占比的差距不断缩小。从2008年起，情况甚至发生了

---

① The Economist, "Briefing: Slowbalization, The Global List, Globalization has Faltered and is Now Being Reshaped," Janeiro 26, 2019.

② Mello, U., "Pesquisa em países emergentes: uma transformação socioeconômica," *Harvard Business Review*, Fevereiro 3, 2016, https://hbrbr.uol.com.br/pesquisa-em-paises-emergentes-uma-transformacao-socioeconomica/.

③ Santana, B., "Apple investirá mais de R $1,5 bilhão em dois novos centros de Pesquisa & Desenvolvimento na China," *MacMagazine*, Março 17, 2017, https://macmagazine.uol.com.br/2017/03/17/apple-investira-mais-de-r15-bilhao-em-dois-novos-centros-de-pesquisa-desenvolvimento-na-china/.

④ Alves, J. E. D., "PIB: Países em desenvolvimento ultrapassam os países ricos por larga margem," *Ecodebate*, Outubro 27, 2017, https://www.ecodebate.com.br/2017/10/27/pib-paises-em-desenvolvimento-ultrapassam-os-paises-ricos-por-larga-margem-artigo-de-jose-eustaquio-diniz-alves/.

反转。2016 年，发达国家的 GDP 为 50 万亿美元（占全球 GDP 的 42%），而发展中国家为 70 万亿美元（占全球 GDP 的 58%）。国际货币基金组织（IMF）指出，到 2022 年，全球 GDP 总值将达到 168 万亿美元，其中发达国家为 63 万亿美元（占全球 GDP 的 37.7%），发展中国家为 105 万亿美元（占全球 GDP 的 62.3%）。[1]

随着主要新兴经济体特别是金砖五国在全球经济地位的提高，其国际影响力以及在全球治理机构中的代表性也逐渐增强。发展中国家第一次在世贸组织、国际货币基金组织、世界银行等全球治理机构中摆脱了配角的地位，他们捍卫自身的权益，要求这些机构根据崭新的全球现状进行改变，并且独立自主地组建新的国际机构，如金砖国家组织、上海合作组织、亚洲基础设施投资银行（AIIB）和金砖国家新开发银行（NDB）。

在发展中国家中，中国拥有十分明确的国家发展计划，知道如何借全球化东风来促进自身的发展。中国的成功案例表明，全球化和民族主义并非水火不容。特别是 2001 年中国加入世贸组织以来，中国经济快速融入了世界经济，这加速了其经济增长，给国内经济打了一剂强心针。1978~2017 年，中国经济年增长率高达 9.5%，远高于同期世界平均水平（2.9%），这使中国 6 亿人脱贫，并且成长为世界第二大经济体。[2]

当然，在全球化过程中有赢家也有输家。一方面，中国在保持三十多年经济快速增长、向发达国家靠拢的过程中，使 6 亿人摆脱了贫困，创造出了拥有超过 3 亿人的庞大中产阶级。另一方面，美国虽然仍是世界经济全球化进程的受益者——这一点从美国企业在全世界的分布以及美国的全球霸主地位可以看出，但是其社会不平等问题却在加剧。但是，这并不能说明全球化是一场零和游戏，一方的胜利并不意味着另一方的失败。

---

[1] Alves, J. E. D., "PIB: Países em desenvolvimento ultrapassam os países ricos por larga margem," *Ecodebate*, Outubro 27, 2017, https://www.ecodebate.com.br/2017/10/27/pib-paises-em-desenvolvimento-ultrapassam-os-paises-ricos-por-larga-margem-artigo-de-jose-eustaquio-diniz-alves/.

[2] Xuejing, M., "Market and Rule of Law Propel Reform," *China Daily*, Janeiro 26, 2019; Xuejing, M., "Global Trade Cycle Sends a Terse Warning," *China Daily*, Fevereiro 11, 2019.

根据塞尔维亚裔美国经济学家布兰科·米兰诺维克（Branko Milanovic）的研究，1988~2008年为"高度全球化"时期，全球经济收益并不是均匀分布的。按照收入等级划分世界人口时，处于全球收入分布中间段的人群（约占世界人口总数的1/5）和最富裕的人群（占世界人口总数的1%）的收入增长最快，增幅约为80%。对于收入分布在前10%~20%的高收入人群来说，他们的收入增长为零，甚至出现负增长。研究发现，根据收入等级分析世界人口地理分布时，那些收入分布在中间段的、从全球化进程中获益的人群（即"新兴中产阶级"）大部分位于亚洲，确切地说，位于中国；而那些收入分布在前10%~20%的失利人群（即"富裕世界的低收入中产阶级"）主要位于美国、欧洲和日本。① 这在一定程度上解释了美国和欧洲低收入中产阶级对于全球化的不满情绪，以及那些发表反全球化言论、把中国当成自身问题主要诱因的右翼民粹政权在选举中的胜利。

然而，我们应该思考，富裕国家中产阶级的损失是否和亚洲（特别是中国）中产阶级的获益有关呢？换句话说，富裕国家中产阶级收入增长的停滞是否是由亚洲中产阶级的成功导致的呢？② 或者更直接地说，是否真像特朗普在许多场合中所说的，中国的发展是以牺牲美国的利益为代价的呢？

这个问题的答案很重要，因为它正是美国挑起对华贸易战的借口。反全球化言论让右翼民粹领导人如美国的特朗普，登上了权力的巅峰。他们整日鼓吹毫无事实根据的荒谬言论，声称中国和其他发展中国家利用了美国的"天真"，盗取了他们的工作和技术。对于其拥趸——全球化反对者而言，贸易不是一个可以使双方受益的简单交换，而是一套国际统治机制，因此，其对中国的敌意随之滋长。

要回答这个问题，我们需要理解与世界经济全球化进程有关的两个独立现象。其一是发达国家和发展中国家收入差距的缩小，其二是每个国家社会

---

① Milanovic, B., *Global Inequality: A New Approach for the Age of Globalization*, Belknap Press, 2016, pp. 11–18.
② Milanovic, B. *Global Inequality: A new approach for the age of Globalization*, Belknap Press, 2016, p. 21.

不平等的加剧或缓解。第一个现象和发展中经济体的巨大潜力有关,他们的经济增速远超发达经济体;第二个现象与各国的内在因素有关,例如自身的发展阶段、生产结构、财富的集中度和公共政策等。

发展中国家的新兴中产阶级收入和就业率的提高,和富裕国家的低收入中产阶级的收入增长停滞和结构性失业之间并没有任何联系,科学技术日益频繁的使用才是结构性失业加剧的主要成因。做着重复性工作的低质量劳动力被机器人所取代,因为它们的价格要低于支付给工人的工资,在发展中国家同样有这个现象。由于20世纪80年代中期颁布了新自由主义政策,发达国家收入分配不平等问题在过去30年不断加剧。"这并不是全球化造成的,也不是中国的过错。相反,这些国家的政府及其所颁布的政策应对此负责。"① 尽管美国在全球化进程中分得了大块蛋糕,但是这块蛋糕在国内并没有被公平地切分。美国不应该为了解决自身问题而发动针对他国的贸易战,这只会使国内问题国际化,使局面愈加复杂。②

当今,反全球化浪潮得到了越来越多的拥护,这是因为2008年金融危机后,世界经济表现欠佳,发达国家经济增速由危机前平均3%~3.5%,下滑至1%~2%,普通工人的收入增长停滞,保护主义势力抬头,美国采取撕毁TPP协定,用代价高昂的《美国-墨西哥-加拿大协定》(USMCA)来替代《北美自由贸易协定》(TLCAN),对中国产品接连加征关税,退出《巴黎协定》和威胁要退出世贸组织等一系列举措,使世界经济形势愈加错综复杂并进一步恶化。③

三 贸易战:美国想从中得到什么?

2018年1月20日,特朗普打响了对华贸易战,对太阳能电池板和洗衣

---

① "New Direction and Motivations for Globalization," *China Daily*, January 29, 2019.
② "New Direction and Motivations for Globalization," *China Daily*, January 29, 2019.
③ Xuejing, M., "Market and Rule of Law Propel Reform," *China Daily*, January 26, 2019; Xuejing, M., "Global Trade Cycle Sends a Terse Warning," *China Daily*, February 11, 2019.

机征收进口关税，最高税率分别为30%和50%。世界感到疑惑：美国到底想在中国身上得到什么？中美贸易战已经重创中美两国经济，世界经济有再度陷入衰退的危险，没有人知道出路何在。

在大选年的前夕，特朗普总统担心贸易战会对美国企业和消费者造成负面影响，试图尽快达成协议。然而其他政府成员，所谓的"强硬派"，担心协议对于中方来说不够强硬并施压要求再次提高关税，希望此举能够迫使中国做出更大的让步。幕后所有人在协商过程中都打着自己的如意算盘，美国总统的立场也显得摇摆不定。

一方面，美国贸易代表罗伯特·莱特希泽（Robert Lighthizer）、白宫贸易助手彼得·纳瓦罗（Peter Navarro）、白宫前战略师史蒂夫·班农（Steve Bannon）和反对自由贸易的保守派人士主张不仅要维持关税，还要进一步提高关税来对中国施压；另一方面，美国财政部部长史蒂文·姆努钦（Steven Mnuchin）赞成自由贸易并支持结束贸易战，而特朗普总统自己也在为达成协议做着努力。事实上，外界对于特朗普总统在此事上的立场存疑。正如施莱辛格所言："一个很重要的问题：他（特朗普）是把关税当成手段还是目的？是为了打开出口市场的大门还是保护国内的进口产业？一直以来，他在不同场合有着不同的表态，它们之间是相互矛盾的。"①

当提到美国含糊不清的贸易政策时，世界重要的民间经贸组织——国际商会秘书长约翰·丹顿（John Denton）表示："中国人不知道他们（美国人）到底想要什么。是的，美国想要改变不利于美国企业在中国投资的制度，也想要改变中国政府支持国有企业的模式。美国是为了减少贸易壁垒还是要求重新定义人工智能？很难说贸易战正在降温。"②

同时，《金融时报》首席经济评论人马丁·沃尔夫（Martin Wolf）观察

---

① Schlesinger, J. M., "As China Talks Resume, Trump Seeks a Win on Trade," *Wall Street Journal*, February 18, 2019.
② Dyniewicz, L., "Os chineses não sabem o que os EUA querem," *O Estado de S. Paulo*, Fevereiro 19, 2019, p. B5.

到:"支持针对中国的'301 条款①'的理由更让人费解。有时这一举措像是为了限制中国对美国的贸易顺差,有时像是为了限制'中国制造2025'计划,有时像是为了制约强制技术的转移。第一个目的很荒谬,第二个并没有商量的余地,第三个看似可行,却难以实现。"②

美国挑起对华贸易战出于多重目的,但是要想通过签署一份长期的全面协议结束贸易战的可能性可谓微乎其微。首先,美国想要制止"中国制造2025"计划等要求是难以实现的;其次,制定一份更加全面的协议所需要的时间要长于美国总统愿意等待的时间。美国经济增速放缓,特朗普面临很大的压力,因而急于签署协议。他急切地需要在贸易战使美国经济遭受更大的损失之前展示出一定的积极成果。

美国农民阶层,也是特朗普总统的重要支持者,在贸易战中损失最为惨重。由于贸易战,破产潮正席卷美国农业区。"覆盖美国最大农业州的三个地区的破产企业数量升至10年来最高水平。"③ 2018 年,伊利诺伊州、印第安纳州和威斯康星州的破产企业数量较 2008 年翻了一番。北达科他州和阿肯色州的破产企业数量增长了 96%,而堪萨斯州的破产企业数量在过去十年里增长了 59%。④

破产企业数量猛增的主要原因在于,为了应对美国对中国出口产品加征关税,中国宣布对从美国进口的大豆征收 25% 的关税。2017 年,美国出口的大豆中 60% 销往中国,如今滞销导致库存积压,价格下跌。2019 年底,大豆的累计库存量预计达到约 3700 万吨。特朗普总统也承认美国农业遭受

---

① 作者提到了美国《1974 年贸易法》的第 301 条。该条款经美国贸易代表办公室(该机构类似于巴西的对外贸易部)授权,旨在对那些美国认为采取了不公平的商业实践的国家进行报复。20 世纪 80 年代,其曾被用于报复巴西出台的信息技术政策。自从美国和中国加入了世贸组织,该条款就不该被使用,因为世贸组织争端解决机构肩负仲裁这类问题的职责。美国重新启动该机制,可谓给世贸组织的可靠性带来沉重打击。
② Wolf, M., "Trump cria caos com suas tarifas," *Valor Econômico*, Julho 11, 2018.
③ Newman, J. e Bunge, J., "Wave of Bankruptcies Hits Farm Country," *Wall Street Journal*, February 6, 2019.
④ Newman, J. e Bunge, J., "Wave of Bankruptcies Hits Farm Country," *Wall Street Journal*, February 6, 2019.

损失将是长期的，因为"中国将会因此加大对巴西农业基础设施的投资以便可以永久性地减少对美国农业的依赖"。①

中美贸易战对美国的负面影响不仅限于农业领域，对制造业也产生了消极影响。越来越多的美国工业企业发现，它们在中国的销售额下滑的同时，也面临美国国内需求表现疲软的问题。美国工业企业在中国销售额的减少，导致企业的营业额和利润额都在下降。对于许多美国制造业企业来说，中国是一个很重要的市场，贸易摩擦造成的中国经济增长降速对其收支平衡同样产生了负面影响。卡特彼勒（施工设备）、3M、苹果和Nvidia（电脑芯片）、The Reading（堆垛机用蓄电池）、惠而浦（家用电器）等美国大型企业以及富士康、SK海力士半导体（韩国芯片制造商）、尼德克（苹果公司的日本供应商）等美国在其他国家或地区的供应商都表示它们的营业额和利润额下滑明显。②

中美贸易战不仅损害了中美两国经济，也使整个世界经济体系受损。所有国家，包括那些没有被直接卷入争端的国家都被牵涉其中。贸易战唯一的出路是尽快结束，因为它根本不能解决美国对中国的贸易逆差问题。正如苏亚雷斯所观察到的："通过2018年采取的措施，减少2000亿美元贸易赤字的初步目标并没有达成。恰恰相反，去年，美国不论是贸易流量（超过6500亿美元）还是贸易赤字（超过4000亿美元）均创下新高，中美贸易额以及中国对美国的出口额从来都没有这么多。"③

苏亚雷斯表示，加征关税没有减少美国贸易赤字的原因在于2018年中国货币贬值了7.5%，这几乎抵消了加征10%关税带来的影响。此外，许多

---

① "Soysources," *The Economist*, February 23, 2019.
② Hornby, L. e Giles, C., "Desaceleração da China nubla cenário de multinacionais," *Valor Econômico*, January 14, 2019; Hufford, A., "Caterpillar's Profit Outlook Dims as China Slows and Costs Bite," *Wall Street Journal*, January 28, 2019; Hufford, A. e Francis, T., "How Bad is the China Slowdown? U. S. Companies Offer Some Answers," *Wall Street Journal*, February 11, 2019; Yap, C. e Boston, W., "China Slowdown Hits Growth Around the Globe," *Wall Street Journal*, January 31, 2019.
③ Soares, A., "Um ano de guerra comercial," *Valor Econômico*, February 8, 2019.

美国公司决定不将加征的关税转嫁给消费者,并决定提前从中国进口商品。
"他们担心两国之间若不能达成协议,关税会提高10%~25%。"①

  在谈判桌上的所有问题中,减少贸易赤字是最常被提及的。在中美贸易谈判中,中方提出了很多方案,包括增加美国农产品以及制成品进口。2017年,中国从美国进口的农产品总额达242亿美元,其中油籽进口占60%,肉类、棉花、谷物和海鲜占余下的40%。2018年,从美国进口的农产品总额下降至160亿美元。2019年初,美国媒体表示,中国提议每年增加300亿美元美国农产品的进口,包括大豆、玉米和小麦。② 美国农业部部长在推特上表示,中国承诺将再采购1000万吨美国大豆。③ 美国总统也在推特上庆祝:"如果和中国达成协议,伟大的美国农民将得到比以往更好的待遇。"④ 英国《金融时报》对此评价道:"中国可以很容易地通过购买大豆以及波音公司的飞机和芯片来解决财政收支平衡问题。但是,北京方面有着更大的目标,从政治层面而言,习近平主席是不可能做出让步妥协的。"⑤

  美国对中国的贸易逆差问题可能还不算棘手。毕竟,如果美国通过加大美元印刷量的方式来支付进口产品的话,其应对贸易逆差的融资并不困难。如果美国真的想减少其贸易逆差,增加一点国内储蓄就可以了。"解决贸易收支平衡对于特朗普而言只是暂时的消遣,真正的摩擦源于中国在科技领域和区域内的目标与美国想要继续保持其科技霸主地位的执念之间的矛盾。"⑥

  中国一直以来都在尽可能地为民营企业和外资企业创造更加友好的营商

---

① Soares, A., "Um ano de guerra comercial," *Valor Econômico*, Fevereiro 8, 2019.
② Shuping, N., Yang, S. e Almeida, I., "China propõe comprar dos EUA mais US $30 bi em produtos agrícolas," *Valor Econômico*, Janeiro 22, 2019.
③ Sá, N., "China oferece comprar dos EUA o que hoje compra do Brasil," *Folha de S. Paulo*, Fevereiro 27, 2019.
④ Sá, N., "China oferece comprar dos EUA o que hoje compra do Brasil," *Folha de S. Paulo*, Fevereiro 27, 2019.
⑤ Financial Times, "Negociação EUA – China dever apenas uma trégua," *Valor Econômico*, Fevereiro 27, 2019.
⑥ Financial Times, "Negociação EUA – China dever apenas uma trégua," *Valor Econômico*, Fevereiro 27, 2019.

环境。中国政府意识到外资对于促进其经济发展以及推进改革起着积极作用，所以中国政府一直在采取措施，为外国企业进入中国市场提供便利，这其实与美国政府提出的要求无关。作为推进其改革的一部分，中国缩减了外商投资准入负面清单，清单长度由63条减至48条，并取消了许多行业准入限制。截至2018年9月，有95万家外国企业在华注册，投资额超过20万亿美元。① 为了进一步为外国企业进入中国市场提供便利、吸引更多的外资、保护外国投资者的权益并进一步优化营商环境，中国正在推动实行"外资三法"（中外合资企业、中外合作企业和外商独资企业）合一。

如果只是贸易问题，那么中国已做出的让步及其长期以来为外国企业（特别是美国企业）进一步开放市场所采取的措施足以结束这场本不该发生的贸易战，但是很显然，美国并不满足于此，其担心的也不仅仅是贸易赤字问题。美国政府以及美国科技公司最大的担忧在于，中国在高科技领域的快速追赶将使其面临失去霸主地位的危险。这些公司一方面要面临因为关税问题，其在中国市场的利润和收入的下降；另一方面又向特朗普政府施压，迫使政府为难那些在科技领域发展迅猛的中国企业。

没有什么能比中国对美国主导的世界秩序产生威胁更令（美国）各党派政治精英们担忧的了。甚至那些在过去几十年间通过将生产外包到中国而获益的美国公司，现在也暗中支持特朗普，希望他能够解决美国公司在与这个亚洲国家做生意时面临的困难。②

我们认为，中美之间即使在不久的将来签署结束贸易战的协议，该协议几乎不可能有长期效力，也不可能促使中美双方为共同目标而并肩协作。美国的精英们从未想过要为了促进世界和平与世界经济的繁荣而与中国携手并进。正因为如此，不管现阶段的谈判结果如何，中国和其他发展中国家若想保持发展之路畅通，需要加强彼此之间的合作，减少对美国的依赖。

---

① Xinhua, "China Focus: China Mulls Unified Foreign Investment Law," December 23, 2018.
② Financial Times, "Negociação EUA – China dever apenas uma trégua," *Valor Econômico*, Fevereiro 27, 2019.

四 贸易战过后，世界又将如何？

在美国经济增长降速以及中美贸易战导致的国际市场不稳定的背景下，特朗普正面临与中国达成协议结束贸易战的压力。如果说这场由美国挑起的贸易战正如特朗普所期待的那样，已经给中国经济和中国企业造成了严重的损失的话，那么，这场贸易战给美国经济和整个世界经济造成的损失可能会更大。主要经济指标显示，2018年美国经济降温，中断了连续两年经济强势增长的势头。2018年10~12月，美国GDP增长了2.6%，远低于第二季度的4.2%和第三季度的3.4%。美联储（FED）的预测表明，2019年美国的GDP将增长2.3%，2020年为2.0%，2021为1.8%。

即使中美贸易战结束，其给国际贸易体系带来的损失以及其对中国和包括巴西在内的其他发展中国家带来的严重后果将是长期的。数据表明，2018年，美国为了增加其贸易平衡所做的努力，正越来越多地扰乱全球贸易体系，并影响近几十年来美国公司建立的跨境生产线。[①]

特朗普的行事风格我行我素，他不仅对中国经济"开炮"，甚至还攻击自己的盟友，如加拿大、墨西哥、日本、欧盟等。此外，特朗普还违反了多边贸易体系规则，影响了世贸组织的信誉。如果世贸组织想保持其在全球贸易治理中的主体地位，那么就不得不重塑信誉。美国除了企图阻碍中国前进外，还想重新书写国际贸易规则，以便可以随意惩罚那些不满足其要求的国家。

全球价值链紊乱是中美贸易战造成的主要影响之一。即使中美贸易战结束，相关国家和企业也需要重新组织其全球供应链网络，缩短其供应链并寻求更为可靠的贸易伙伴，因为没有谁能保证争端日后不会被重新点燃。香港贸易发展局研究室主任路易斯·陈（Louis Chan）强调，华盛顿挑起的争端

---

① Hannon, P. e Zumbrun, J., "World Trade Slowed at End of 2018," *Wall Street Journal*, February 25, 2019.

将威胁新兴市场,比如"南南合作"。路易斯·陈表示,"如果你发现你的供应链合作伙伴不够可靠,政策说变就变,那么你必定想要寻找更为可靠的合作伙伴"。①

在亚洲,签订区域性自由贸易协定已成为一种潮流,相关国家对于"一带一路"等倡议的重视程度也越来越高。金砖国家和中拉论坛等"南南合作"机制的重要性也逐步凸显。

尽管全球化仍是不可阻挡的历史进程,但目前很可能会放慢步伐,因为企业的全球价值链缩短,相关国家需要加强在其战略投入上的自给自足。正是在此大背景下,我们需要考虑如何促进中巴经贸关系的发展。

五 中美贸易战后的中巴贸易合作

回顾2018年,从数据上我们可以判断,中美贸易战给巴西带来了积极影响,巴西从两国关税战导致的贸易转向中获益。由于中国对美国的农产品加征关税,巴西加大了对中国的农产品出口。同时,由于美国对中国产品加征关税,巴西对美国的出口量也随之增加。

通过表1,我们可以观察到,2017~2018年,巴西对中国出口量的增加较为明显,从2017年的475亿美元增至2019年的642亿美元,增幅为35%。其中,绝大部分的出口增加得益于大豆出口的增加。2017~2018年,巴西对中国的大豆出口量从5.38亿吨增至6.88亿吨,出口额从203亿美元增至273亿美元。换句话说,得益于中美贸易战,巴西对中国的大豆出口量增长了1.5亿吨,给巴西增加了70亿美元的收入。在过去十年间,进入中国市场的大豆,其中38%来自美国,34%来自巴西,但是2018年,中国海关总署公布的数据显示,57%来自巴西。②

---

① Duarte, L. "Como a guerra comercial entre EUA e China pode afetar o Brasil," *BBC Brasil*, July 7, 2018, https://www.bbc.com/portuguese/brasil-44745494.
② Duarte, L., "Como a guerra comercial entre EUA e China pode afetar o Brasil," *BBC Brasil*, July 7, 2018, https://www.bbc.com/portuguese/brasil-44745494.

表1 巴西对中国的出口情况（2003~2018年）

单位：美元（离岸价）

年份	金额	年份	金额
2003	4531201183	2011	44304607898
2004	5438637977	2012	41225811420
2005	6826877207	2013	46023192076
2006	8398203752	2014	40611876675
2007	10776728025	2015	35549534578
2008	16519994032	2016	35133314867
2009	20994919787	2017	47488449966
2010	30747553704	2018	64205647058

资料来源：MDIC。

除了巴西对中国出口量（特别是大豆）的增加，由于中国商品关税的提高，巴西对美国的出口量（这些出口产品原先是从中国出口至美国）也增加了。从表2中我们可以看出，2017~2018年，巴西对美国的出口额从269亿美元增至288亿美元，增幅为7.1%。

表2 巴西对美国的出口情况（2003~2018年）

单位：美元（离岸价）

年份	金额	年份	金额
2003	16678452935	2011	25797294186
2004	20003034691	2012	26646495942
2005	22644616731	2013	24645915577
2006	24507725211	2014	27023934518
2007	25054317779	2015	24058509554
2008	27410991626	2016	23155738824
2009	15599048862	2017	26872631189
2010	19300906943	2018	28774085275

资料来源：MDIC。

事实上，巴西对中国和美国的出口在其他方面并没有增加，且特朗普的贸易保护主义政策同样影响了巴西钢和铝产品对美的出口。此外，2018年中国经济增速出现了轻微下滑。我们可以得出这样的结论：巴西对中美两国出口额的增长（增长额为80亿美元）主要得益于中美贸易战所引发的贸易转向。

联合国贸易和发展会议（UNCTAD）近期的一项研究表明，中美贸易战导致的贸易转向可能为巴西带来105亿美元的潜在收益。其中，巴西对美国出口额可能将增长85亿美元，主要是机器设备和金属的出口。这些产品原先从中国进口，如果美国加征25%的关税，那么中国将无法继续在美国售卖这些产品了。此外，巴西对中国的出口额将可能增长20亿美元，主要是农产品出口。目前，巴西农产品对中国的出口量较少。

聚集了巴西各行业的巴西全国工业联合会（CNI）也得出了相似的估值。2018年7月的一项研究显示，当美国宣布对中国的1102种产品加征25%的关税（出口额总计500亿美元）且中国宣布对美国的545种产品加征25%的关税（总计340亿美元）时，巴西全国工业联合会预测中美贸易战将使巴西对这两个国家的出口额增长74亿美元。研究预测，巴西对中国的出口额将增加64亿美元。①

然而，我们需要强调的是，对于巴西而言，这些短期收益弥补不了长期所遭受的损失。主要基于以下四个方面的原因。

第一，如果中美贸易战持续下去，世界经济增长将会降速，巴西和其他国家将会遭受损失。长期而言，将不会有赢家。"世贸组织发布的全球贸易景气指数（WTOI）表明，全球贸易走势不容乐观。该指数旨在提供有关国际贸易趋势的实时信息。"② 报告显示，国际贸易未来发展将迎来2010年以来的最低水平。由于中美之间的紧张局面，2019年上半年国际贸易增长将

---

① Mello, U., " Pesquisa em países emergentes: uma transformação socioeconômica," *Harvard Business Review*, February 3, 2016, https://hbrbr.uol.com.br/pesquisa – em – paises – emergentes – uma – transformacao – socioeconomica/.

② Moreira, A., " País pode ganhar US $10, 5 bi com guerra EUA – China, diz Unctad," *Valor Econômico*, February 5, 2019; Moreira, A., " OMC: Perspectiva para o comércio global permanecer negativa no 1° trimestre," *Valor Econômico*, February 19, 2019.

继续降速。

第二,中美贸易战的延续可能会造成保护主义日益升级,使占巴西65%出口额的大宗商品的价格走低(见表3)。许多国家担心对外出口会流向保护程度较低的市场,因此正在考虑设置贸易保护壁垒,以保护自己的国内市场。这些对巴西产品出口而言,最终将造成消极影响。

表3 2018年巴西各种类产品出口情况

产品类别	离岸价(美元)	占比(%)
半成品	155985242730	65.024
燃料和润滑剂	31352378821	13.070
消费品	31266720665	13.034
资本货物	21171369270	8.825
其他商品	113458720	0.047
总计	239889170206	100.000

资料来源:MDIC。

第三,某些商品出口量的增长给巴西带来的收益可能弥补不了巴西在其他方面的损失。巴西是猪肉、鸡肉出口大国,这两类产品的生产依赖于国内饲料用大豆。随着中国对美国大豆加征关税,进口商们不得不加价购买巴西大豆,这使巴西企业发现通过售卖未加工的谷物可以获得更大的收益,因此停止了麦麸和动物饲料的生产。此举不仅会提高饲料价格,降低巴西肉类出口企业的竞争力,还会使巴西失去在世界麸皮市场的占有率。换言之,我们会失去附加值更高的产品(肉类和豆麸)的市场,变得越来越依赖附加值较低的产品的生产和销售。

第四,中美贸易战导致的贸易转向一方面使巴西出口商从对中国、对美国的出口中受益,另一方面也给其在其他国家市场的出口带来更大的竞争。因为不论是美国进口商还是中国进口商都在寻找其他国家的市场来解决由于中美加征关税而滞销的产品,此举无疑会给巴西产品出口带来更大的竞争。

巴西黄皮书

六 结语

从对中美贸易战的分析中,我们可以看出,美国并未把中国当成合作伙伴,而是作为应该被打压的敌人。美国贸易谈判代表罗伯特·莱特希泽认为,"中国对美国是一个挑战"。[①] 美国打算将这场和中国之间的贸易战发展到何种程度,我们不得而知,但是可以看出,美国会尽一切可能阻止中国在经济和科技领域挑战它的霸权。中美贸易战对美国经济以及美国企业造成了负面影响,所以未来短时间内双方之间有望达成相关的贸易协议,但是这并不表明双方之间的冲突将会结束,也并不意味着两国会携手并肩同行。

此外,特朗普政府的对外政策也变得明朗。他推行"美国优先"的外交政策,强调经济国家主义、单边主义,拒绝国际主义政策,不允许任何国家损害美国的利益。尽管贸易战针对的主要目标是中国,但是也损害了其盟友的利益,比如说墨西哥、加拿大、欧盟、日本和韩国。美国要求修改世贸组织规则,以便可以随意惩罚敢损害其利益的国家。美国要求对世贸组织的"特殊和差别待遇原则"做出修改,旨在给包括中国在内的所有发展中国家进入美国市场设置障碍。

贸易战的目的之一是把中国挤出全球价值链并且减少跨国公司在中国的投资活动。然而,这样做不仅会影响中国,也会影响所有与中国有经贸往来的国家,比如说亚洲国家和包括巴西在内的拉美国家。近些年来,巴西的经济增长在很大程度上与中国的经济增长有关。如果中国经济出现问题,这将直接影响巴西经济最活跃的部门之一——农产品贸易。

对于中国和巴西等其他发展中国家而言,贸易战是挑战,也是机遇。说是挑战,因为中国和其他发展中国家需要找到解决办法以保持其经济增长,而不是依靠美国;说是机遇,因为这为发展中国家加强合作创造了机会。

[①] Wei, L. e Davis, B., "US., China Close in on Trade Deal," *Wall Street Journal*, March 3, 2019.

对于中巴关系，贸易战同样带来了挑战与机遇。中国面临的短期挑战是如何在不损害其贸易伙伴利益的前提下与美国达成协议。巴西和美国在中国的农产品市场中相互竞争，任何关于增加中国从美国农产品进口的协议都会给巴西造成负面影响。巴西一直以来都是中国可靠的合作伙伴，我们应当继续保持并加强这种可信赖的合作关系。中国很清楚，无论与美国保持良好的关系有多么重要，任何与美国之间达成的协议都不具备长期效力。美国并不把中国当成战略合作伙伴，而是战略竞争对手。反观巴西，尽管考虑到新上台的博索纳罗政府声称"亲美"，但是事实上，作为两个发展中大国，巴西和中国之间的共同之处要远比与美国之间多得多。作为食品和其他原材料的主要供应国，巴西具有重要的战略地位，中国对这些产品的需求会与日俱增。对于巴西而言，中国不仅是重要的出口市场，而且在工业、科技、文化等领域与中国的合作也具有十分重要的战略意义。中国在寻求解决中美利益冲突办法的同时，加强"南南合作"，是中国当下面临的一个重大任务。

附 录
Appendix

Y.18
2018年巴西大事记

缴洁 程晶 刘明*

1月

1日 巴西正式开始实施米歇尔·特梅尔总统于2017年12月29日签署的最低工资标准。

3日 华为巴西分公司同巴西科技、创新及通信部签署了谅解备忘录,双方将在信息科技及电信服务领域进行合作。

8日 巴西透明、监察和审计部以及国家总检察院宣布,2017年有506

---

* 缴洁,法学博士,湖北大学区域与国别研究院、政法与公共管理学院讲师,主要研究方向为巴西和葡萄牙法律;程晶,历史学博士,湖北大学历史文化学院、中华文化发展湖北省协同创新中心副教授,湖北大学巴西研究中心主任;刘明,历史学博士,湖北大学区域和国别研究院、历史文化学院讲师,主要研究方向为巴西历史和中巴关系等。

名联邦公职人员因腐败以及违反公务员法律而被免职。

9日 国际评级机构穆迪（Moody's）发布报告称，巴西是拉丁美洲国家中财政预算最不灵活的国家。

11日 巴西政府公布数据指出，2017年巴西和中国的贸易顺差为670亿美元，与2016年相比增长了40.5%。与中国的贸易是巴西对外贸易保持收支平衡的最主要因素。

22日 国际劳工组织公布了其对全球劳动力市场的预期，其中预计2018年巴西的失业人口数将由2017年的1340万降至1250万，到2019年将降至1200万。

24日 巴西前总统卢拉贪腐案二审在即，卢拉现身为自己辩护。如果被判处有罪，已宣布参加当年总统大选的卢拉将很难继续参选。

巴西总统特梅尔出席在瑞士达沃斯举行的世界经济论坛2018年年会。围绕巴西经济与政治问题，特梅尔指出，巴西在经历了史上最严重的经济衰退后，目前经济取得了进展。

25日 巴西前总统卢拉表示，他接受巴西劳工党的推举，将代表该党参加当年的总统选举。

26日 巴西劳工部公布的数据表明，2017年巴西一共减少了20832个就业岗位。

28日 彭博社援引中国海关总署的数据称，2017年巴西日均向中国出口45.53万桶原油，连续两年超过了委内瑞拉。

30日 第11届巴西"Campus Party"电子竞技大会在圣保罗开幕，参会者包括黑客、软件开发者、玩家和电脑爱好者。

31日 巴西地理统计局公布的数据显示，2017年巴西失业率为12.7%，失业人口数为1223万，创下了2012年以来新高。

尽管巴西前总统卢拉深陷困境，能否参加当年的总统大选仍不能确定，但从民意调查机构Datafolha公布的最新结果来看，巴西民众仍然倾向于选择卢拉。

2月

7日 国际货币基金组织公布了最新的全球经济数据,巴西2018年、2019年两年的经济增长预期分别由此前的1.5%和2%上调至1.9%和2.1%,显示出国际社会正逐渐恢复对巴西经济发展前景的信心。

巴西央行货币委员会宣布将巴西基准利率由7%调整至6.75%,达到了历史最低点。

在整合过去出台的一系列科技创新相关法律框架的基础之上,巴西政府出台了科技创新宏观法律框架(DECRETO N°9.283)。

9日 巴西联邦最高法院法官拒绝了前总统卢拉的人身保护权申请,意味着二审被判刑的卢拉随时有可能被捕入狱。

10日 中国山东科瑞石油装备有限公司中标巴西国家石油公司(Petrobras)天然气加工厂项目。该项目是里约热内卢州炼油和石化联合体项目(Comperj)的一部分。预计双方将在本月内签署合同,合同金额为19亿黑奥。

12日 巴西总统特梅尔表示,巴西政府将采取专门措施应对委内瑞拉难民问题。

16日 面对里约热内卢州治安形势每况愈下的形势,特梅尔总统下令联邦军队干预该州公共安全事务。

22日 巴西物流及仓储议会阵线(Frente Parlamentar de Logística de Transporte e Armazenagem)宣布,2017年中国招商局港口控股有限公司收购了巴西第二大港口巴拉那瓜港口运营商(TCP)90%的股份,目前这一收购已获得巴西国会的审批。

23日 国际评级机构惠誉国际(Ftich)宣布,由于巴西巨大持续的财政赤字、公共债务的不断增长以及巴西在财政体制改革方面的失败,将巴西主权信用评级由"BB"级调低至"BB-"级,比投资级别低了3个级别。

巴西联邦检察院请求高等法院逮捕巴西前奥委会主席卡洛斯·努兹曼。

2017年10月，努兹曼因隐瞒财产的罪名被拘捕，同时他还涉嫌在申办2016年里约奥运会时参与贿选。

25日 2017中国海关公布的数据显示，2018年1月中国从巴西进口了207万吨大豆，同比增长了720%。

27日 巴西国家卫生理事会在巴西利亚召开首届全国卫生监督大会。2000多名与会者在会上讨论了动员全社会参与、全面实施卫生监督的重要性，肯定了统一医疗体系医护人员在卫生监督方面所做出的贡献，并提出了改进国家卫生监督政策的意见。

3月

6日 巴西检方要求法院立即对涉嫌贪腐罪的前总统卢拉执行处罚，让其入狱服刑。此前，巴西法院以腐败罪判决卢拉监禁，随后其辩护人对该判决提出了上诉。

8日 巴西电子商务信息调研公司Ebit表示，预计2018年巴西电商收入将达到535亿黑奥，同比增长12%，预计当年将有6000多万名巴西消费者在网上购物。

9日 巴西地理统计局公布的最新数据显示，2018年2月巴西通胀率为0.32%，创下了2000年以来同期新低。

13日 巴西警方查获了一个利用比特币洗钱的犯罪团伙，这是巴西侦破的首起利用虚拟货币犯罪的案件。

14日 巴西劳动部公布的数据显示，2017年巴西政府共向2.53万名外国人发放了工作许可，包括24294个短期工作许可和1006个长期工作许可。

16日 中国交通建设集团和巴西托雷尔公司共同投资开发建设的圣路易斯港口项目奠基仪式在巴西北部马拉尼昂州首府圣路易斯市举行。该项目是中国在巴西交通基础设施领域的第一个绿地投资项目。该项目建成后，将在一定程度上带动包括马拉尼昂州在内的整个巴西东北部地区经济的发展。同时，中国从巴西进口大豆的运输条件也将得到极大改善。

18日 巴西投资与外贸促进局（Apex–Brasil）同香港投资推广署签署了合作协议，旨在促进两家机构之间的投资信息交流，推动香港在巴西的投资。

第八届世界水论坛暨世界水展于18~23日在巴西首都巴西利亚举行。论坛主题为"分享水资源，共享水智慧"。来自15个国家的首脑、300多个城市的市长、科学家和环保人士共4万多人参加了本届世界水论坛。巴西总统特梅尔出席了开幕式并致辞。由中国水利部组织的多家企业和机构以"中国水利"的形象亮相本届世界水论坛。

25日 2018气候变化表现指数（Climate Change Performance Index）排名出炉，巴西在全球60个国家中排第19位，是"中等表现"分档中的第一位。全球气候变化表现指数由致力于环境问题研究的国际组织德国观察（Germanwatch）、国际气候行动组织（Climate Action International）以及新气候研究所（New Climate Institute）联合编制，对全球60个主要碳排放经济体在控制大气污染方面所做出的努力进行评估和排名。

29日 特梅尔总统的四名密友因涉案被临时逮捕。

4月

2日 吉贝尔托·奥基（Gilberto Occhi）就任巴西卫生部部长。他表示，将继续扩大统一医疗体系的覆盖面，让更多巴西民众享受公共医疗服务。

5日 巴西联邦最高法院以6比5的投票结果驳回了针对前总统卢拉的人身保护令申请，批准卢拉入狱服刑。

8日 巴西外交部近日公布的调查数据表明，目前有300多万名巴西人在国外工作生活，以北美、欧洲以及其他南美国家为主。其中，居住在美国的巴西人数量达到了140万。

15日 市场咨询公司益普索（Ipsos）公布了在巴西最具影响力的品牌排名，榜单前10名中有6家为科技企业，谷歌（Google）排在第一位。

20日 巴西劳工部公布的数据显示，2018年3月巴西新增正规就业岗位5.6万个，为巴西就业市场5年来同期最佳表现。

23日 巴西第五届医疗卫生论坛在圣保罗举行。与会的医学专家肯定了统一医疗体系建立30年来所取得的成就，并指出其面临的挑战，提出了许多对策和建议。

26日 巴西国家石油、天然气及生物燃料局（ANP）局长德希奥·奥多内（Décio Oddone）表示，石油生产给巴西政府带来的税收将在未来十年增长200%，到2027年达到1000亿雷亚尔。

巴西地理统计局公布的数据显示，2017年，巴西黑人数量为1780万，同比增长了6%；白人数量为9037.9万，同比下降了0.6%；棕色人种数量为9690万人，同比增长了1%。

29日 巴西民航局近日公布的数据显示，巴西民航业2018年第一季度与上年同期相比，多运送了200多万人次游客及3850万吨货物。2018年前三个月，巴西航空业的客运量与上年同期相比增长了3.71%，增长了近200万人次。

30日 巴西政府宣布，从7月起将巴西家庭补助金计划（Bolsa Família）中的补助金额提高5.67%。2017年共有950万户巴西家庭领取了补助金，占巴西家庭总数量的13.7%。

5月

2日 瑞典斯德哥尔摩国际和平研究所（SIPRI）公布的数据显示，2017年巴西军费支出为293亿美元，同比增长了6.3%，是2010年以来的最高值。

3日 巴西地理统计局公布的数据显示，2018年第一季度，巴西工业产值同比增长3.1%，创2010年以来同期新高。

4日 巴西空军将233名委内瑞拉难民从巴西北部的罗赖马州转移至亚马孙州和圣保罗州。这次转移是巴西联邦政府和联合国难民署共同推进的难

民本土化进程的第二阶段。

7日 巴西汽车生产商协会（Anfavea）公布的数据显示，4月巴西汽车产量为26.61万辆，同比增长了40.4%。

10日 巴西联邦最高法院以远程投票的形式，驳回了前总统卢拉辩护团队提出的关于卢拉出狱的申请。

21日 为了抗议燃料价格暴涨，巴西全国卡车司机从21日开始举行大罢工，以卡车占领交通要道，阻碍人车往来。

22日 巴西现任总统特梅尔宣布，放弃参加当年的总统大选，财政部前部长恩里克·梅雷莱斯将成为特梅尔所在的民主运动党的候选人。

29日 巴西卡车司机罢工进入第9天，造成全国物资缺乏，零售业、交通业损失巨大。巴西政府做出了让步，将每升柴油价格下调了0.46黑奥，并将持续60天的时间。

巴西总统特梅尔在圣保罗"2018巴西投资论坛"开幕式上表示，巴西经济已恢复增长，未来政府将致力于改善投资环境。

30日 最近巴西卷入了罢工浪潮之中，一周前卡车司机罢工风波尚未平息，石油工人也开始了长达72小时的罢工，炼油厂和钻井平台因此暂停运作。

31日 巴西卡车司机罢工基本结束。此次卡车司机大罢工至少造成巴西直接经济损失750亿雷亚尔（约合200亿美元）。

6月

4日 卡车司机罢工后，巴西金融机构下调了2018年的经济增长预期，同时上调了通胀率预期。

巴西国家石油、天然气和生物燃料局公布的数据显示，2018年4月巴西盐下层油气产量创新高，日产量为178.5万桶油当量，较3月增长2.3%。

5日 联邦议员博索纳罗在总统大选意向投票第一轮中的支持率在21%~25%，排在第一位；排在第二位的是巴西前一体化部部长西罗·戈麦斯（Ciro Gomes），支持率为12%。

12日 巴西地理统计局发布了对2018年巴西粮食产量的第五次预期，预计2018年巴西谷物、豆类、油料作物的产量为2.281亿吨，和2017年的2.406亿吨相比下降5.2%。

14日 巴西地理统计局发布的数据显示，得益于交通运输业的推动，2018年4月巴西服务业同比增长2.2%，创2015年3月以来新高。

18日 巴西主要股指Ibovespa一度出现大幅波动，于6月18日跌至10个月以来最低点。

26日 巴西总统特梅尔在总统府签署"中国移民日"法令，正式将每年的8月15日设立为"中国移民日"。

7月

2日 巴西国家电力局（Aneel）近日公布的数据表明，2013年至今，巴西微型发电厂数量由23个增至3.1万个，太阳能微型发电项目在巴西发展迅速。

3日 巴西工业、外贸和服务部公布的数据显示，2018年上半年巴西贸易顺差为300.55亿美元。

4日 巴西国家石油公司宣布，该公司已经与中国石油天然气集团公司的子公司——中国石油国际事业有限公司签署了合作意向书。

8日 位于巴西阿雷格里港的联邦第四地区法院最高法官汤普森·弗洛雷斯做出裁决，暂停联邦法官罗热里奥·法夫雷托颁发的针对前总统卢拉的释放令，继续将卢拉关押在监狱。

10日 巴西规划、预算和管理部近日发布的报告显示，2018年上半年中国对巴西累计投资金额及投资项目数量与2018年同期相比均有大幅增长。报告称，上半年中国对巴西累计投资金额为15.4亿美元，比2018年同期的5.89亿美元增长161%。

11日 巴西罗赖马州联邦警察局公布的数据显示，2018年上半年，在该州寻求避难的委内瑞拉难民人数已超过16000人，比2017年同期增长20%以上。

12日 巴西地理统计局发布的最新数据显示，受卡车司机罢工影响，2018年5月，巴西零售业销售环比下降0.6%。这是2018年以来该国零售业销售首次出现下滑。

16日 国际货币基金组织发布报告，显著下调巴西2018年经济增长预期。国际货币基金组织在当天公布的《世界经济展望》报告更新内容中预测，2018年巴西经济将增长1.8%，比4月的预测低0.5个百分点；2019年巴西经济将增长2.5%，与4月预测一致。

巴西央行发布的最新数据显示，受卡车司机罢工影响，2018年5月，巴西经济活动指数环比下降3.34%，同比下降1.54%，表明该国经济复苏放缓。

19日 巴西国家博物馆研究所（Ibram）近日公布的消息显示，2017年全年巴西博物馆共接待3220万名国内及国际游客，创下有记录以来巴西博物馆接待游客数量的最高纪录。

20日 巴西劳动部公布的数据显示，2018年6月巴西正式工作岗位（持有劳动和社会福利证）减少了661个，这是2018年以来巴西首次出现正式工作岗位减少的情况。

23日 中国驻巴西大使李金章在巴西圣保罗出席"2018年全球农贸论坛"时表示，中巴两国农业互补性强，在全球贸易战阴云笼罩的情况下，中巴农贸合作面临重要机遇。

24日 在举行的首届南共市和太平洋联盟领导人会晤上，特梅尔及其他与会国首脑签署共同宣言及行动计划，以携手应对保护主义、推动自由贸易、加快拉美一体化进程。

25日 巴西司法部国家难民委员会（CONARE）近日指出，过去一年间，受委内瑞拉国家危机及美国移民政策变化的影响，申请移民巴西的外国人总数达到了33866人。数据表明，巴西对移民的吸引力正逐渐增加，尤其是对古巴和委内瑞拉移民来说，到巴西工作是一条非常好的出路。

26日 巴西地理统计局公布了农业普查的初步报告，2017年巴西共有507万个农牧场，总面积超过了3.5亿公顷，占巴西国土面积的41%，和2006年普查时相比增加了5%。

巴西政府与金砖国家新开发银行（NDB）签署协议，确认将于2019年在巴西圣保罗开设首个美洲分支机构，重点帮助基建、物联网等项目进行融资。

中国国家主席习近平在金砖国家领导人约翰内斯堡会晤期间会见巴西总统特梅尔。

27日 巴西财政部国库局公布的数据显示，2018年上半年巴西联邦政府的财政缺口达328.67亿黑奥。

8月

1日 巴西联邦最高选举法院（TSE）的数据显示，2018年巴西总统大选的海外注册选民为500728人，和2014年大选时的354184人相比增长了41.4%。

7日 巴西农业部和巴西农牧业研究公司联合发布的报告预测，受生产力提高等因素的拉动，十年后巴西谷物年产量将超过3亿吨。

8日 巴西地理统计局公布的数据显示，2018年7月，巴西通胀率为0.33%，明显低于上月的1.26%，略高于上年同期的0.24%，表明巴西当前通货膨胀呈现放缓趋势。

9日 巴西总统特梅尔签署法令，规定在巴西执行公路最低运费表。5月巴西卡车司机举行罢工，导致全国物资供应短缺。为了平息罢工，政府承诺下调柴油价格并制定最低运费表。法令规定，考虑到燃料和过路费成本，公路的运费需要和国家陆运交通局（ANTT）制定的标准相同或高于该标准。

14日 巴西地理统计局公布的数据显示，6月巴西服务业环比增长6.6%，为2011年1月以来最大增幅。

15日 巴西众议院巴中议员阵线在巴西利亚众议院举行"中国移民日"庆祝活动。中国驻巴西大使李金章出席并致辞。

16日 巴西反垄断部门经济保护和管理委员会主席亚历山大·巴雷托（Alexandre Barreto）在接受当地媒体采访时称，经济保护和管理委员会（CADE）正考虑是否对安卓（Android）展开反垄断调查，目前正在评估相关事宜，接下来会根据评估结果来确定是否对谷歌展开正式的反垄断调查。

18日 巴西北部罗赖马州警方表示，该州边境城市帕卡赖马当天发生当地居民与委内瑞拉难民冲突事件。

21日 巴西金融市场美元汇率大涨。当天美元对雷亚尔汇率收于4.033，这是自2016年3月以来，雷亚尔首次"破4"。

巴西软件公司协会（Abes）以及全球著名的市场调研公司IDC近日共同进行的调查表明，2017年巴西政府在科技通信领域的投资额达1050亿美元，是拉丁美洲国家中最高的。其中，巴西政府在硬件、软件以及技术性服务等技术领域的投资额达到380亿美元，与上一年相比增长了4.5%。

22日 根据巴西纺织暨服饰产业协会（Abit）资料显示，2018年上半年巴西纺织成衣产业生产较上年同期减少3.8%，纺织暨服饰业零售销售额减少3.5%。

23日 受卡车司机罢工、总统大选不确定性以及中美贸易冲突等因素的影响，国际评级机构穆迪下调了2018年巴西经济的增长预期。穆迪预计2018年巴西GDP将增长1.8%，低于此前预期的2.5%。预计2019年巴西GDP将增长2%，低于上次预期的2.7%。

24日 巴西警方在全国17个州和巴西利亚联邦特区展开大规模的治安整治行动，共出动约6600名警察，持续一天的行动共逮捕1000多名嫌疑人。

28日 巴西总统特梅尔签署政令，派遣军队前往不久前发生暴力冲突的巴西与委内瑞拉边界地区，以确保该地区的法治与秩序。

29日 中国驻巴西大使李金章在使馆举行招待会，隆重庆祝中巴地球资源卫星合作30周年。巴西科技、创新和通信部副部长博尔热斯、航天局局长黑蒙多、国家空间研究院院长高旺等巴西政要、以中国航天科技集团公司副总经理王海波为团长的中国航天代表团、中巴两国科技工程专家等200多人出席。

30日 巴西总统候选人、社会自由党的博索纳罗是巴西总统大选的热门候选人。民调机构Datafolha最新公布的调查显示，博索纳罗的意向投票支持率为19%，仅次于劳工党候选人、前总统卢拉39%的支持率。

31日 巴西瓦加斯基金会（FGV）近日公布的数据表明，巴西电力系统中，参与并购发电、输电、配电和商业化资产的外国企业占到了所有收购项目的95%以上。

9月

1日 巴西高等选举法院通过投票做出裁定，否决了前总统卢拉的总统选举候选人资格。高等选举法院的这一裁定意味着，极具人气的前总统卢拉无法代表劳工党参加10月的总统选举几成定局。卢拉的出局不仅使劳工党大受打击，也使巴西大选变得悬念丛生。

2日 拥有200年历史的巴西国家博物馆发生火灾。由于附近的两个消防栓存在故障，拖延了救火进度。大火于9月3日凌晨2点得到控制，但博物馆已烧成废墟，近2000万件文物被销毁。

4日 巴西地理统计局公布的最新数据显示，2018年7月，巴西工业产值环比下降0.2%，处于2009年5月的水平。其中，计算机设备、电子和光学产品环比下降7.2%，皮革制品、旅行用品和鞋类环比下降5.4%，汽车制造业环比下降4.5%。

5日 咨询机构Urban Systems公布了"2018年智能连接城市"报告，库里提巴成为巴西最智能、连通度最高的城市，而前两年都是圣保罗排在首位。

巴西国家电信局（Anatel）近日表示，其已经开始针对5G网络的开通向民众进行咨询，收集民众的意见。

6日 巴西总统候选人博索纳罗在米纳斯吉纳斯州参加竞选活动时遇刺。

11日 巴西劳工党在库里蒂巴宣布更换该党总统候选人，圣保罗市前市长费尔南多·阿达（Fernando Haddad）将代替前总统卢拉参加总统竞选。

13日 拥有垄断地位的巴西国家石油公司公布，其下属炼油厂出产的汽油批发价格将在9月第二次调升，涨至每公升2.2294雷亚尔，涨幅为1.01%，创历史最高纪录。

15日 由联合国发展计划署公布的人类发展指数排名调查中，巴西连续第三年排在第79位，该项调查总共有189个国家参加。

16日 巴西地理统计局发布的数据显示，7月巴西失业人口数为1290万。

18日 巴西社会经济统计研究中心（Dieese）公布的数据显示，2017年全年巴西共爆发1566起罢工事件，较2016年下降26%。据悉，公务员罢工占了绝大多数，共发生814件，超过私人企业的罢工数量（746件）。

19日 巴西LCA Consultores咨询公司近日公布的数据表明，2001~2015年，进入收入较好的C级和B级阶层的巴西民众人数达到了7380万。巴西应用经济研究所（IPEA）的报告指出，巴西的公共教育是减少就业不平等的最好手段。

26日 为促进巴拉圭与巴西两国贸易交流，第十届巴拉圭-巴西博览会（Expo Paraguay Brasil）9月26~28日在巴拉圭首都亚森松举行，预计签约订单金额达1亿美元。

10月

1日 美国摩根大通银行（J.P. Morgan）资产研究经理近日指出，2016年12月到2018年7月，巴西资本在境外结构性资金投资人数由5800人增至5.6万人，投资人数增长了近9倍，而投资资金金额由46亿黑奥增至180亿黑奥，增长近3倍。

2日 巴西全国汽车销售行工会（Fenabrave）公布，2018年9月巴西新车市场销售量持续增长，共售出21.33万辆私家车、商用车、卡车和公共汽车，较上年同期增长7.1%。

7日 巴西总统大选第一轮投票中，博索纳罗获得46.03%的选票，阿达以29.28%位居第二，两人进入第二轮角逐。

16日 巴西植物油工业协会（Abiove）近日指出，由于中国和美国之间的贸易摩擦仍在继续，美国向中国出口的大豆总量与此前相比出现了大幅下滑，使巴西大豆抓住机会进入中国市场。

巴西卫生部部长吉尔贝托·奥基出席"全国疫苗接种计划"颁布45周年大会。巴西统一医疗体系拥有3.6万个疫苗接种室，每年为3亿多人次接种各种疫苗。

28日 巴西总统选举结果揭晓，社会自由党候选人博索纳罗在第二轮投票中击败了劳工党候选人阿达，当选新一届巴西总统。

11月

5日 博索纳罗新政府近日向巴西最高法庭提交了一份扩大贸易自由化的政府计划。巴西经济学家认为，该计划是短时间内促进巴西经济增长的有效方式之一。

8日 由巴西新总统博索纳罗任命的司法和公共安全部部长塞尔吉奥·莫罗（Sérgio Moro）表示，他们正在制定一系列反腐败和打击有组织犯罪的计划与措施，将修改"反腐十措"并提出新法案。

15日 由于巴西新总统博索纳罗的质疑性言论，古巴政府决定召回在巴西参加"更多医生计划"（PMM）的8000多名古巴医生。巴西国家城市联合会（CNM）表示，此举将会导致2800万巴西人没有卫生医疗援助。

21日 巴西与智利正式签署两国自由贸易协定，在服务贸易、电子商务、电信等17个领域互免关税。巴西是智利在拉丁美洲最大的贸易合作伙伴。该项协定的签署将为双方的贸易交流与合作提供更多便利，对地区经济

一体化尤为重要。

25日 巴西圣保罗州工业联合会（FIESP）近日公布的调查数据显示，有83%的圣保罗工业企业家认为税收是巴西工业企业发展面临的最大障碍，其次（56.7%）是严重的官僚主义。该项调查针对2018年第三季度工业企业发展情况进行，有1000名左右的企业家通过网络参与调查。

27日 巴西政府宣布，受财政预算的限制和政府换届等问题的影响，巴西将撤回承办2019年联合国气候变化大会的申请。此前，巴西是大会的唯一申办国。

30日 金砖国家领导人在G20峰会前夕举行非正式会晤。根据会晤后发布的官方公告，2019年第11届金砖国家峰会将在巴西举办。

12月

1日 中国文化日促"一带一路"活动走进巴西圣保罗州。

3日 世界知识产权组织（WIPO）公布的数据显示，巴西的专利和知识产权机构在76个国家和地区中表现最差，专利生效需要8年的时间。巴西国家工业产权局（INPI）平均需要95个月的时间对一个专利申请进行评估，在中国和欧洲需要22个月，在俄罗斯只需要9个月。巴西申请专利的等待时间甚至要比排在倒数第二位的印度（64个月）要高很多，也高于墨西哥（36个月）。

10日 巴西国家博物馆收到德国政府18万欧元捐款。作为德国政府100万欧元援助项目的一部分，这笔捐款将被用于馆藏文物抢救及博物馆重建。

18日 根据巴西农业部下属的国家商品供应公司（Conab）估计，得益于良好气候，巴西2018/2019年度谷物和油籽产量将达到2.384亿吨，创下历史新纪录。

19日 巴西总检察长拉克尔·道奇起诉总统特梅尔涉嫌受贿和洗钱。这是特梅尔在其任期内第三次遭检方起诉。

20日 巴西农业部下属的国家商品供应公司（Conab）发布的2018/2019年度甘蔗产量第三次调查报告显示，巴西2018/2019年度以甘蔗为原料生产的乙醇总量将创下新纪录。目前，报告统计的乙醇产量已达323亿升，与上年度相比增加18.6%。

24日 巴西总统特梅尔进行了其担任总统期间的最后一次圣诞演讲，他评价了自己担任总统两年来的表现，表示他在任期间批准的改革措施代表了巴西整个国家的变革。

28日 巴西央行公布的数据显示，2018年前11个月巴西联邦、州、市政府的赤字为671.25亿黑奥。尽管赤字数额很高，但是和上年同期相比减少了14.22%，是2015年来同期的最好表现。

Y.19
统计资料

表1 2018年拉丁美洲与加勒比地区民主指数

	总体得分	全球排名	地区排名	选举程序与多元化	政府职能	政治参与	政治文化	公民自由
乌拉圭	8.38	15	1	10.00	8.57	6.11	7.50	9.71
哥斯达黎加	8.07	20	2	9.58	7.50	6.67	7.50	9.12
智利	7.97	23	3	9.58	8.57	4.44	8.13	9.12
特立尼达和多巴哥	7.16	43	4	9.58	7.14	4.44	6.88	8.82
巴拿马	7.05	45	5	9.58	6.79	6.11	5.00	7.94
阿根廷	7.02	47	6	9.17	7.14	5.56	5.00	7.94
牙买加	7.02	47	7	8.75	5.00	6.11	6.88	7.65
苏里南	6.98	49	8	9.17	5.36	6.11	5.00	8.24
巴西	6.97	50	9	9.58	6.43	5.56	5.00	7.65
哥伦比亚	6.96	51	10	9.17	6.79	4.44	5.00	7.94
圭亚那	6.67	54	11	9.17	5.36	6.11	5.63	7.06
秘鲁	6.60	59	12	9.17	5.36	5.56	5.00	7.35
多米尼加	6.54	61	13	9.17	5.71	6.11	4.38	7.35
厄瓜多尔	6.27	68	14	8.75	5.36	5.56	5.00	7.06
巴拉圭	6.24	70	15	8.75	6.43	7.22	4.38	6.18
墨西哥	6.19	71	16	8.33	6.07	5.00	4.38	7.35
萨尔瓦多	5.96	77	17	9.17	4.64	5.56	4.38	6.76
玻利维亚	5.70	83	18	7.50	5.71	3.89	5.00	6.76
洪都拉斯	5.63	85	19	8.50	5.36	4.44	4.38	6.18
危地马拉	5.60	87	20	7.92	4.64	5.00	3.75	7.06
海地	4.91	102	21	5.58	3.29	3.89	5.63	7.06
尼加拉瓜	3.63	122	22	2.27	2.21	2.22	4.38	6.18
委内瑞拉	3.16	134	23	1.67	2.86	6.11	4.38	3.82

资料来源：A report by The Economist Intelligence Unit, "Democracy Index 2018: Me too? Political Participation, Protest and Democracy," https://www.eiu.com/public/topical_report.aspx?campaignid=Democracy2018。

表2 巴西三级政府公共医疗卫生开支统计（2003～2017年）

单位：亿雷亚尔，%

年份	总额	联邦政府		州政府		市政府	
		出资	比重	出资	比重	出资	比重
2003	1210	606	50.1	297	24.5	307	25.4
2004	1388	684	49.3	361	26.0	343	24.7
2005	1509	72.7	48.2	385	25.5	397	26.3
2006	1640	765	46.7	432	26.3	443	27.0
2007	1753	803	45.8	471	26.9	479	27.3
2008	1923	835	43.4	531	27.6	557	29.0
2009	2045	953	46.6	528	25.8	565	27.6
2010	2157	965	44.7	581	26.9	612	28.4
2011	2334	1056	45.3	606	26.0	672	28.8
2012	2450	1109	45.3	621	25.3	721	29.4
2013	2544	1083	42.6	680	26.7	781	30.7
2014	2656	1127	42.4	703	26.5	826	31.1
2015	2623	1130	43.1	681	26.0	812	31.0
2016	2566	1099	42.8	655	25.5	812	31.6
2017	2656	1147	43.2	683	25.7	825	31.1

资料来源：SPO/MS para a despesa federal；SIOPS para as despesas estaduais e municipais，http://www.ipea.gov.br/portal/index.php? option=com_ content&view=article&id=34529。

表3 巴西"医疗公共服务与行动开支"（ASPS）人均统计（2008～2017年）

单位：雷亚尔

年份	联邦政府	州政府	市政府	全年人均支出
2008	440.25	268.18	297.73	1006.16
2009	497.60	265.86	299.05	1062.51
2010	493.41	287.29	324.37	1105.07
2011	548.00	302.64	353.91	1204.55
2012	570.74	308.26	376.73	1255.73
2013	538.76	324.52	394.09	1257.37
2014	555.85	331.86	413.38	1301.09
2015	555.50	317.11	403.12	1270.72
2016	533.27	304.20	399.84	1237.31
2017	552.35	315.93	403.37	1271.65

资料来源：SIOP/SIOPS/MS，根据物价指数（IPCA）调整，http://agenciabrasil.ebc.com.br/saude/noticia/2018-11/brasil-gasta-r-348-por-dia-com-saude-de-cada-habitante-diz-cfm。

表4 巴西研发投入情况（2012~2016年）

年份	2012	2013	2014	2015	2016
研发投入总量（百万雷亚尔*）	54254.6	63748.6	73387.6	80501.8	79228.3
占GDP比例(%)	1.15	1.24	1.27	1.34	1.27
公共投入占R&D比例(%)	54.94	57.7	52.8	52.2	52.3
公共投入占GDP比例(%)	0.62	0.69	0.67	0.70	0.66
联邦政府投入占R&D比例(%)	36.9	40.48	35.53	33.8	33.5
州政府投入占R&D比例(%)	18.04	17.22	17.27	18.4	18.8
企业投入占R&D比例(%)	45.1	42.3	47.2	47.8	47.6
企业投入占GDP比例(%)	0.51	0.51	0.60	0.64	0.60

*2016年1雷亚尔=2元人民币。

资料来源：巴西科技创新通信部网站，https：//www.mctic.gov.br/mctic/export/sites/institucional/indicadores/arquivos/Indicadores_ CTI_ 2018.pdf。

表5 2011~2016年ESI巴西论文表现

学科	影响	Top 1%	Top 10%	国际合作比例(%)
临床医学	0.87	0.96	5.43	28.8
动植物学	0.66	0.44	4.11	26.9
农业科学	0.59	0.44	4.01	14.0
化学	0.64	0.08	3.61	30.2
物理学	1.24	1.70	11.33	55.2
工程学	0.85	0.45	6.99	32.2
社会科学	0.67	0.62	4.07	21.6
生物学与生物化学	0.69	0.38	4.50	32.6
环境生态学	0.89	1.11	7.38	40.3
材料科学	0.60	0.17	3.49	35.0
药理学和毒理学	0.79	0.46	5.10	25.8
神经科学与行为	0.79	0.56	5.56	36.8
分子生物学与遗传学	0.64	0.63	4.07	39.3
数学	0.95	0.54	8.27	46.5
免疫学	0.88	0.87	6.61	44.4
微生物学	0.76	0.58	5.08	37.9

续表

学科	影响	Top 1%	Top 10%	国际合作比例(%)
地球科学	0.82	0.69	5.91	53.0
精神病学心理学	0.91	1.37	7.35	45.6
计算机科学	0.85	0.56	6.88	43.2
空间科学	1.37	2.60	10.93	77.7
经济学	0.58	0.26	4.43	36.0

资料来源：Clarivate Analytics, Research in Brazil, a Report for CAPES by Clarivate Analytics, December 2017。

表6　2013~2017年巴西发明专利情况

单位：件

名称	2013年	2014年	2015年	2016年	2017年
发明专利申请数	30877	30341	30217	28009	25658
本国人发明专利申请数	4955	4657	4640	5199	5480
发明专利授权数	2974	2751	3411	4195	5450
本国人发明专利授权数	384	374	462	528	714
PCT专利申请数	699	670			

资料来源：巴西科技创新通信部网站，https：//www.mctic.gov.br/mctic/export/sites/institucional/indicadores/arquivos/Indicadores_ CTI_ 2018. pdf。

表7　巴西对中国的出口情况（2003~2018年）

单位：美元（离岸价）

年份	金额	年份	金额
2003	4531201183	2011	44304607898
2004	5438637977	2012	41225811420
2005	6826877207	2013	46023192076
2006	8398203752	2014	40611876675
2007	10776728025	2015	35549534578
2008	16519994032	2016	35133314867
2009	20994919787	2017	47488449966
2010	30747553704	2018	64205647058

资料来源：MDIC。

表 8　巴西对美国的出口情况（2003～2008 年）

单位：美元 （离岸价）

年份	金额	年份	金额
2003	16678452935	2011	25797294186
2004	20003034691	2012	26646495942
2005	22644616731	2013	24645915577
2006	24507725211	2014	27023934518
2007	25054317779	2015	24058509554
2008	27410991626	2016	23155738824
2009	15599048862	2017	26872631189
2010	19300906943	2018	28774085275

资料来源：MDIC。

表 9　2018 年巴西各种类产品出口情况

产品类别	离岸价（美元）	占比（%）
半成品	155985242730	65.024
燃料和润滑剂	31352378821	13.070
消费品	31266720665	13.034
资本货物	21171369270	8.825
其他商品	113458720	0.047
总计	239889170206	100.000

资料来源：MDIC。

表 10　2018 年前三季度巴西媒体高热度涉华报道内容及倾向
（前 20，按总热度倒序排序）

内容	倾向
Estação espacial chinesa cai no oceano Pacífico（中国太空站坠入太平洋）	=
China proíbe filme do Ursinho Puff, motivo de piadas com o presidente（《小熊维尼》电影因成为恶搞来源遭禁）	-
Curta exibido antes de 'Os Incríveis 2' se inspira em cultura chinesa（《超人总动员 2》贴片短片灵感源于中国文化）	+
China constrói rodovia de painéis solares（中国将以太阳能电池板铺设道路）	+

统计资料

续表

内容	倾向
'Não havia razão para adiar ordem de prisão', diz Moro em entrevista a TV chinesa(莫罗在接受中国电视台采访时表示"没有理由推迟逮捕令")	=
China bane venda de bíblias na internet e aperta cerco contra cristãos(中国在网络上禁售《圣经》)	-
'Questão impossível' em ensino infantil intriga e gera debate na China(幼儿园"无解难题"在中国引发热议)	=
Moro diz a TV chinesa que não havia razão para adiar ordem de prisão contra Lula: juiz respondeu às críticas sobre a rapidez para expedir o mandado(莫罗对中国电视台称无理由延缓发布对卢拉的逮捕令:法官对针对其快速结束人身保护令的相关批评做出回应)	=
China proíbe filme do Ursinho Puff – motivo de piadas com o presidente(《小熊维尼》电影因成为恶搞来源遭禁)	-
Demolição de templo evangélico na China levanta temor de perseguição a cristãos(中国福音派教堂遭毁引发恐慌)	-
Em amistoso na China, Conca joga mais tempo do que em um ano de Flamengo(孔卡在中国的一场友谊赛中出场时间多于在弗拉门戈一整年的出场时间)	=
Em amistoso na China, Conca joga mais tempo do que em um ano de Flamengo(孔卡在中国的一场友谊赛中出场时间多于在弗拉门戈一整年的出场时间)	=
Fósseis de 'dragão' encontrados na China reescrevem história de linhagem de dinossauro(中国发现"龙"化石,改写恐龙演化历史)	+
China substituirá soja dos EUA por produto do Brasil e outros países, diz executivo(负责人称中国将用巴西及他国产品替代美国大豆)	+
Presente da China, estátua de Marx é erguida na cidade natal do filósofo(中国所赠马克思塑像在哲人故乡矗立)	+
Foto de 'menino congelado' gera campanha de doações contra pobreza na China("冰花男孩"照片引发中国扶贫捐款运动)	+
China para de comprar etanol dos americanos e eleva taxas em mais de 100 outros produtos(中国停止进口美国乙醇汽油并对100余种商品增收关税)	=
Como em episódio da série 'Black Mirror', China vai dar notas a cidadãos("黑镜"真实版:中国将对其公民打分)	-

307

续表

内容	倾向
Mesmo com 2,6 bilhões de axilas, venda de desodorantes fracassa na China(面对26亿腋下,除臭剂在华销售仍遇滑铁卢)	=
China usa óculos de R$2 mil para reconhecer criminosos nas ruas 中国使用价值两千雷亚尔的墨镜辨认街上罪犯	=

注：巴西媒体会对同一条新闻进行重复推送，考虑到发布时间并不相同，此处将重复推送的新闻视作不同新闻分别进行热度统计和排序。

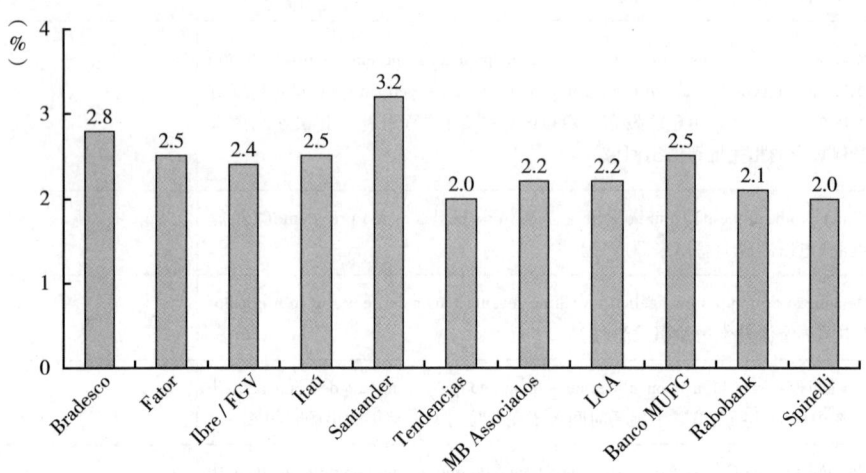

图1　2019年巴西经济增长预期

资料来源：巴西各大银行及咨询公司，"Expectativas de crescimento em 2019"。

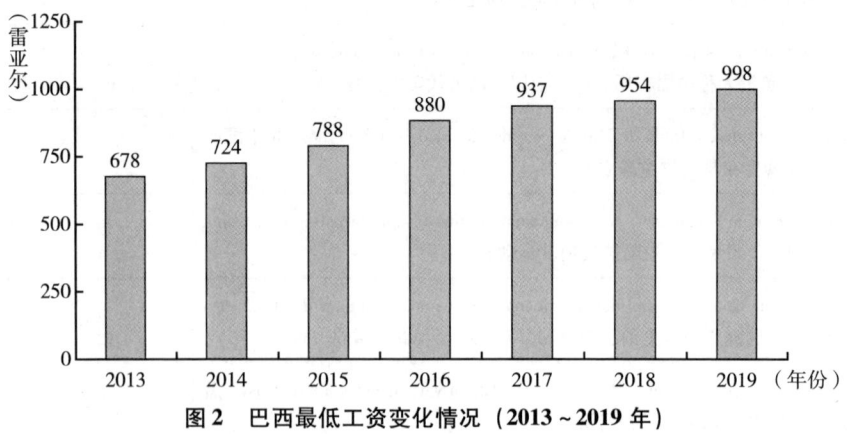

图2　巴西最低工资变化情况（2013～2019年）

资料来源：巴西联邦政府，"Salário mínimo em 2019"。

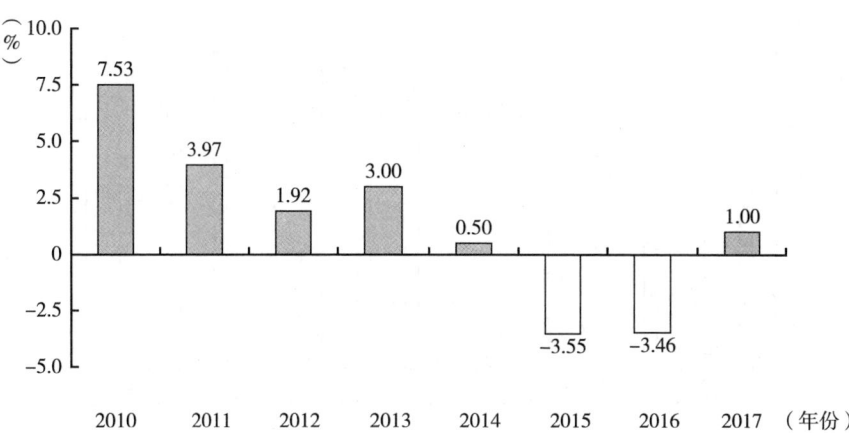

图 3　巴西 GDP 变化情况（2010～2017 年）

资料来源：IBGE，"Taxa de variação real do PIB em %"。

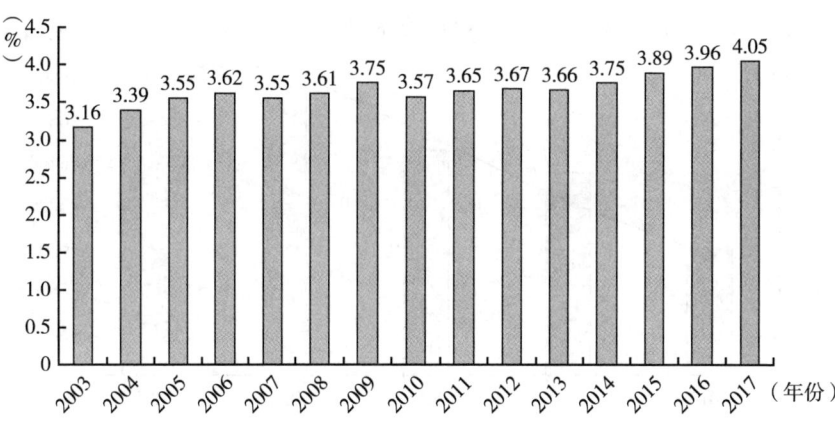

图 4　巴西各级政府公共医疗开支占国内生产总值的比重

资料来源：SPO/MS para a despesa federal；SIOPS para as despesas estaduais e municipais http：//www. ipea. gov. br/portal/index. php？option = com_ content&view = article&id = 34529。

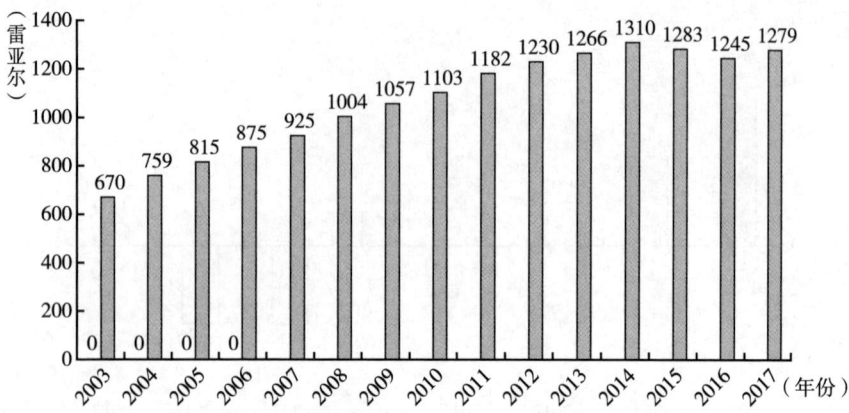

图5　巴西统一医疗体系每年人均医疗开支统计

资料来源：SPO/MS para a despesa federal；SIOPS para as despesas estaduais e municipais，http：//www.ipea.gov.br/portal/index.php?option=com_content&view=article&id=34529。

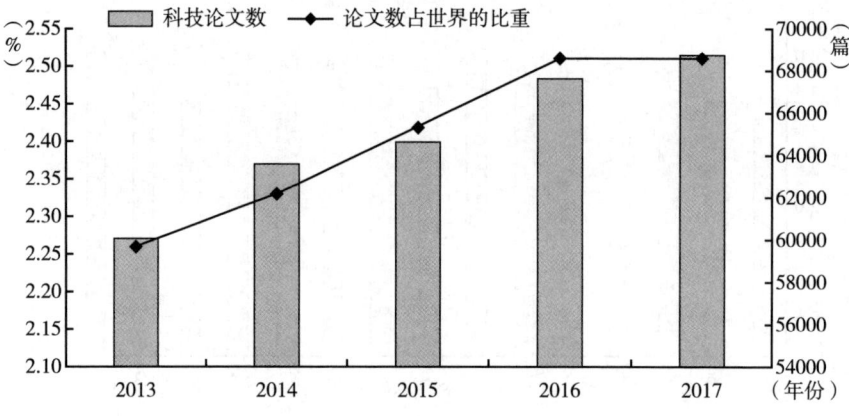

图6　Scopus 索引的巴西论文数量及所占比重

资料来源：Scopus 数据库。

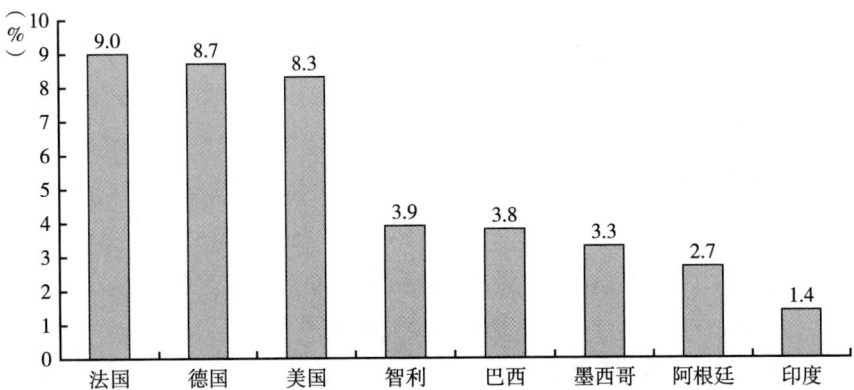

图 7　巴西公共医疗开支与其他国家的比较（2018 年）

资料来源：https://www1.folha.uol.com.br/opiniao/2018/04/a-saude-do-sus.shtml。

Abstract

As an important member of the BRICS countries and a representative of newly-emerging economies, Brazil has attracted much attention from the international community in terms of its development. The year 2017 was a year of hope and change for Brazil: the political tends to be stable with President Temer finally getting rid of the impeachment; the economy shakes off depression and returns to normal growth; the diplomacy constantly adjust with more attention to "balance diplomacy" between the north and south and more emphasis on practicality and feasibility. The comprehensive partnership between China and Brazil go deeper continuously and the strategy integration and industry connection are accelerating.

Stepping into the year 2018, great changes took place in Brazilian domestic and foreign affairs. This year is not only the election year, but also a key year to determine its orientation of development. Temer, from the traditional party ended his tenure with extremely low support while Bolsonaro rose, depending on the idea of anti-tradition and anti-elite, leading the Brazilian party to turn "right" greatly. Since then, Brazil has embarked on the new era of ruling of right wing. The political preference shown by the new government, namely, political populism, economical liberalism, social conservationism, and pro-American policy has brought about great shock to the pattern of traditional Brazilian politics and the domestic and foreign development. So, at the turn of new and old government, a series of questions appear such as whether the politics of Brazil will keep stable; whether the economic revival will be influenced; whether the economic reform can see improvement; whether the stubborn illness : domestic corruption, poverty and the violent crime can be improved; why Bolsonaro, an extremely-right wing party member can rise and become the new president in election; what influence the governance of right wing will have on the domestic and foreign affairs of Brazil

Abstract

and what changes it will bring; what influence the Sino – US trade conflict and the governance of right-wing power have on the development of the relationship between China and Brazil; and how the relationship between China and Brazil will go in the future. Centered on the above core issues and on the basis of the needs of serving Chinese external strategies and meeting the needs of have a better understanding about Brazil for Chinese society, the Brazilian Studies Center of Hubei University has successfully compiled the *Annual Report on Development of Brazil* (*2017 – 2018*) and after that continued to make efforts to invite twenty-three scholars from China and Brazil to contribute to this *Annual Report on Development of Brazil* (*2019*).

This book focuses on the development of both Brazil and China-Brazil relation between 2018 and 2019. It mainly consists of three parts and seventeen theses. Part I, the General Report, presents a comprehensive review on the political, economic, social and diplomatic situation of Brazil in 2018 and 2019. It also provides an analysis and forecast regarding the development of China-Brazil relation. Part II is composed of country-specific reports on Brazil's development, which contains three units: Politics and Diplomacy, Economy and Society, and Humanities, Science and Technology. The scholars from China and Brazil present in-depth interpretations of the general election between 2018 and 2019, the change and orientation of domestic and foreign affairs, the regional integration, the change and development of Brazil – US relationship and Brazilian democratic institution, economic reform, social situation, medical reform, environmental protection and scientific innovation, etc. of Brazil between 2018 and 2019. Part III includes special reports on the development of China-Brazil relation. The scholars from both countries analyze the current situation, future orientation of China-Brazil relation development between 2018 and 2019 from aspects such as the influence of Sino-US trade conflict on the China-Brazil relation, the future prospect of China-Brazil relation since the new governance of Bolsonaro, the China-Brazil cooperation in infrastructure, the China-related reports released by Brazilian mainstream medias and so on.

Keywords: Brazil's Election; Bolsonaro; China-Brazil Relation

Contents

I General Report

Y.1 Assessment of the Development Situation Inside and
Outside Brazil since 2018
　—*Brazil in Change*　　　　　　　　Yang Shouguo, Liu Waner / 001

Abstract: In 2018, Brazil's domestic political situation remained basically stable and the economy has continued to recover slowly. However, Temer was widely regarded as a "transitional political figure", the structural reforms that he had pursued were hindered. Some "chronic diseases", such as corruption, poverty and violent crimes, have not been improved significantly. Temer's government ended its term with a extremely low approval rating. Bolsonaro, the "Trump of the Tropics", scored a resounding victory in presidential election with anti-tradition and anti-elite rhetoric. As the combination of populism, economic liberalism, social conservatism and unabashedly pro-American stance, Bolsonaro's rise marks a radical shift for traditional political structure of Brazil. During the first three months in office, the new president has been implementing a series of policy reforms. But some of his radical ideas, which are incompatible with the political and economic realities, have been restrained by pro-establishment figures and interest groups. It's expected that rationality and political pragmatism will return to a certain extent. In 2018, China-Brazil economic relationship was marked by unstoppable growth. Bilateral trade hit historic high, and cooperation areas have been continuously expanded, highlighting the economic complementarity and strong momentum for cooperation between the two countries. Sino-Brazilian relations are now and will likely continue to be promising in Bolsonaro administration.

Keywords: Brazil; Bolsonaro; Political Trends; Sino-Brazilian Relations

II Politics and Diplomacy

Y.2 The Analysis of Brazil's Presidential Election and Political Trends　　　　　　　　　　　　　　Sun Yi / 026

Abstract: The 2018 Brazilian presidential election appeared to be one of the most divided and the most difficult to predict since the country's re-democratization. On the one hand, the Brazilian democratic system is being challenged as never before due to the economic recession, high rates of violence and corruption scandal; on the other hand, this election has broken the hegemony dominated by the Workers Party (PT) and the Brazilian Social Democratic Party (PSDB) got the last 30 years marked by the rapid rise of far-right political forces and the fiercely left-right confrontation. In the end, Bolsonaro, the far-right nationalist known as "Brazilian Trump" won the election. The rise of Bolsonaro illustrates the rise of far-right populism in Brazil's specific political and cultural environment, leading to the reshuffling of Brazil's traditional political structure; in the mean while, the new government's political ability will still be influenced and constrained by the traditional political system. It is foreseen that the new government's ruling philosophy and policy proposition will undergo a huge change, but there is still room for flexibility in the degree of transformation.

Keywords: Brazil; Presidential Election; Political Parties; Domestic and Foreign Affairs

Y.3 Viewing the Political Changes and Integration Trends in Latin America from the Presidential Election in Brazil

Liu Ming / 043

Abstract: In the 2018 Brazilian presidential election, the right-wing candidate Bolsonaro was successfully elected as the 38th president of Brazil, and the political ecology in Latin America showed a further right turn. In terms of integrated development, Brazil had worked hard to deepen cooperation with Latin American countries such as Argentina and Chile in an effort to integrate the MERCOSUR and the Pacific Alliance. The emergence of the Venezuelan crisis has brought some hidden concerns for the healthy development of Latin American integration. In the future, the political and ecological pattern of the left and right wing forces will continue, and Latin American integration will still be adversely affected by the export product structure, the US factor and the internal conflicts in Latin America.

Keywords: Brazilian Presidential Election; Latin America; Political Ecology; Bolsonaro; Right-wing

Y.4 The Current Situation and Future Trend of Brazil-US Relations in 2018

[*Brazil*] *Neusa Maria P. Bojikian*, [*Brazil*] *Tullo Vigevani* / 057

Abstract: This article focuses on the bilateral relations between Brazil and the United States in 2017 - 2018. During this period, the development of bilateral relations between Brazil and the United States was mainly reflected in trade and investment facilitation, as well as aviation, national defense and space industry. Although the Brazilian government hopes to establish closer ties with the United States, especially to strengthen economic and trade cooperation between the two countries, its effectiveness is limited. The Brazil-United States relation is mainly affected by two variables: the political and economic crisis in Brazil and the new orientation of United States politics in the Trump administration, that is, the United States first. In addition, like other countries, Brazil has been influenced by the "fair trade" model adopted by the Trump administration.

Keywords: the United States; Brazil; Brazil-US Relations; Trump Administration

Y.5 Research on the Evolution and Development of Brazilian Democracy

—Commemoration of the 30th Anniversary of the 1988 Constitution

Jiao Jie / 073

Abstract: The 1988 Constitution marked the formal establishment of Brazilian democracy. According to the Constitution, the Federal Republic of Brazil is a democratic country ruled by law. All powers are exercised by the people, who elect representatives or exercise their powers directly. Since the restoration of democracy in Brazil in 1985, Brazil has gone through the stages of semi-democracy, non-liberal democracy and free democracy. There are two main characteristics of the evolution of democracy in Brazil during this historical period: one is that the Constitution and law have established a relatively perfect system of rights and specific systems of democracy; the other is to explore innovative ways to achieve democracy. By exploring the evolution and development of Brazilian democracy, we can grasp the process and development of Brazilian democracy as a whole.

Keywords: Brazil; Democratic System; Electoral System; Institutional Innovation

巴西黄皮书

III Economy and Society

Y.6 Brazilian Economy Shows a Steady Recovery in 2018

Wu Hongying / 087

Abstract: In 2018, Brazil, the world's eighth largest economy, showed a steady economic recovery. Following the "bottoming rebound" in 2017, GDP grew by 1.3% in 2018, inflation was lower than expected, foreign trade grew strongly, foreign direct investment increased, and the economy began to move on a normal growth track. However, due to factors such as the May strike of truck drivers and the general election in October, the pace of economic recovery in Brazil was still slow, far from recovering from the severe economic recession of 2015-2016, especially the economic indexes in the fourth quarter of 2018 had become deteriorate, this trend shows that international capital is not optimistic about the prospects of Brazil's economy after the new President Bolsonaro took office. Therefore, how to boost the Brazilian economy and accelerate the pace of recovery is an important practical problem facing the new government of Bolsonaro.

Keywords: Brazilian Economy; Steady Recovery; Slow Increase; Uncertainty

Y.7 Temer Government Economic Reform Initiative and
     Effectiveness Evaluation *Zhong Dian* / 101

Abstract: On August 31, 2016, former Brazilian Vice President Michel Temer succeeded Dilma Rousseff, who was impeached by Congress, and became the president of Brazil. Since Temer has spent only two years and four months in office, and considering the chaotic situation of Brazil's political and economic circumstances, many analysts believed that the Temer government would likely be only a weak transitional government, with low possibility of domestic economic transformation taking place. However, since taking office, Temer had introduced three major reforms: cutting government expenses, social security reform and the privatization of state-owned companies. What major changes have been made in Brazil's political and economic fields? How do we assess the effectiveness of the Temer government's economic reforms? What breakthroughs did the Temer government make, and what problems were left yet unsolved? This paper attempts to analyze major economic reforms promulgated by the Temer government, and to answer the above questions in light of the current status of domestic political and economic development in Brazil.

Keywords: Michel Temer; Economic Reform; Effectiveness of Governance

Y. 8 The Analysis of the Trend of Economic and Social Policy of the New Brazilian Government *Xiong Fanghua* / 122

Abstract: At the beginning of the new year, Bolsonaro was officially sworn in as the president of Brazil. The Bolsonaro government has made reforms and adjustments in its economic and social policies as the focus of its work in the early days of its administration. In terms of economic policy, the new government economic team will promote plans for pension reform, state-owned enterprise privatization and tax reform. In terms of social policy, the new government will make adjustments to social assistance programs, such as the Bolsa Família, the Fundamental Education Development and Maintenance Fund (Fundeb), and will also moderately tighten the money bag, cut public spending on social livelihood projects. Whether it is pension reform, state-owned enterprise privatization or tax reform, it is involved in a wide range of content, and it is still unclear whether the new government can smoothly promote the above reform plan. The expected effect of the reform is still unknown.

Keywords: Brazil; Bolsonaro; New Government; Economic and Social Policies

巴西黄皮书

Y.9　The Analysis of the Social Situation in Brazil in 2018 and Major Challenges　　*Ye Guiping, Xu Chuangying* / 138

Abstract: The international situation changed in 2018, the unilateralism pursued by the United States and the "China-US Trade War" provoked some serious impacts on global economic integration and trade order, and cast a shadow over the growth of the world economy. In the field of trade war, Brazil cannot be immune to it, and its economic and social impacts cannot be ignored. This article focuses on the social reforms and situation in Brazil in 2018, including pension reform, labor reform, education reform and domestic peace and order, and analyzes the challenges facing its future development on this basis.

Keywords: Brazil; Bolsonaro; Social Situation; Social Reform

Y.10　Labor Law Reform and Labor Relations in Brazil: History and Current Situation

　　[*Brazil*] *Marcos Costa Lima*, [*Brazil*] *Everaldo Gaspar Andrade* / 150

Abstract: This paper reviews the historical process of the evolution of Brazilian labor law and labor relations since 1930. On this basis, it examines the labor law reform and labor relations of the Temer government and the new government of Bolsonaro and reveals the role of the judiciary in the reform of the labor law and its impact on labor relation. It is believed that the labor law reform during the Temer government severely damaged the interests of workers. The interests of the employers are publicly above the workers, and in the new government of Bolsonaro, the prospects of the working class are not optimistic. There are some violations of the constitution in Brazil's current labor law reforms, but the important role of the judiciary in resolving individual and collective labor disputes cannot be ignored.

Keywords: Brazil; Labor Law Reform; Labor Relation

Ⅳ Culture and Technology

Y. 11 Optimizing the Allocation of Medical Resources and Establishing Huimin Medical System
— *The 30th Anniversary of the Establishment of the Unified Medical System in Brazil*   Wu Zhihua / 170

Abstract: In October 1988, Brazil, in accordance with the Constitution, carried out a comprehensive reform of the national medical and health system, optimized the allocation of medical resources, implemented unified management, strengthened supervision mechanism, and established a unified medical system for the whole country and for the benefit of the whole people. Over the past 30 years, the service network of the unified medical system has gradually extended to all parts of the country, increasing the number of medical and health services for the people, and playing an important role in improving the quality of life of the people and improving their health level. "Health is the right of citizens and the responsibility of the state." Brazil's unified medical system explores and accumulates some successful experiences and cases in improving the quality of medical services and implementing scientific management based on the actual needs of the people. At the same time, it also encounters some contradictions and problems in the process of development. Brazil's unified medical system provides a path or model for developing countries to establish or improve the public health service system. Its practical experience and existing problems are worthy of in-depth study and reference.

Keywords: Brazil; Unified Medical System; Public Health; Family Doctor

巴西黄皮书

Y. 12　Consideration of Environmental and Military Purposes:
Establishment of Large Marine Protected Areas
in Brazil in 2018

　　　　　　　　　[Brazil] Alexandre Pereira da Silva, Cheng Jing / 192

Abstract: In March 2018, the Brazilian federal government enacted a decree of establishing two large marine protected areas in the Atlantic Islands. Unlike other marine protected areas in Brazil, the two new areas have further distance to the mainland and larger than before, covering an area of 920, 000 square kilometers, increasing the proportion of marine protected areas in Brazil's ocean area from 1.5% to 26%. Most of the new marine protected areas are sustainable protected areas, and they are more flexible than comprehensive protected areas in terms of sustainable use of resources. The motivation of Brazilian government is, on the one hand, aimed at strengthening the conservation and sustainable use of marine biodiversity, reducing the negative evaluation of the Brazilian government's environmental policies by domestic and foreign societies, safeguarding the Brazilian international images of environmental protection and fulfilling the international conventions. In the other hand, it also aimed at expanding Brazil's military influence in the South Atlantic and seeking strategic interests for the Brazilian military.

Keywords: Brazil; Atlantic Ocean; Marine Protected Areas; Environment; Military Affairs

Y. 13　Analysis on Current Development of the National
Innovation System of Brazil　　　Guo Dong, Lin Xianlan / 208

Abstract: Since the 1930s, the Brazilian government has successively introduced relevant policies aimed at promoting the development of national scientific and technological innovation (STI). By attaching importance to the training of science education and scientific and technological talents, establishing various funds and credit institutions, and constantly improving the functions of macro administrative departments on STI, targeted formulating national science and technology development plans and strengthening STI legislation, it has provided guarantees for the development of national innovation system of Brazil intellectually, strategically, financially, and institutionally. After more than half a century of development, Brazil has formed a national innovation system that covers nearly all elements. The current Brazilian national innovation system includes four subsystems: production, education and research, financial and financial support, decision-making and governance. Through the evaluation and analysis of the investment and output of STI as well as personnel training, we can find that the development of different subsystems of the Brazilian national innovation system is not quite well balanced. From 2018 to 2019, in the context of the domestic political turmoil and a weak economic growth, although technological innovation is struggling, the Brazilian government is still committed to further improve its national innovation system, by adopting a new macro-legal framework, and implementing national development strategy for science and technology through the formulation of digital transformation policies. Under the background of increasingly fierce competition in STI among major countries of the world, the further development of national innovation system still has a long way to go.

Keywords: Brazil; National Innovation System; STI Policy; Innovation Performance

V Sino-Brazilian Relations

Y. 14 Chinese Investment in the Infrastructure of Brazil: Status, Challenges and Opportunities *Wang Fei* / 221

Abstract: After two stages of trade and investment driven, with the extension of the "Belt and Road" initiative to Latin America, infrastructure

construction has opened the third new stage of Sino-Brazilian economic and trade cooperation, which will drive the economic and trade ties between China and Brazil in an all-round way. At present, Brazil's infrastructure construction stock is insufficient, the incremental investment is limited, and there is a huge gap. China has become an important investor in Brazil through its participation in Brazil's infrastructure construction, which has also become the largest area of Chinese investment in Brazil. After the new President takes office, there will be both opportunities and challenges for Sino-Brazilian infrastructure cooperation.

Keywords: China; Brazil; Infrastructure Construction; "Belt and Road" Initiative

Y. 15 Coverage of China by Brazilian Mainstream Media in 2018:

A Brief Analysis *Tang Xiao / 234*

Abstract: The mainstream media in Brazil has a broad audience and a high degree of social trust. Their China-related reports have profoundly affected the Brazilian people's perception of China, holding a significant influence on China's national image in Brazil and the promotion of China-Brazil relations. After a comprehensive consideration of morphological characteristics, difficulty of data acquisition and analysis and representativeness of media, the present work selects four mainstream media (*Folha de São Paulo*, *O Globo*, *O Tempo* and *O Estado de São Paulo*) as the research object, setting up a database based on official tweets published by the chosen media. And, with the help of the corpus software AntConc3.3.5b, parting from variants like the reporting frequency, theme distribution, popularity distribution and language organization, this paper analyzes the main features of the coverage on China by Brazilian media in 2018 and the major changes relative to 2017, trying to propose three suggestions in order to deepen China-Brazil strategic mutual trust and consolidate the "mature and active relationship between large developing countries" through the media channel: to open up all-round promoting campaign with the economy as the main axis; to explore the potential of new media, strengthen the spread of Chinese culture; to adopt more targeted public diplomacy strategies respecting differences between each media.

Keywords: Mainstream Media; Social Media; China-Brazil Relations

Y. 16 The Trend of Foreign Policies of Bolsonaro's New Government and Prospects for the Development of Sino-Brazilian Relations　　[Brazil] Marcos Cordeiro Pires / 251

Abstract: This paper analyzes the results of the 2018 Brazilian presidential election and its impact on Brazil's political landscape, which focusing on the adjustments and changes in foreign policies during the election period of Bolsonaro and the beginning of his administration. During the election campaign, Bolsonaro held some extreme positions and gestures in foreign policies. Since he took office, Bolsonaro had gradually replaced a more pragmatic view of foreign policies with the promotion of important cabinets. Finally, this article focuses on the evolution of the attitude and policies of the new government toward China, and has undergone a change from negative confrontation to active and pragmatic attitude. After the new government took office, Brazil and China maintained a proper degree of communication.

Keywords: Bolsonaro; Foreign Policies; Sino-Brazilian Relations

Y. 17 An Analysis of China and the United States Trade Dispute in 2018 and Its Potential Impact on China-Brazil Trade Cooperation　　[Brazil] Luís Antonio Paulino / 266

Abstract: The trade war between China and the United States has brought challenges and opportunities to China-Brazil relations. Looking back on 2018, in the short term, the trade war has had a positive impact on Brazil, as it actually benefits from the trade diversion caused by a tariff war between the two countries. However, it should be stressed that for Brazil, these short-term gains cannot make up for the long-term losses. Brazil has always been a reliable partner of China, and we should continue to maintain and strengthen this reliable partnership. As two large developing countries, Brazil and China have much more in common than they do with the United States. For Brazil, China is not only an important export market, but also of great strategic significance in cooperation with China in the fields of industry, science and technology and culture. While seeking a solution to the conflict of interest between China and the United States, strengthening south-south cooperation is a major task facing China.

Keywords: China and the United States Trade Dispute; China-Brazil Trade Cooperation; Globalization

VI Appendix

Y.18　Memorabilia　　　　　　　　*Jiao Jie, Cheng Jing and Liu Ming* / 286

Y.19　Statistics　　　　　　　　　　　　　　　　　　　　　　/ 302

权威报告·一手数据·特色资源

皮书数据库
ANNUAL REPORT(YEARBOOK)
DATABASE

分析解读当下中国发展变迁的高端智库平台

所获荣誉

- 2019年，入围国家新闻出版署数字出版精品遴选推荐计划项目
- 2016年，入选"'十三五'国家重点电子出版物出版规划骨干工程"
- 2015年，荣获"搜索中国正能量 点赞2015""创新中国科技创新奖"
- 2013年，荣获"中国出版政府奖·网络出版物奖"提名奖
- 连续多年荣获中国数字出版博览会"数字出版·优秀品牌"奖

成为会员

通过网址www.pishu.com.cn访问皮书数据库网站或下载皮书数据库APP，进行手机号码验证或邮箱验证即可成为皮书数据库会员。

会员福利

- 已注册用户购书后可免费获赠100元皮书数据库充值卡。刮开充值卡涂层获取充值密码，登录并进入"会员中心"—"在线充值"—"充值卡充值"，充值成功即可购买和查看数据库内容。
- 会员福利最终解释权归社会科学文献出版社所有。

数据库服务热线：400-008-6695
数据库服务QQ：2475522410
数据库服务邮箱：database@ssap.cn
图书销售热线：010-59367070/7028
图书服务QQ：1265056568
图书服务邮箱：duzhe@ssap.cn

卡号：116495675417
密码：

基本子库 / SUB DATABASE

中国社会发展数据库（下设12个子库）

整合国内外中国社会发展研究成果，汇聚独家统计数据、深度分析报告，涉及社会、人口、政治、教育、法律等12个领域，为了解中国社会发展动态、跟踪社会核心热点、分析社会发展趋势提供一站式资源搜索和数据服务。

中国经济发展数据库（下设12个子库）

围绕国内外中国经济发展主题研究报告、学术资讯、基础数据等资料构建，内容涵盖宏观经济、农业经济、工业经济、产业经济等12个重点经济领域，为实时掌控经济运行态势、把握经济发展规律、洞察经济形势、进行经济决策提供参考和依据。

中国行业发展数据库（下设17个子库）

以中国国民经济行业分类为依据，覆盖金融业、旅游、医疗卫生、交通运输、能源矿产等100多个行业，跟踪分析国民经济相关行业市场运行状况和政策导向，汇集行业发展前沿资讯，为投资、从业及各种经济决策提供理论基础和实践指导。

中国区域发展数据库（下设6个子库）

对中国特定区域内的经济、社会、文化等领域现状与发展情况进行深度分析和预测，研究层级至县及县以下行政区，涉及地区、区域经济体、城市、农村等不同维度，为地方经济社会宏观态势研究、发展经验研究、案例分析提供数据服务。

中国文化传媒数据库（下设18个子库）

汇聚文化传媒领域专家观点、热点资讯，梳理国内外中国文化发展相关学术研究成果、一手统计数据，涵盖文化产业、新闻传播、电影娱乐、文学艺术、群众文化等18个重点研究领域。为文化传媒研究提供相关数据、研究报告和综合分析服务。

世界经济与国际关系数据库（下设6个子库）

立足"皮书系列"世界经济、国际关系相关学术资源，整合世界经济、国际政治、世界文化与科技、全球性问题、国际组织与国际法、区域研究6大领域研究成果，为世界经济与国际关系研究提供全方位数据分析，为决策和形势研判提供参考。

法律声明

"皮书系列"（含蓝皮书、绿皮书、黄皮书）之品牌由社会科学文献出版社最早使用并持续至今，现已被中国图书市场所熟知。"皮书系列"的相关商标已在中华人民共和国国家工商行政管理总局商标局注册，如LOGO（ ）、皮书、Pishu、经济蓝皮书、社会蓝皮书等。"皮书系列"图书的注册商标专用权及封面设计、版式设计的著作权均为社会科学文献出版社所有。未经社会科学文献出版社书面授权许可，任何使用与"皮书系列"图书注册商标、封面设计、版式设计相同或者近似的文字、图形或其组合的行为均系侵权行为。

经作者授权，本书的专有出版权及信息网络传播权等为社会科学文献出版社享有。未经社会科学文献出版社书面授权许可，任何就本书内容的复制、发行或以数字形式进行网络传播的行为均系侵权行为。

社会科学文献出版社将通过法律途径追究上述侵权行为的法律责任，维护自身合法权益。

欢迎社会各界人士对侵犯社会科学文献出版社上述权利的侵权行为进行举报。电话：010-59367121，电子邮箱：fawubu@ssap.cn。

社会科学文献出版社